教育部社科规划基金项目
"城市群空间组织与产业空间分异互动机制与调控模式研究（11YJA790019）"
最终研究成果

CHENGSHIQUN KONGJIAN ZUZHI
YU CHANYE KONGJIAN FENYI
GUOCHENG JIZHI YU MOSHI

城市群空间组织与产业空间分异

过程、机制与模式

崔大树 / 著

浙江大学出版社
ZHEJIANG UNIVERSITY PRESS

图书在版编目（CIP）数据

城市群空间组织与产业空间分异：过程、机制与模式 / 崔大树著.—杭州：浙江大学出版社，2018.8
ISBN 978-7-308-18555-4

Ⅰ.①城… Ⅱ.①崔… Ⅲ.①城市群—空间结构—研究—中国 Ⅳ.①F299.21

中国版本图书馆 CIP 数据核字（2018）第 191241 号

城市群空间组织与产业空间分异：过程、机制与模式

崔大树　著

责任编辑	沈巧华
责任校对	杨利军　夏湘娣
封面设计	续设计
出版发行	浙江大学出版社
	（杭州市天目山路 148 号　邮政编码 310007）
	（网址：http://www.zjupress.com）
排　　版	杭州中大图文设计有限公司
印　　刷	虎彩印艺股份有限公司
开　　本	710mm×1000mm　1/16
印　　张	18.5
字　　数	303 千
版 印 次	2018 年 8 月第 1 版　2018 年 8 月第 1 次印刷
书　　号	ISBN 978-7-308-18555-4
定　　价	56.00 元

序

城市群是城市与区域城市化发展到一定阶段的结果。对于城市及区域城市化的研究已有较长的历史,尤其是第二次世界大战以后,西方工业化和产业革命加速发展,推动了大城市迅速扩张和农村城市化的发展,也带来了资源环境、社会经济,以及区域面貌的深刻变化,这种产业和居民大规模集聚的区域,西方学者一般称其为城市密集区(带)或者城市化地区、城市连绵带。这种区域的形成演变、空间组织及影响作用等引起了地理、经济、社会和城市科学工作者的极大关注,成为城市研究的热点。

城市发展到一定规模,会带来城市功能的扩散,并在周边进行产业和居民的再聚集,逐步形成以一个或者几个大城市为核心,在不同距离范围内不同规模和类型的众多中小城市,它们与母城保持着紧密的产业、人文与社会的广泛联系,并具有合理的空间结构。如果该城市密集区的经济、金融、政治、文化(科学教育)、交通等具有世界级影响和公认的地位,也可称之为世界级城市带或者极化区。城市群与城市密集区的内涵大体一样,由于城市群的概念比较笼统,划分城市群的标准很难确定,是否在空间上相近的几个城市划成一群就可以叫城市群?城市群的名称国外学者用得不多,在国内由于各种原因已经习惯把城市密集化地区称为城市群,当然也有可能由此带来了划分城市群的随意性。把具有较大国际影响力、竞争力的长江三角洲、珠江三角洲、京津冀等著名城市密集带作为世界大城市群进行研究是很有必要的。

本书作者正是以长江三角洲城市密集区为例,进行城市群内部以产业空间分工、合作和网络化联系为主的城市群空间组织的形成、发展、机制和演变规律研究，正如作者所说，本书研究的核心内容是：从城市群空间组织演化与产业空间分异相关性的角度，系统地研究城市群空间组织演化过程的不同阶段、类型，与产业空间集聚、扩散和网络化发展的相互作用机制及表现特征与模式，进一步认识城市群空间过程与产业空间发展互动机制的一般规律。这对于进一步明确城市群的概念、内涵及其形成发展规律具有重要学术价值，对于长江三角洲区域产业结构优化和创新发展具有重要实践意义。

本书作者从地理和产业经济角度，重点研究城市群内部的城市空间组织形式及其与产业发展之间的相互关系，这是城市群形成发展的关键问题。二、三产业（包括高端服务业）的集聚和扩散是城市及城市密集区形成发展的主要推动力，产业发展带动了就业和居民及服务、配套设施的聚集，产业布局也基本决定了城市内部各要素的空间组织格局。在城市密集区内部各城市之间的相互联系、合作与分工、空间组织，同样受城市之间产业结构、分工合作所左右。如果城市群内部各城市产业之间没有有机的分工合作与联系，就带动不了人文要素的密切联系，这些城市划在同一个城市群内就毫无意义，或者说该城市群还处于很低级的发展阶段。本书抓住了"城市群内部空间组织演化过程的不同阶段、类型，与产业空间集聚、扩散和网络化发展的相互作用机制及表现特征与模式"这一重点，对于解释城市群形成发展具有关键作用。

有关城市群空间组织的著作不少，而能够深入实际解剖一两个发展水平比较高的城市群，用可靠翔实的资料进行分析研究的不多，本书在这方面进行了很好的探索。希望作者在不同区域尺度、不同类型、不同发展阶段的城市群空间组织与产业结构创新发展之间相互作用、机制和演变规律方面有更多的研究成果。

虞孝感[1]

2017 年重阳日

---

[1]　虞孝感，男，中科院南京地理与湖泊研究所原所长，研究员，博士生导师。

前　言

　　城市群的形成、演变具有一定的机理和机制,遵循着一定的规律。关于这个问题,已经有不少学者进行了广泛的研究,形成了大量的研究成果。现有成果都认为经济发展和制度安排两个方面推动了城市群的演变。但是,在这一过程中,产业发展与城市群空间的演变存在何种关系,尤其是产业空间分异与城市群空间组织演变的相关性表现出什么样的相互作用关系,成为本人近年来一直思考的问题。从我的前期研究来看,我认为首先需要认识城市群空间组织与产业空间分异的互动机制。在基本掌握这一互动机制的基础上,进一步探讨两者之间存在何种关系比较科学合理,并寻求调控这种关系的模式,以便促进城市群运行效率的提升和对周边区域的有效影响。正是基于上述初步认识,本人申报了教育部的社科规划基金项目,试图比较深入地分析城市群空间组织与产业空间分异的机制及调控模式问题。在前期研究的基础上,进一步扩展、补充和完善研究成果,形成本书,作为教育部社科规划基金项目"城市群空间组织与产业空间分异互动机制与调控模式研究(11YJA790019)"的最终研究成果。

　　本书的核心问题是能够比较清晰地论证城市群空间组织与产业空间分异的相互作用关系。根据这一问题,试图构建一个能够结合产业经济学与城市地理学的分析框架,以便更加恰当和相对容易地把握从城市群这一特殊空间认识城市群空间组织与产业空间分异的互动机制。同时,以所构建的这一理论分析框架为基础,以长江三角洲城市群为案例,进一步论证互动机制作用下的调控模式。本书的研究方法是把经济学和地理学的方法融合，从课题的研究和本书的撰写来看，两种方法应该具有能够兼容的方向和领域。从某种程度上说，本书的主体内容、结构、思路和研究方法也许只是提出了一个问题，或者是一种探讨，肯定有诸多不足或局限，希望各位学者能够批评和指正。

围绕"城市群空间组织与产业空间分异互动机制与调控模式研究（11YJA790019）"课题的研究，培养了一批研究生。他们跟着我调研、采集数据、论证和分析相关的研究主题，并形成了一批科研成果。可喜的是，部分学生的学位论文选题也能够围绕课题的研究领域和方向，开展研究工作。例如，2010级的杨永亮、周小锋和王清，2011级的樊晏、吴婷莉和黄蕊，2012级的张燕、范存换和毛巧梅，都不同程度地参加了课题的研究工作，课题的研究思路、问题和内容也支持了他们学位论文的研究工作。在此，感谢他们为课题的研究工作所做的贡献。

目前，我国城市经济和城市地理学方面的著作已出版了很多，我的这部拙作，相信也会为城市经济和城市地理领域的研究与教学增加一点"边角料"。尤其是本书的案例和实证分析都是以长江三角洲城市群为主体的，这对于致力于长江三角洲城市群的研究者来说，也算是抛砖引玉。对于致力于城市经济学和城市地理学的教师来说，也许能够增添一点备课的资料。

崔大树

2017年11月8日于杭州

目　　录

第一章 绪 论

第一节 问题的提出

一、研究主题的主要依据

20世纪90年代以来,随着现代城市功能的不断增强,城市群逐渐成为国际生产力分布体系和劳动地域分工中新的空间组织形式,形成具有管理、协调、控制国际经济能力的战略空间载体。城市群日益成为国家或区域最具竞争力和活力的区域以及国际竞争的空间单元(周牧之,2001),也是我国生产力布局的增长极和核心支点,具有将各种生产要素集聚与扩散的功能。城市群的形成、发展及其地域系统的演变是系统的空间过程,其不仅是城市区域在空间上的扩展和结构优化,而且是城市功能不断增强与升级、经济空间联系日益紧密、产业不断重组和优化过程中的空间表现。理论和实践证明,产业是城市群得以存在的基础,没有产业,各级各类中心城市难以发生和发展。作为一个系统,城市群最主要的构成要素就是产业和城市,两者之间存在多种多层面的关系,城市群系统整体效应的发挥就需要这两个核心要素的协调与互动。同时,产业结构的演进和产业体系的发展都对城市群的演变和发展产生巨大影响。产业在空间上的运动和变化方式始终影响着城市群的规模、结构和功能。反过来,城市群的规模、结构和功能的演变也会影响产业在空间层面的运动方式和表现。那么，产业空间运动与城市群地域系统相互作用过程的表现方式，以及这种表现方式对城市群与产业空间运动能够产生何种影响，就成为我们思考的逻辑起点。从这个问题出发，继而分析两者相互作用的机制，并探求城市群地域系统演变与产业空间运动是否存在某种较为科学合理的模式，成为本书要解决的一个核心问题。正是对这一问题的思考，笔者获批教育部社科规划基金项目"城市群空间组织与产业空间分异互动机制与调控模式研究(11YJA790019)"，本书就是该课题的最终研究成果。

随着城市化进程的加快，我国对城市群的建设和规划已经上升到国家层面。"十一五"时期强调重视城市群整体形态的发展，"十二五"规划纲要突出培养和发展十大城市群。在"十三五"框架下，以优化城市群推进城镇化发展。城镇化不再仅以 GDP 和人口标准划分，不再简单成为经济发展手段，而是转为更有质量的新型城镇化。新型城镇化发展将以城市群模式带动中小城市发展推进，促进世界级城市群建设。国家初步确定打造 20 个城市群，包括 5 个国家级城市群、9 个区域性城市群和 6 个地区性城市群。长江三角洲城市群是我国城镇密度最高、发展最具活力、综合经济实力最强的城市群，也是世界第六大城市群，具有城市群空间组织相关问题的典型性和代表性。国务院于 2008 年发布的《进一步推进长江三角洲地区改革开放和经济社会发展的指导意见》和国家发改委于 2010 年发布的《长江三角洲地区区域规划》，都强调长江三角洲区域的产业发展与布局、城镇建设等问题，提出应综合考虑各方面因素，做到互促共进，协调发展。因此，从动态角度对长三角城市群的规模分布、空间结构和功能进行集成研究，探求一个相对合理的空间组织模式，这对于加快长三角城市群一体化建设和城乡一体化进程，提高其运行效率都具有一定的借鉴作用。

二、研究主题的意义及应用价值

产业空间运动与城市群地域系统演变涉及的内容丰富，既包括产业空间结构与布局，城市化与城市群的空间过程，也涉及要素流的矢量与效率。因为篇幅和研究主题的限制，我们把研究的视角集中在产业空间分异与城市群空间组织的相关性方面,在此基础上分析两者相互作用的演变过程及阶段性特征,并揭示两者相互作用的机制,从而发现某种调控模式。这类问题也是产业经济学、区域经济学、经济地理学和城市地理学等学科关注的重点。在现有的新经济地理学分析框架内,无论是 Krugman 的"小城市是大城市的复制品",还是 Henderson 的"专业化城市系统"(Allen,2001;Bodnar,2007),对城市群地域系统演变和城市群经济运行效率都还缺乏足够的解释力度。关于产业空间分异的研究也不能仅仅局限在产业集聚方面,还应该包括产业扩散和产业空间的网络化。因此,针对城市群空间过程或产业空间分异问题,应把城市群空间组织与产业空间分异整体结合,从空间相关性和空间集成的视角进行研究,有助于城市群的空间整合与合理化组织构建,有助于密切各城市之间产业合作、结构互补,有助于寻求良好的产业竞争与合作之路(方创琳 等,2008)。

综上所述,本书的理论分析融合经济地理学、城市地理学和产业经济学等不同学科,与已有的仅从城市群空间结构和空间形态演变与产业空间发展模式相关性方面的研究有着明显不同。从城市群空间组织演化与产业空间分异相关性的角度,系统地研究城市群空间组织演化过程的不同阶段、类型,与产业空间集聚、扩散和网络化发展的相互作用机制及表现特征,可以进一步深入认识城市群空间过程与产业空间运动互动机制的一般规律,为区域城市化、城市群空间过程和城市-区域竞争等领域的研究提供新的理论支撑和分析框架,对于进一步丰富劳动地域分工理论和深化产业空间发展模式的理论认识,以及拓展产业经济学和城市地理学学科的研究范围都具有一定的学术意义。

从我国的实际情况来看,一方面,城市群发展已经取得了明显的阶段性进展。上海交通大学城市科学研究院的有关研究数据显示,我国各类城市群总数已超过 30 个,未来一个时期将涵盖全国 815 个城市中的 606 个,人口和经济规模分别占全国城市总量的 82% 和 92%。另一方面,城市群也存在人口、土地和经济规模扩张过程中形成的负外部性。所以,我们的研究主题是城市群空间结构演化与职能分工、产业梯度与城市群空间规模分布、区域及城市群规划等领域需要解决的现实问题,这对于提高我国目前的城市群空间效率和协调城市化与产业发展的关系,加快主体功能区建设和区域一体化进程,促进生产要素高效流动、专业化生产体系科学构建和产业区域转移具有一定的实际应用价值。同时,我们所选取的案例区域为长江三角洲城市群,研究成果对于长江三角洲城市群提升发展水平,推进一体化进程,以及实施科学合理的城市群治理都具有一定的现实意义。

三、研究目标

本书的研究工作主要实现以下目标:

(1)揭示城市群空间组织演化与产业空间分异相关性的不同表现形式、特征、阶段和类型,进一步认识城市群空间组织与产业空间分异相互作用的机理与空间效应。

(2)阐明城市群地域系统演变与产业空间发展的互动机制,从而发现城市群空间组织演化与产业空间分异互动机制的一般规律并形成相应的理论假说,以明确城市群空间组织与产业空间联动发展的调控模式。

(3)通过城市地理学与产业经济学相关理论在研究过程中的结合,深化对于城市群空间过程研究领域的理论认识,力争为城市地理学和产业经济学的研究领域增添新的切入点与分析框架。

第二节　研究思路、内容与方法

一、总体研究思路

本书运用城市地理学和产业经济学,结合耗散结构、分形几何学等理论尝试建立一个统一的分析框架,试图把城市地理学、产业经济学和计量经济学的研究方法,运用到相关内容的定量分析中。按照“作用机制—空间响应—模式构建”的基本思路,在分析城市群空间组织演变与产业空间分异相互作用的阶段性特征与机制、空间效应和表现方式的基础上,以长江三角洲城市群为案例论证城市群空间组织与产业空间分异互动发展的调控模式。具体研究路线与方案如图 1-1 所示。

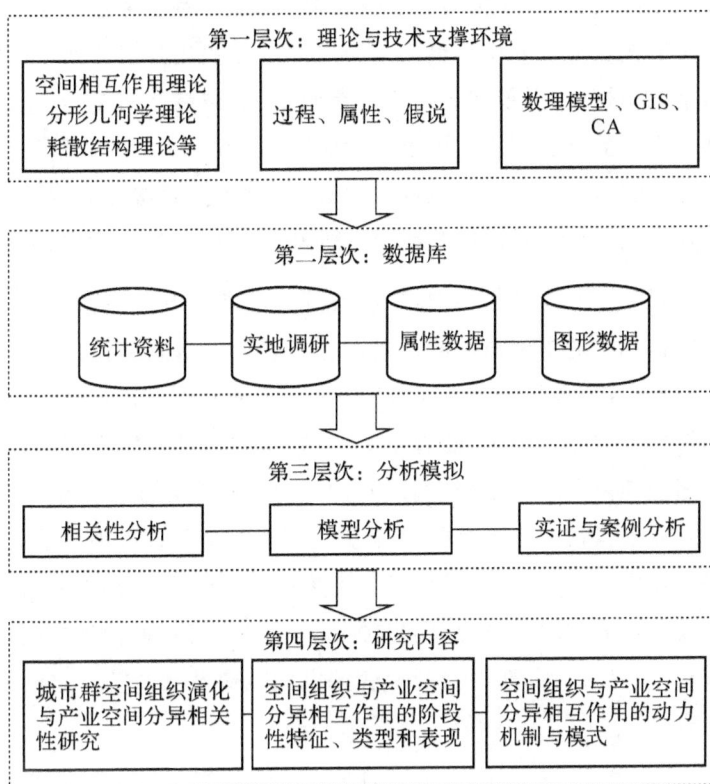

图 1-1 研究路线与方案

二、主要研究内容

根据上述研究目标和基本思路,本书的研究内容主要包括以下几方面。

(一)主要研究问题

1.分析城市群空间组织演化与产业空间分异的相关性

城市群空间组织的演化本质上是产业组织垂直解体及空间网络化导

致的城市功能转化过程,是模块化生产网络的空间表现,也是企业网络、产业网络的空间载体。产业空间转移和扩散,企业各部门、价值链各环节在城市空间范围内分离,逐步形成了中心城市以生产性服务业为主,外围城市以加工制造业为主的城市群内城市之间的专业化分工体系,进而改变了城市空间结构,使得单体城市规模逐渐扩大,城市范围蔓延,城市之间的经济联系日益密切。我们运用多元统计分析模型、R 型因子模型等,以及"场"、产业集聚与扩散、产业联动等理论,分析上述城市群空间组织演化与产业空间分异相互作用关系的不同表现形式、特征、阶段和类型。

2. 研究城市群空间组织与产业空间分异相互作用的空间效应

基于区位选择的集聚与扩散不仅改变了城市的空间结构,也增强了城市功能,产业空间也相应地向高级形态——网络化演变。与此同时,城市群在其形成和演变过程中,随着空间结构的变化,其功能也不断增强,空间组织相应地由点轴向组团、圈层和网络化等形态转变。无论是单体城市群还是联系紧密的多城市群,受自然、经济、社会等多种因素的影响,城市群经济体之间的空间效应(空间依赖性和空间异质性)都是城市群空间组织演化与产业空间分异响应的前提。本书运用耗散结构和空间相互作用等理论,研究城市群地域系统演变的空间效应及其经济体之间的空间响应机理。

3. 揭示城市群空间组织演化过程与产业空间分异互动机制的一般规律

由于城市群系统中各子系统之间存在复杂的非线性作用,以及系统和外部环境存在不间断的物质要素流动,即处于动态非平衡状态,体现在城市群内部即各种物质要素存在"推动力"和"势能差",形成城市群空间组织的资源要素持续的动态流循环。Krugman 提出的 CP 模型及 Henderson 的修正模型都能够解释这种动态非平衡状态的集聚效应在城市空间演变过程中发挥的作用,但是在分析要素流动、城市群空间扩展以及城市群层级结构形成等方面缺乏说服力,更不能系统地解释不同层级、不同类型和不同空间尺度城市群其空间组织演化存在的差异,以及这种差异导致的产业空间分异所发生的相应变化和过程特征。我们从宏观和微观两个层面模拟这一动态演变过程及共性特征,以揭示城市群空间组织与产业空间分异的互动机制及一般规律,并在我国城市群进行实际检验,通过验证和典型案例的剖析,把所发现的一般规律凝练成相应的理论假说。

4.论证城市群空间组织与产业空间分异互动发展的调控模式

通过对城市群空间组织演化与产业空间分异互动机制的研究,论证在不同阶段、不同空间尺度和不同经济发展水平的城市群,与其空间组织相互协调的产业空间发展模式及表现方式。通过相应的制度安排和区域规划进行调控,推动城市群地域系统演变与产业区建设、产业空间结构优化、专业化生产体系构建和产业空间转移等的相互促进,使城市群空间效率提升和产业空间发展形成合理的调控模式。并以调控模式的论证,进一步拓展城市群相关领域的研究。

(二)关于城市群空间属性的界定

在世界经济全球化、区域经济一体化日益加强的背景下,城市群已成为区域经济竞争的基本单元和区域竞争力的核心,将面临来自全球生产网络作用下的区域空间结构重组和功能结构整合的问题。国家"十二五"规划纲要明确指出:"科学规划城市群内各城市功能定位和产业布局,缓解特大城市中心城区压力,强化中小城市产业功能,增强小城镇公共服务和居住功能,推进大中小城市基础设施一体化建设和网络化发展。"城市群相对于较离散的单个城市而言,其内部的各行为主体,如中心城市及城市体系、产业链及产业体系、要素及其流动过程,都具有不同程度的关联性,构成一个统一的整体,并形成相应的层级性。这些特征反映在空间层面,使城市群空间与其他经济社会空间相比具有明显的个性特征。对城市群空间属性的认识,是分析城市群空间组织演化动因及其表现的基础。理论和实践都已证明,城市群作为一个复杂整体,其空间属性具有整体性、综合性和时间演变过程的特征。城市群空间的内容不仅丰富,而且具有不同属性,共同构成城市群空间。因此,城市群空间具有四维属性。

1. 城市群的一维空间（物质空间）

一个完整的城市群空间系统，必然包括三类主体内容。一是中心城市及其城镇体系。现有关于城市群的概念，都已证明城市群有一个或两个以上的中心城市及副中心城市，以及更低等级的城镇。二是产业体系。城市群的发生和发展都是建立在一定规模的产业链及产业体系基础之上的，没有相应的产业体系支撑，城市群难以存在或失去了存在的意义。三是交通线路。城市群是一个系统性比较明显的整体，不同的构成主体具有相互联系和分工协作的关系。因此，各种类型的交通线路是实现不同等级中心城市之间、中心城市与腹地之间互相交流的纽带。同时，交通线路自身又是城市群空间结构的一种表现方式。这三类主体内容，表现为城市群的规模、结构与功能，具有一定规模的城市群会形成相应的空间结构，并产生一定的功能。城市群一维空间的属性具有显著的实体性，也是城市群的物质存在表征，也可以认为是城市群的物质空间。

2. 城市群的二维空间（认知空间）

城市群的二维空间包含三个层次的含义。第一层次是人类对城市群演变过程的预期。人类希望城市群空间是一个各种效率较高，能够提供可持续生存的空间。城市群二维空间是人类在对城市群一维空间客观认识的基础上所形成的科学合理认知，以便于实现对未来的预期。第二层次是人类对城市群演变过程预期目标的判断。主要包括对城市群建设和发展的各类规划及制度安排。例如，各种关于城市群空间的发展规划、法律法规和政策举措等，既是对未来发展的战略性规划，也是对现阶段建设和发展的保障。第三层次是人类对城市群空间的治理。一方面，通过对第一层次和第二层次的认知，人类需要对城市群空间演变过程进行管理和控制，以便能够实现对城市群一维空间的预期；另一方面，针对城市群空间演变过程中出现的负效应，例如人口过剩、交通堵塞、环境污染等应进行有目的的治理。所以，二维空间的主体内容主要体现预期、判断和治理。

3. 城市群的三维空间(响应空间)

城市群的三维空间是指城市群空间在其演变过程中,某一主体发生一定的行为效应后,另外一个主体会产生相应的反应过程及表现。主要分为三种类型:一是对空间功能的响应。例如,某个高等级的中心城市因为自身功能的逐渐增强,其腹地或其他较低等级中心城镇的要素会流向高等级中心城市。某个中心城市形成某种优势,其腹地或其他中心城市会主动学习或依附这种优势。二是对物质空间的响应。例如,某个中心城市形成专门化产业部门,另外一个中心城市会复制或引进这种专业化部门;某个中心城市形成产业链,其腹地或另外一个中心城市会延伸或拓展这个产业链。三是对新知识和技术、新思想和观念,以及新的信息和管理模式的响应。当城市群中某个空间,如中心城市、各类开发区(园区),以及教育或科研机构集聚地等产生新的知识和技术、思想和观念、信息和管理模式时,其他空间会积极响应,学习、模仿或引进知识、思想和信息等。

4. 城市群的四维空间(时间过程)

城市群的上述三种空间类型都会随着时间发生变化,是一个动态的演变过程。理论和实践证明,这一演变过程表现出相应的阶段性特征。在某一阶段,可能是某种空间类型占据主导地位,其他空间处于从属地位。例如,当城市群还处于工业化初期或中期阶段时,城市群的一维空间占据主导地位,目的是扩大城市群的空间规模,不断增强其中的某项功能(经济功能);当城市群空间出现一系列负效应时,二维空间可能占据主导地位,表现为人类的制度安排对城市群进行不同程度的干预、治理。随着时间的推移,城市群三维空间的内容和构成类型也会发生变化。例如,从空间结构的角度看,城市群在发育的初期,大多表现为"点—轴"形态,但逐渐会演变为圈层结构或组团式结构、片状结构,乃至网络化结构。从功能的角度看,在以要素集聚为主的前期阶段,随着时间的推移会转换为以要素扩散为主的后期阶段。因此,可以把时间轴看作是城市群的四维空间。对城市群四维空间的分析、判断和预期,会影响对其他维度空间的认知。

三、研究方法

我们以城市地理学、城市经济学、产业经济学，以及分形几何学、物理学（耗散结构理论、"场"理论等）和系统论等学科的基本原理与方法论为指导，运用定性与定量的集成方法进行研究。

（一）采用因素分析等相关分析方法

在理论层面上归纳演绎城市群空间组织演化与产业空间分异的相关性，分析城市群空间组织与产业空间分异相关性的共性特征，并进行相应的阶段和类型划分。城市群空间组织演化与产业空间分异是一个受多种因素影响的动态过程，是以单向或多向的人流、物流、资本流、技术流和信息流为表征的综合经济联系，表现出非线性、非平滑和非连续性。非线性作用是系统形成耗散结构的充分条件，而城市群空间要素具有复杂性和动态性的特点。因此，分析"流"过程，运用耗散结构理论研究非线性、非平滑和非连续性及其一般表现，是研究城市群空间组织与产业空间分异互动机制，以及调控模式的基础。

（二）多机构（multi-agent）和多地方（multi-location）的比较调查法

本书的主要研究问题发生在多个不同层级的区域和多个机构之间，对若干城市和产业空间发展类型及机构的分析有助于全面把握研究主题的各种关系。

（三）数理模拟方法

在相关数据库的支持下，运用空间相互作用（引力、潜力和重力）模型、多元统计分析模型、R 型因子模型等多种数理模型分析城市群空间组织不同演化阶段与产业空间分异的相互作用过程及机制。根据数理模拟的结果检验和修正，提出一个城市群空间组织演化与产业空间分异互动机制的理论假说，并构建相应的模型，以表述两者互动机制的一般规律。

参考文献

方创琳,蔺雪芹,2008.武汉城市群的空间整合与产业合理化组织[J].地理研究,27(2):397-408.

周牧之,2001.城市圈:中国 21 世纪城市化战略的引擎[J].现代城市研究,16(2):3-6.

Allen J, 2001. Global City-regions: Trends, Theory, Policy [M]. Oxford: Oxford University Press.

Bodnar J, Cidies D, 2007. Globalization and uneven development [C]. New York: The Annual Meeting of the American Sociological Association.

第二章　文献回顾与研究趋势

现有城市群空间组织的演化研究主要分两类：一类以空间经济学为基础，基于产业集聚的视角及其分析框架，仅认识到产业空间分异的某个方面对城市群空间组织演变有影响；另一类以地理学为基础，仅分析城市群空间结构的演变特征。为了把握国内外关于本书研究主题的研究脉络，梳理现有文献的研究进展、趋势和局限，我们对现有文献，特别是近几年来的研究成果进行评述，以使研究工作不仅能够借鉴现有研究成果，也能够在某些方面有所创新或前进。我们研究的问题既涉及学术界已经认同的概念和理论认识，也包含一些学术界还没有一致认可的定义。因此，有必要从学理角度加以界定，以保证所研究问题的一致性和逻辑性，也便于进一步明确本书所提出的概念和相关理论认识。

第一节　关于城市群空间组织研究现状的评述

对城市群空间组织的概念、内容及其演变的动力机制，目前学术界还没有形成共识，学者往往根据自身学术背景及研究的需要，理解和分析城市群空间组织。因此，我们也只能在现有研究文献的基础上，归纳和梳理出与我们的研究主题接近的理论认识，在此基础上评述城市群空间组织研究领域的分析视角与重点研究内容、存在的局限和未来的可能研究趋势。

一、对城市群空间组织的若干理解

对于城市群的概念,国内学者比较认同姚士谋研究员的观点:城市群是特定的地域范围内云集相当数量的不同性质、不同类型和规模等级的城市,以一个或多个大型或特大型城市为中心,依托一定的自然环境与交通条件建立城市之间的内在联系,共同构成一个相对完整的城市集合体(姚士谋 等,2006)。认为城市群空间结构是指各个城市的经济结构、社会结构、规模结构、职能结构等组合结构在空间地域上的投影。可以看出,城市群空间的含义至少包括两层:一是以大城市为核心,呈现一定的空间形态特征,具有不同等级规模和层次结构,是一种具有全球意义的空间组合模式;二是有不同职能分工的城市组合而成的有机整体,通过有效的产业链连接及城市之间的分工协作形成若干空间距离相近、经济联系紧密的区域功能性整体。

对于"组织",管理学、经济学、政治学等都有不同的理解和诠释。"空间组织"(spatial organization)是人文地理学的概念之一,空间组织思想发端于功能区域及其相互依赖性。一个功能区(存在一个节点)与周边区域通过各种活动形式将节点组织起来,例如一个空间经济系统内部不同区域之间通过复杂的网络连接并发生相互作用、相互依赖的关系。随着对功能区域研究的不断深入,相关概念也逐渐改变,从一开始的节点-从属区,到中心-腹地,发展到一个由中心、腹地、层级等与"流"构成相互联系的复杂网络,再到使用空间组织来统一上述概念(赵渺希,陈展,2011)。全国科学技术名词审定委员会给出的关于空间组织的定义为"不同地域范畴社会经济客体的结合、相互作用及地域集聚",由定义可以看出空间组织这个概念包括了社会经济客体的结合(过程)、相互作用(联系和功能)、地域集聚(结果)三个方面。

早在1976年,莱曼就把城市群空间组织理解为城市群经济活动的空间过程,认为城市群的空间组织过程表现为具有高密集的人口和经济活动。刘天东(2007)综述了国内外研究的侧重点,认为城市群的空间组织研究应当包括城市群的特征、功能、结构、等级体系等方面,并把城市群空间组织定义为"通过一定的自组织法则和人类干预对城市内以及城市间各要素的组合和布局"。该定义既包含要素在城市间的动态流通、组合，也体现了要素在城市间静态的布局。经济地理学、城市地理学和区域经济学对空间组织的认识具有明显一致性，认为一定区域的城市规模、空间结构和功能构成相应地域系统的空间组织（聂华林 等，2006；许学强 等，2009）。李依浓（2007）对空间组织和空间结构作了简单的区分，认为城市群空间组织是城市群空间结构与空间功能的组合。但很多研究往往将城市群空间组织与城市群空间结构理解为相同的概念。

总体来看，从对城市群空间组织的理论认识角度归纳，城市群空间组织研究具有多学科交叉、渗透、融合的特点，涉及经济学、地理学、管理学和社会学，各学科基于其理论基础和分析视角理解城市群空间组织，但科学性和系统性还有待进一步深化。

二、城市群空间组织的内涵

城市群空间组织是包含城市群空间结构、空间功能和相互作用方式的综合概念，其演进过程可以作为城市群空间过程的主体内容和衡量指标。城市群空间组织是城市群自组织和他组织的叠加过程。城市群自组织揭示了城市群空间组织演化的关键在于城市群内部各要素之间的竞争与协同力量的相互作用；城市群的他组织强调了外力作用对城市群内各要素施加影响，指导和控制其演化的方式，从而决定了不同时期城市群空间组织的不同表现形式。这一认识有助于分析城市群空间组织演化的动力机制。城市群空间组织包括城市的外部空间运动在城市群体区域的布局形态（静态），也包括城市之间的相互作用即要素的流动和组合（动态）。要素的流动会使城市群表现出一定的结构并形成职能分工体系，这种结构直观地表现为劳动力的分布、产业的布局以及城市分布体系等。因此，城市群空间组织具体包含城市群空间形态、城市规模等级等结构的演化，以及在空间结构基础上的职能分工转换（周小锋 等，2012）。我们认为城市群空间组织的定义是：城市群内城市、城市与群内区域相互作用、不断发展，形成具有特定空间功能的城市群空间结构、规模及其表现形态的过程和结果。根据这个定义,城市群空间结构只是空间组织的静态表现形式,空间组织还包括空间功能和相互作用方式。为研究方便,我们把城市群空间组织模式概括为:城市群规模分布、空间结构和功能的整体演化过程及其表现方式。

三、空间联系与相互作用是研究城市群空间组织的主要切入点

城市群空间联系与相互作用是形成城市群空间结构与功能的前提条件,也是体现城市群空间属性的基本内容。如果城市群内部没有发生各种类型空间的联系与相互作用,也就无法产生相应的结构与功能。因此,城市群内外部的空间联系与相互作用既是分析和研究城市群空间结构与功能,以及城市群规模与效率的基础,也是学术界研究城市群空间组织的主要切入点。刘立平和穆桂松(2011)通过威尔逊模型、空间关联模型对中原城市群的空间联系进行研究,计算了各城市的交通吸引强度、人口吸引强度,并采用空间自相关模型的全局 Moran 指数、局部 G 指数分析了各城市的空间关联程度及趋势和空间要素在各城市的集聚特征。李娜(2011)基于城市流强度和城市经济联系强度模型,判断长三角城市群空间层级的联系程度,认为长三角城市群形成了以上海为中心,南京、杭州、苏州、无锡和宁波等城市为副中心的多中心支撑的网络化布局。董青等(2010)利用引力模型和 ESDA 方法在时间截面上对城市群之间空间相互作用的流量及流向进行了分析,发现中国城市群体系空间结构与空间相互作用具有明显的正相关性,其空间结构的空间依赖性特质明显,并呈现出空间集聚特征。刘晓丽等(2008)运用分形、城市化不平衡指数、城市网络、城市空间相互作用等理论与方法,对中原城市群城镇的空间组合状态进行分析,认为中原城市群城镇分布相对密集,城市布局呈集聚型,交通指向和圈层特征明显,总体呈弱极多核式的空间结构特征。尽管上述研究还没有直接与城市群空间组织联系起来,但是已经为认识和理解城市群空间组织提供了一定借鉴。同时,大量的关于城市群空间结构与功能、规模分布方面的研究文献也为研究城市群空间组织奠定了基础。

此外,结合城市群空间组织演化动力机制,从空间联系和相互作用的角度分析城市群空间演变规律也是研究城市群空间组织的一个重要方面。20世纪80年代以来,城市群空间组织演化机制的研究逐渐加强。国外对城市群空间组织演化机制的研究主要集中在全球城市群高度发达的地区,实证研究大多侧重于网络城市内部水平联系的描述和测度。国内许多学者也以实证研究的形式对城市群空间组织演化的机制展开了研究。归纳起来,可以概括为三个视角:产业集聚、扩散的推动作用;政府的干预作用;交通基础设施与网络信息化的引导作用。但上述研究对城市群、产业发展的空间属性关注度比较低,尽管认识到产业发展是推动城市群空间组织演化的关键因素,但对产业在空间方面的运动过程与城市群的空间演化结合得不够密切。而产业发展在空间方面的运动过程及其主要表现即为产业空间分异,包括产业集聚、扩散和网络化。目前,从产业空间分异的角度研究城市群空间组织演化动力机制的成果较少,而主要针对处于不同发展阶段的城市群空间结构的演化规律,在分析空间结构的影响因素及其作用方式的基础上论证城市群空间组织演化的动力机制。

四、城市群空间组织研究的总体趋势

就现有研究文献来看,城市群空间组织研究的总体趋势主要集中在以下三个方面。

(一)重视交通基础设施与网络信息化对城市群空间过程的影响

交通是联系地理空间、社会经济活动的纽带,并影响着城市群空间组织结构及功能演进。王成新等(2011)从高速公路运行的角度探讨了陆路交通对城市群空间结构的影响,其认为高速公路促使城市群体系结构不断演化,并形成城市空间扩张的新模式——合并重组;推动城市群空间布局的合理化,并成为城市群职能结构转化的快速通道。信息化程度的提升有效地促进了城市化的发展,推进城市群空间组织向更高效更合理的模式演化。Todd、Joel(2004)认为,信息技术的高度发展可以使空间各个组成部分之间的可达性最大化,这意味着区位优势会相应降低,从而影响城市群空间结构组织的演化。经济全球化和以信息技术为标志的技术进步极大地促进了城市群空间结构与功能领域的研究,很多研究认为高速公路建设与信息化水平提升是城市群空间结构优化和功能不断增强的动力。

(二)关注制度安排对城市群整体发展的重要作用

城市群的形成与发展主要受制度安排和市场驱动这两个动力的推动与影响,其中制度因素对城市群空间演变的影响作用是外在的,具有促进和抑制两个方面。

行政区划调整是制度安排的一个重要方面,其对城市群空间结构和功能的影响较为显著。Agarwal、Genevieve(2007)建立就业中心增长模型,运用1990到2000年的洛杉矶数据,研究了地方政府在大都市区空间结构演化过程中所起的作用。徐梦洁、陈黎、林庶民等(2011)通过计算长江三角洲城市群2000—2009年的三类分形维数,分析了行政区划调整对城市群空间分布的向心性、均衡性和相关性的影响,从而判断行政区划调整的合理性。他们认为,各级地方政府的政策对城市群的演化发挥着最直接的主导作用,偶尔也会起到抑制作用;行政区划的调整导致城市群空间结构发生变化,从而对区域城镇和经济体系乃至整个区域发展产生重大影响。王娟(2012)将政府主体分为中央政府和各级地方政府两类,认为制度因素的影响可以按等级分为以下几类:中央政府的政策一般都具有较强的宏观性,因而对城市群的演进将产生重大影响,这种影响具有持续性和多重性;省、自治区、直辖市政府将城市群发展作为增加经济总量、促进自身区域崛起的战略而大力扶持;市县一级政府更多的以挤入城市群行列获取上一级政府政策支持或优惠、抢抓发展机遇为直接目标。

(三)研究城市群空间发展模式的趋势逐渐加强

Kiss、Takeuchi(2002)和汤庆园(2010)从产业的角度研究城市群空间演进的动力机制，认为产业发展推动城市群的空间组织模式演变。蔡坚(2013)基于中心职能强度及城市流强度的分析方法，对中部城市群经济联系强度及其结构进行测算和分析，认为制造业增长模式是促进中部城市群城市流变化的主要原因。柴攀峰和黄中伟(2014)利用协同发展的相关理论，对长三角城市群 22 个城市的经济能级、经济联系以及产业协同发展三个方面进行研究，发现长三角城市群正由单一中心向多中心模式转变。并通过对网络交互作用与地域类型变化的比较印证，总结了长三角多核网络化和城市区域化的趋势，即中心地模式虽仍占主导地位，但这一模式趋于弱化，而网络化模式趋于强化。

五、现有研究的主要局限

从现有研究来看，经济学主要在论证城市群空间过程影响因素的基础上分析要素对城市群空间规模、结构与功能的影响和作用机制，但是对城市群的空间属性和空间过程把握不准确。地理学部分弥补了经济学研究的局限，其所采用的 GIS 等可视化软件强化了空间和区位表现与属性，但难以进行更深层次的相关性及机理分析。目前相关研究主要存在以下几点局限。

(一)割裂结构与功能的联系

结构决定作用方式，作用方式决定功能，结构和功能有着密切的联系。研究城市群空间结构是为了更清晰全面地认识空间功能，但侧重研究空间结构而忽略空间功能，一方面割裂了结构与功能的整体性，另一方面，也难以系统地认识不同层级、不同类型和不同空间尺度城市群空间组织演化存在的差异，导致研究成果主要集中在城市群空间结构的表现、空间联系和演化阶段，对空间功能研究很少涉及。所提出的空间组织优化路径也往往通过案例分析来佐证，或者仅仅是针对某一个变量提出，造成研究成果的实践价值不高、可推广性不强等问题。

（二）对反向作用机制的研究有待深化

学术界对外部因素作用城市群空间组织的机制进行了大量研究,但忽视两者的反向作用。以产业空间分异为例,城市群空间组织的演变与产业群的空间集散是同一空间过程的不同反映,产业群为城市群提供强有力的产业支撑,城市群为产业群开辟广阔的空间载体,两者互相作用共同推动着产业空间分布与城市空间组织演化。但有关研究主要集中在产业空间分异对城市群空间组织的单向影响上,而忽视了后者对前者的反向作用。

（三）动态性的研究不足

城市群是一个始终开放的状态和过程,不断地与外界进行着物流、人流、资本流、技术流、信息流的交换与互动,所以非均衡状态是城市群空间组织的常态。因此,研究城市群空间组织应该在一个动态的框架下进行。但现有研究成果大多仅仅对某一时点的城市群空间组织状态进行研究,或对动态环境进行简单的描述后,对有限时点的空间组织状态进行对比分析,缺乏连续性和系统性。同时,也难以模拟符合客观现实的城市群空间演变过程。

第二节　关于产业空间分异研究现状的评述

目前关于产业空间分异的研究文献比较丰富,但学者在概念及内涵方面的认识还存在分歧,并且主要在以产业集聚为视角的分析框架基础上进行研究。运用新经济地理学理论对我国产业空间分异进行的研究成为主体。但是,现有研究在分析产业空间分异过程中,针对产业扩散的研究较少,论证城市群空间产业空间分异方面还存在局限。

一、产业空间分异的基本概念与内涵

"分异"①一词原是地质学家分析地质结构时所使用的名词,指地质构造的不同层面。地理学领域的概念是"地域分异",指地球表层自然环境及其组成要素在空间分布上的变化规律,即地球表层自然环境及其组成要素,在空间上的某个方向保持特征的相对一致性,而在另一方向表现出明显的差异和有规律的变化。这一概念不仅被地理学,而且被社会学、城市规划学等学科广泛应用,但是目前这一概念仍然比较模糊。有学者认为,分异、分化或衍进的含义是:①由一个到许多,由简单到复杂或由同类到异类的发展;②社会组织、社会文化或其任何部分变得更为复杂的过程,这种变化是由独特社会功能的生成、适合个人能力特权作用的发挥、社会集团阶层的分化,以及政治宗教结构的建立而形成的。同时,分异也可指这种过程的结果(毕巍强,2002)。这种分异可包括外部因子引导产生的外生分异,以及乡缘、地缘、血缘等因子决定的内生分异。也有研究对分异的基本性质进行了概括:分异具有物质和社会双重属性;分异总是发生在一个相对明晰的地域内;分异本体具有一定的相同特质;分异是一个不断变化发展的过程。通过以上梳理我们发现,分异不仅强调分离部分的差异性及差异产生的过程,而且强调了差异结果的分布状态。因此,我们认为,分异是原本相同的事物经过分化演变成不同事物的过程与结果。

空间分异的概念,如地域分异,是指自然地理环境的组成部分及整个景观在地表按一定层次发生分化并按确定方向发生有规律分布的现象。区域经济空间分异一般认为是空间结构的形成演变过程及表现方式。城市空间分异包括城市社会空间分异和物质空间分异(杨新刚 等,2005)。

---

① 20世纪初,地质学家开始研究火成岩的形成过程。他们把化学物质按一定的比例混合,模拟那些天然火成岩的成分,将其熔化,然后让它们冷却、固化,并密切检测晶体形成的温度和化学成分。在实验过程中,原始岩浆因温度、压力等物理化学条件的影响,演化出一系列的岩石,这一作用过程被称为岩浆的分异作用。

城市社会空间分异是指城市社会要素在空间上明显的不均衡分布现象（冯健，2008）。对上述定义进行归纳，可以认为空间分异指的是某事物在空间上呈现出的不连续不均衡的差异化分布过程及现象。

大多数学者认为产业空间分异是指不同地区产业发展水平的差异，少数学者认为产业空间分异即产业区位选择的差异（周彬学，2009），也有学者将产业空间分异理解为产业空间布局。Ian R. Cordon 和 Phillip McCann 把产业空间分异分为三种带状模式：纯聚集模式、产业综合体模式、社会网络模式（王姗，2008），认为产业空间分异是产业结构在空间上的异化演进。黄蕊和崔大树（2013）认为产业空间分异是指产业随着经济社会发展，在空间层面上分化演进，形成不同形态的空间结构和要素空间结构的差异化分布过程和结果，包括产业集聚与扩散、产业集群、网络化等过程。任何产业，在其出现之后的任一时点，都具有其在空间上的结构。在同一时间截面上，特定空间内不同分异阶段的地域形成了鲜明的差异性。因此，可以将产业空间分异理解为：产业的空间形态结构和要素结构分化演变，在空间层面上形成不均衡、不连续的差异化分布过程，即产业在空间上表现的结构与分布状态的差异。产生产业空间分异类型或模式的动因之一是要素流动导致的产业集聚、扩散和网络化分异过程。产业形态空间结构包括产业空间集聚与扩散状态、产业空间网络化状态等。因此，我们认为产业空间分异是依靠产业集聚和产业扩散运动实现并最终会在区域内形成的网络化结果。

二、以集聚为分析视角是研究产业空间分异的主体

产业空间分异一般指同类产业随着产业转移在区域内形成若干集聚区，产业分工的细化、规模经济的存在、企业降低成本的动机导致同类企业聚集的地方形成集聚区并且竞争优势愈加强化。但是，也会遇到空间有限性、核心区经营成本高、核心区优势可复制等引起扩散的因素，在集聚力与分散力相互作用下区域内最终产生显著的产业空间分异现象。不同的学者对产业空间分异的理解有些许差异，比如产业发展水平的空间差异、产业布局的空间差异等。黄向春（2010）基于劳动分工理论，系统分

析了劳动分工和产业集聚之间的动力机制，发现两者存在相互影响、逐步向前的动力机制。由于产业集聚的发展取决于专业化分工的分化，而产业集聚的发展又能降低成本、协作创新，进一步促进分工发展。席艳玲（2014）实证检验得出，我国制造业存在一定程度的过度集聚。分区域来看，东部地区产业集聚同经济增长呈倒 U 形关系，而中西部地区产业集聚同经济增长则显著正相关；分产业来看，纺织业、造纸业、通用设备制造业和电子设备制造业已经表现为过度集聚。李在军等（2013）发现江苏省在不断增大的产业结构空间差异中，由随机成分引起的产业水平空间差异在不断下降，而由空间自相关引起的结构差异越来越显著。王俊松（2014）得出制造业空间布局的相关性增强，以上海为中心向周边的苏浙地区沿主要交通轴线扩散，高技术密集度的产业扩散范围小，而低技术密集度的产业由于地租成本上升，扩散范围较大。

欧美学者的实证分析结果也支持了以集聚为分析视角的研究结论。Dumaisetal（2002），Desmet、Fachamps（2005）的研究认为美国制造业整体的聚集程度减弱，非服务部门的聚集程度下降。美国的专业化下降过程在空间结构上表现为行业聚集程度降低，尤其是制造业聚集程度在 20 世纪 90 年代下降。产业地理集中程度与区域自然优势和区域空间特征联系密切。与美国不同，欧盟在一体化前期产业集中程度高，随着欧盟一体化进程的推进和分工的深化，产业地理集中程度有所下降。其中，劳动密集型产业变得更加集中，而高技术产业变得更加分散。如 Midelfart-Knarvik（2000）对欧洲 20 世纪 70 年代的区域产业结构进行了研究，发现区域间产业结构趋于相同，并在 80 年代开始反转，出现了缓慢的专业化过程。同时，也有学者认为，欧洲专业化程度的加深过程是区域内部聚集程度的下降过程。如 Aiginger、Pfaffermayr（2004），Barrios、Bertinelli、Strobl、Teixeira（2005）等对同时期欧洲集聚程度进行了研究，都认为聚集程度略有下降。综上所述，从时空演变的视角来看，美国出现了专业化程度降低与聚集水平下降，并且两者的变化方向相同的情况；欧洲的情况却恰恰相反，呈现出集聚水平的微弱下降与专业化程度的上升，且两者的变化方向相反。

三、基于新经济地理理论的分析框架是研究产业空间分异的趋势

近年来,学术界以新经济地理学理论为分析视角构建分析框架,围绕产业集聚、集群及扩散,产生了大量的研究成果。涉及产业空间分异的研究主要从以下两条主线展开。

(一)核心-外围模型的运用

新经济地理学把空间因素引入一般均衡分析,研究经济活动的空间分布规律,解释现实中经济活动空间差异化分布现象,以及城市体系形成和演变的原因。新经济地理学所构建的核心-外围模型(core-periphery modely,以下简称C-P模型),揭示了交易成本、要素流动和集聚之间的关系,重新研究了区位选择和区际贸易问题,认为所有经济行为在空间上都是非均匀分布的,论证了经济行为集中于某些地区以及在空间形成分异的原因,并以集聚力和分散力的平衡构成了核心-外围理论。

大量的研究集中在论证核心-外围模型中存在的三种效应:本地市场效应、价格指数效应、市场竞争效应。前两者构成了经济行为集聚的原因,第三种效应则是分散的力量。其研究思路、内容和核心观点都与C-P模型的思想比较接近,认为集聚力和分散力都是随着交易成本的降低而降低的,而分散力对交易成本变化更加敏感,变化也更快。由于同行业的规模收益递增、产业关联造成区位黏性等共同导致多重均衡同时发生,也就是许多行业部门的经济活动都开始在核心地区集聚,最终集聚力与分散力平衡形成稳定的区域经济中心,即城市(藤田昌久 等,2005)。

(二)知识溢出是导致经济空间分异的根本原因

新经济地理学理论认为,初始禀赋的差异性、经济活动的极化效应和空间有限性是区域经济空间发生分异的主要原因。在一个特定的空间范围内,具有同种特质的属性朝不同方向不断发生规律性变化的过程和结果,即分异,其强调属性之间的差异性以及不同分异结果的空间分

布。现有研究大多认为,全域知识溢出是产业扩散的重要力量,局域知识溢出是产业集聚和集群形成并维持的另一力量。知识溢出提高了学习效果,创造单位知识资本的成本随着知识资本的累积而降低,如Kesidoua、Szirmai(2008)就在理论和实证研究中证明了局域知识溢出对发展中国家创新的重要影响。知识资本分为私人知识和公共知识,知识溢出的有限性使得本地的公共知识对其他地方则是私人知识,地区资本的成本取决于资本的区位。行业的集聚提高了行业的增长速度,所以在要素、商品、服务及贸易条件下产业趋向于集聚发展,从不具备集聚优势地区转移到具备集聚优势地区集聚,其中知识与人力资本密集型行业对这一现象最为敏感。可以认为,知识溢出是导致产业空间分异的根本原因,张文武、梁琦(2011)等的证研究都在一定程度上论证了这一结论。

四、现有研究的主要局限

在产业经济学领域中,研究产业空间分异问题主要遵循古典经济学以“集聚”为主的研究思路。经济地理学主要以产业空间结构研究居多,其从区域经济发展的角度分析产业集聚、产业扩散,认为产业的集聚与扩散及产业空间结构的形成是同时存在的,分别是产业空间分异的一个方面。但上述研究强调了“集聚”,一定程度上忽略了“扩散”及产业结构演变在空间方面的表现。孤立、静态的研究割裂现象之间的联系不利于发现现象背后的深层规律,因此有必要对这一复杂现象的基本特征从系统论角度进行整体研究。初步梳理,现有研究的不足主要表现在以下三个方面。

(一)混淆产业集聚与生产要素的运动

产业集聚不是要素本身,而是要素的组织形式。企业生产成本的降低与效率的提高,是区域产业集聚作用的结果,同时产业集聚也影响区域经济空间布局。因此,现有的论证和分析思路及方法存在着明显的不足。产业集聚是一种介于企业和市场之间的产业组织形式,对于区域经济的产业集聚效应研究需从产业集聚的微观机制入手。而现有的研究都没有解释这一问题,而是直接讨论了产业集聚与区域经济空间的关系。

(二)对反向作用的研究不足

现有实证研究得出产业集聚与区域经济存在一定的线性关系,这只能说明产业集聚对区域经济的影响是正向作用,但忽视了产业集聚对区域经济的负面效应。这同时也说明,产业集聚与区域经济提升之间的线性关系未必完全成立,这就说明大部分实证研究并不能准确地说明产业集聚与区域经济空间优化之间的联系。

(三)研究对象的空间属性不够明确

现有研究对空间属性概念的认识还不够明确,造成研究结论的应用程度降低。即使用相同的分析框架和研究方法,也会因为所选研究对象的空间尺度不同,特别是空间属性的差异,而有不同的结论;如果空间属性和空间尺度共性明显,也会因为研究方法、考虑的因素和数据的可得性不同,导致所得结论不同。

第三节 关于城市群空间组织
与产业空间分异相关性的研究

城市群作为城市发展演进的高级阶段,是产业集聚与扩散共同作用的产物。城市群与产业发展相关性的研究成果丰硕,但具体从城市群空间组织与产业空间分异的角度研究两者的相互作用机理和规律目前还比较少。城市群空间过程与产业空间发展问题是目前经济地理学、城市地理学和产业经济学等学科关注的重点,并主要集中在城市群空间结构演变与产业结构的相关性、城市群空间系统演化与产业集聚的空间效应及其互动机理、城市群与产业群相互作用的一般规律及表现等方面。考察我国城市群与产业发展相关性的研究现状发现,现有文献关于城市群空间组织与产业空间分异相关性的研究主要集中在产业集聚与城市群形成发展的互动关系,产业结构与城市群空间结构、城市功能的相关性等方面。但近年来的研究已经拓展到对要素、分工、空间重组等方面进行研究。

一、产业集聚、扩散与城市群空间组织演变

从产业的视角出发,对城市群空间组织与产业空间分异的相关性进行的研究,主要集中在产业集聚和产业扩散与城市群空间组织的相互作用机制方面,而研究文献的主体又集中在产业集聚对城市群空间过程的影响上。

(一)产业集聚与扩散是城市群空间组织演化的动力

分析产业集聚与城市群空间过程及空间组织演变的文献非常丰富。现有研究大多认为产业集聚是城市群形成、发展的动力,推动城市群空间规模扩大和空间结构不断优化,逐步提升城市群的功能。基于集聚视角及其分析框架的研究,是目前研究城市群空间组织与产业空间分异互动机制的主体。大量的研究认为,区域产业集聚是城市群形成和发展的重要推动力,合理的企业空间布局与分工促进城市群空间结构优化。姚士谋等(2007)认为城市群内部各城市间经济联系加强,集聚水平提高,要素之间紧密互动;城市的扩展促进开发区产业集聚,开发区城市基础设施配套逐渐完善,城市功能增强。这一研究主线揭示了产业集聚是城市群形成和发展的主要动力,某一产业在实现聚集的过程中带动了资本、技术、人口等生产要素的集聚,并进一步推动了其他相关产业的集聚。其基本逻辑是:建立在专业化分工以及价值链基础上的产业集聚有利于产业组织、产品结构、技术结构和区域结构的优化与升级,不断增强城市聚集效应的质的变化,并推动市场规模和辐射半径的扩张,增强城市持续演进的自我强化机制,导致城市地域扩展,从内部推动城市群空间组织的演化。但也有学者认为产业集聚对城市群发展的影响不一定是贯穿始终的,而是具有一定时效性的。张云飞(2014)以山东半岛城市群为案例进行研究后发现,城市群内产业集聚和经济增长之间存在倒 U 形曲线关系。产业集聚初期推动经济增长,超过一定程度后,过度集聚会抑制经济增长。

目前关于产业扩散与城市群空间组织演化相关性的研究很少,只有极少数学者认识到产业扩散推动了城市群空间组织的演变。产业扩散是产业集聚的反过程,在产业发展的空间过程中,同时包含了集聚和扩散两种趋势。但在经济增长的初期阶段,空间集聚的效益表现得比较明显,而扩散的趋势通常观察不到,因此产业扩散这种现象通常会被忽略。丁建军(2010)认为,产业扩散在企业利润最大化驱动下或者指向具有良好工作基础、较大市场潜力,但发展相对滞后的中心城市;或者转移到某一尚未达到最佳规模城市群的次中心、周边城市、郊区。如此循环往复,实现单一城市群向多城市群的演化,城市群的形成与产业集聚和扩散相伴随。毛世萍(2012)认为,当城市的规模经济演变为规模不经济时,产业扩散就导致中心城市向外围扩散的自组织现象。此时,城市体系较发达,不同等级的城市发育较齐全,形成了以中心为依托相互联系的副中心群。我们认为,城市群演化初期,以产业集聚为主,当产业集聚到一定程度时,由于集聚不经济和成本上升,产业开始向周边地区扩散,而每一个城市面临的产业集聚与扩散的临界点从一定程度上决定了该城市的合理规模。

(二)产业群与城市群空间演变过程存在耦合及互动关系

相关领域的研究成果认为,在一定区域内产业群与城市群空间演变过程之间存在着耦合关系,且耦合程度与所在区域的发展呈明显的正相关性,城市群区域经济体是两者高度耦合的产物(林敏,2009)。产业链与城市链具有融合机制,产业空间组织与城市空间组织形成联动、传导、叠加放大和政府推动等共同构成的耦合机制,并存在着共生互动规律、聚散与竞合规律(郭凤城,2008)。

学术界认为,产业群与城市群空间组织具有明显的联动机制。产业群内企业规模的扩大和专业化程度的提高,推动企业纵向分离,把部分生产环节或分公司转移至周边城市,形成更合理的产业分工与布局。同时,周边城市因大量企业的迁入而职能转变,使城市群的空间组织形式发生变化。城市之间产业联系加强并按照产业功能连接在一起,通过城市功能分工结成了城市群,城市群的形成又进一步为产业群发展提供完善的配套服务设施,为产业纵向横向的空间延伸奠定基础(邬丽萍,2012)。还有学者认为产业集群与城市群空间演化之间存在相互反馈的关系。

二、城市群空间组织对产业空间分异的影响

针对城市群空间组织对产业空间分异影响的研究比较少,现有研究主要从城市化过程推动产业空间分异、城市群空间组织与产业空间分异相互促进两个方面开展研究。

(一)城市化过程推动产业空间分异

刘艳军等(2009)通过分析1953—2005年东北地区产业结构演变城市化响应的过程与偏差,构建产业结构演变的城市化响应强度系数和响应机理模型。他们认为城市化以及城市空间发育水平的提高成为产业结构升级的重要驱动力,城市化的发展促进了城市产业极化效应的发挥,推动区域产业空间集聚效应不断提高。刘志彪(2010)研究了中国经济中房地产的支柱产业地位和"土地财政"不良格局两个问题,认为中国应该选择以城市化推动产业转型升级的基本战略。吴振球等(2011)通过建立VAR模型对全国城市化、工业化对第三产业发展的影响进行了实证研究。研究结果表明,城市化率对第三产业增长率的影响在短期内为负,长期来看为正,城市化将会促进第三产业的发展。

(二)城市群空间组织与产业空间分异相互促进

近几年来,直接分析城市群空间组织与产业空间分异的文献不多,但研究城市群发展、空间演变过程与产业空间分异的相互作用关系方面的成果较为丰富,学者普遍认为两者是相互促进关系。方创琳、蔺雪芹(2008)认为城市群形成与发展过程既是其空间结构优化与整合的演变过程,又是产业不断重组和优化的过程;产业的空间联系是引起城市群节点相互作用的根源,城市群中各节点间的势能差强化了产业空间联系。李文强、罗守贵(2011)从系统论角度论证了都市圈产业结构演化和城市空间结构演变是一个互相促进,具有明显耦合性和协同性的协调发展系统。

孙东琪、张京祥、胡毅(2013)通过比对长三角和京津冀两个城市群,发现如果中心城市和其他城市之间产业空间联系过于弱化的话,极有可能在城市群中出现"大都市阴影区",京津冀中的河北各城市便深受其害。何胜、唐承丽、周国华(2014)认为影响长江中游城市群相互作用的因素有城市群实力强度和规模结构体系两个方面。城市群整体实力越强,产业集聚扩散作用就越大,越能带动各种要素在城市间的流动;规模结构体系越完善,核心城市就越能够发挥较强的集聚扩散作用,次中心城市也越能够带动一般城市积极参与。

三、城市群空间组织与产业空间分异相关性的研究趋势

城市物质空间的重组、优化与协同发展,复合城市空间的产生及城市物质空间的重组是城市群空间组织与产业空间分异相关性领域研究的新趋势,主要表现在以下几个方面。

第一,城市区域空间发展模式与产业空间分异协同发展。国外学者近年来积极关注城市空间拓展与产业发展的相互作用、城市化与产业集聚互动关系等方面的问题(Kiss et al.,2002)。进入信息时代,"流空间"取代"场空间",信息流、电子通信等新技术影响城市空间结构、形态和组织模式等的变化越来越明显。而城市空间规模与形态、结构与功能,也影响着产业空间发展组织形态和结构等的演变。城市与城市区域的演变正处在一个变革性时期,城市群空间过程与产业空间发展的相关性研究、产业结构升级与城镇空间模式的协同发展研究成为目前该领域研究的趋势。

第二,新产业区和新产业空间对城市区域产生很大影响。近20年来,资本主义生产方式由福特主义向后福特主义过渡,新产业区和新产业空间重塑城市空间,新产业区作为全球经济发展的动力及全球化的节点对城市区域的空间演变产生了很大影响(Jenks et al.,2008;Calame,2009)。城市空间形态与空间组织向后现代主义城市过渡,出现了城市网络(Camagni et al.,2004)、城市碎化、双城、分割的城市和边缘城市等概念(顾朝林,2006;吕拉昌 等,2010)。研究城市群的空间整合与合理化组织,有助于加强各城市之间的产业合作、结构互补,有助于寻求良好的产

业竞争与合作之路(方创琳 等,2008)。

第三,新型的产业分工和专业化形式会改变城市区域的空间属性。相对于传统的部门间分工,新型产业分工在专业化形式、分工特点、产业边界、分工模式、空间分异和形成机理等方面都具有较大差异。据此,有学者提出新的理论认识。王德利、方创琳(2010)提出"产业场"的概念:分布在空间内的不同产业所体现出来的"场系统"之间的一种数学函数。城市群作为一种城市经济场,具有相对明显的影响范围,能够在一定程度上体现出城市群在空间范围上的边缘性。陈肖飞、张落成、姚士谋(2015)运用 3D 理论(Distance,Density,Division)解释长三角城市群空间格局,发现仅有上海、苏州和无锡表现为 3D 类型,认为城市化的推进取决于密度的增加,区域发展取决于对距离约束的克服,而区域一体化则取决于减少分割并增强整合。

第四,城市群演变过程中的产业组织作用机理。以霍布森、里维拉-贝蒂兹、阿普杜勒-拉赫曼和藤田昌久等为代表的学者,将迪克希特和斯蒂格利茨的产品差异化模型和垄断竞争模型运用到城市群演变过程的研究中。在这些模型中,不完全竞争的企业具有内部规模经济,每个企业生产独特的差异化产品。这些产品要么作为最终产品供消费者使用,要么成为中间产品作为生产同质性产品的投入品。由于企业自由进入,产品数量是内生决定的,而且产品种类在城市发展水平方面具有外部规模经济。由于不同产业可以共同位于同一城市共享差异化中间投入,一系列的产品差异化模型被用来解释城市的多样化(赵勇,2009)。为了建立更加一般的城市系统模型,阿普杜勒-拉赫曼和藤田昌久将生产中的范围经济概念运用到城市环境中,认为在均衡模式中专业化与多样化的城市能够共存(Henderson et al.,2007);阿纳斯和雄(Anas et al.,2003)将城市的多样化和专业化看作是贸易成本与城市区位成本相互作用的结果;杜兰特和帕格(Duranton et al.,2001)将城市企业区位选择的动态模型与产品周期的动态模型结合起来,对专业化城市与多样化城市的共存进行解释,从知识溢出的角度模拟了多样性城市的形成,并解释了专业化城市和多样性城市共存的微观机理。

四、城市群空间组织与产业空间分异相关性的研究局限

综上所述,目前对产业空间分异与城市群空间组织演变相关性的研究中,大多是在产业集聚框架下展开的,还没有在此基础上进一步论证产业空间分异与城市群空间组织演化的作用机理及一般规律。从产业空间扩散和网络化的角度研究城市群空间组织演变,或从城市群空间组织演变与产业空间扩散、产业空间网络化角度进行研究的文献较少,更没有形成系统性和相应的分析框架。这显然难以全面、综合、系统地考察城市群空间组织演化与产业空间分异的相关性和互动机制,以及在此基础上进一步论证城市群空间组织调控模式,影响了这一领域的深入研究和相关理论的扩展。具体来看,现有研究主要存在以下几个方面的局限。

第一,研究内容忽略了城市群的空间属性和特征。城市群空间属性及特征与其他空间经济具有明显的区别。现有文献的研究内容在考察产业空间分异机理及其与城市群空间组织演变相关性的研究内容中,忽略了城市群空间有别于其他空间的属性和特征,实际上已经偏离了在城市群空间框架内的分析。

第二,对城市群空间组织的研究较为缺乏。关于城市群空间组织的概念、研究内容,以及城市群空间组织的演变机理与一般规律和模式的研究较为缺乏,还没有构建起一个较为科学合理的分析框架。

第三,对城市群产业空间分异的研究过于宏观。近几年来,大多数研究都是以第一、第二、第三产业为主要研究对象的,即使对细分产业进行研究,也是为了对产业之间进行比较。产业介于宏微观之间,对三次产业的研究过于宏观,造成宏微观之间脱节。对单一产业在城市群内空间分异的研究较少,难以刻画城市群空间内产业空间分异的机理及与城市群空间组织的相关性。

第四,对产业空间分异的研究偏重于产业集聚方面。现有研究的主要分析视角及框架、研究内容都偏重于产业集聚,对产业扩散、产业网络化的研究不足。这就有可能导致研究产业空间分异问题会有失偏颇,难以得出科学客观的结论。

第五，对产业空间分异过程的内在机理研究有待进一步加强。分析产业空间分异既包括结果也包括过程，目前的研究对于过程的动力机制研究较少，针对某一产业的实证检验更少。需要考察空间哪些因素导致了产业的空间分异并形成相应的特征，这些因素又是如何影响产业空间分异的。很难说某一个因素对产业空间分异产生决定性的影响，机制要素之间的关系往往是互相关联，互相影响，共同促进或者抑制的，需要构建分析框架体系进行系统分析。

参考文献

毕巍强，2002.地理空间景观分异的探讨[J].华东地质学院学报(1)：9-15.

蔡坚，2013.中三角城市群空间经济联系及动态变化分析[J].技术经济与管理研究(9)：114-118.

柴攀峰，黄中伟，2014.基于协同发展的长三角城市群空间格局研究[J].经济地理(6)：75-79.

陈肖飞，张落成，姚士谋，2015.基于新经济地理学的长三角城市群空间格局及发展因素[J].地理科学进展(2)：229-236.

丁建军，2010.城市群经济、多城市群与区域协调发展[J].经济地理，30(12)：2018-2022.

董青，刘海珍，刘加珍，等，2010.基于空间相互作用的中国城市群体系空间结构研究[J].经济地理，30(6)：926-932.

方创琳，蔺雪芹，2008.武汉城市群的空间整合与产业合理化组织[J].地理研究，27(2)：397-408.

冯健，周一星，2008.转型期北京社会空间分异重构[J].地理学报，63(8)：829-844.

顾朝林，2006.中国城市发展的新趋势[J].城市规划，30(3)：26-31.

郭凤城，2008.产业群、城市群的耦合与区域经济发展[D].长春：吉林大学.

何胜,唐承丽,周国华,2014.长江中游城市群空间相互作用研究[J].经济地理,34(4):46-53.

黄蕊,崔大树,2013.产业空间分异驱动城市群空间组织模式演变研究——以浙江中部城市群为例[J].改革与战略,29(9):54-58.

黄向春,2010.劳动分工与产业集聚的动力机制分析[J].资源与产业,12(S1):57-62.

李娜,2011.长三角城市群空间联系与整合[J].地域研究与开发,30(5):72-77.

李文强,罗守贵,2011.基于区域经济一体化的上海都市圈产业分工研究[J].经济与管理研究(03):54-63.

李依浓,2007.交通引导下的城市群空间组织研究——以辽中南城市群为例[D].长春:东北师范大学.

李在军,管卫华,臧磊,等,2013.江苏省产业结构的空间格局演变及其动力机制分析[J].经济地理,33(8):79-85.

林敏,2009.产业群与城市群的耦合机制初探[J].商场现代化(18):125.

刘立平,穆桂松,2011.中原城市群空间结构与空间关联研究[J].地域研究与开发,30(6):164-168.

刘天东,2007.城际交通引导下的城市群空间组织研究[D].长沙:中南大学.

刘晓丽,方创琳,王发增,2008.中原城市群的空间组合特征与整合模式[J].地理研究,27(2):409-420.

刘艳军,李诚固,2009.东北地区产业结构演变的城市化响应机理与调控[J].地理学报(2):153-166.

刘志彪,2010.以城市化推动产业转型升级——兼论"土地财政"在转型时期的历史作用[J].学术月刊(10):65-70.

吕拉昌,黄茹,韩丽,等,2010.新经济背景下的城市地理学研究的新趋势[J].经济地理(8):1288-1293.

马延吉,2010.辽中南城市群产业集聚发展与格局[J].经济地理,30(8):1294-1298.

毛世萍,2012.广州市产业转移与城市空间结构演进[D].广州:华南理工大学.

聂华林,王成勇,2006.区域经济学通论[M].北京:中国社会科学出版社.

乔彬,李国平,2006.城市群形成的产业机理[J].经济管理,18(22):78-83.

孙东琪,张京祥,胡毅,2013.基于产业空间联系的"大都市阴影区"形成机制解析——长三角城市群与京津冀城市群的比较研究[J].地理科学,33(9):1043-1050.

汤庆园,2010.中部地区城市群空间演进的产业机理研究——以湖南省"3+5"城市群为例[J].城市发展战略(12):28-32.

藤田昌久,克鲁格曼,维纳布尔斯,2005.空间经济学:城市、区域与国际贸易[M].北京:中国人民大学出版社.

王成新,王格芳,刘瑞超,等,2011.高速公路对城市群结构演变的影响研究——以山东半岛城市群为例[J].地理科学,31(1):61-66.

王德利,方创琳,2010.中国跨区域产业分工与联动特征[J].地理研究,29(08):1392-1406.

王娟,2012.中国城市群演进研究[D].成都:西南财经大学.

王俊松,2014.长三角制造业空间格局演化及影响因素[J].地理研究,33(12):2312-2324.

王姗,2008.长株潭城市群空间结构优化研究[D].长沙:湖南师范大学.

邬丽萍,2012.城市群形成演化机制与发展战略——基于集聚经济三维框架的研究[M].北京:中国社会科学出版社.

吴振球,谢香,钟宁波,2011.基于VAR中国城市化、工业化对第三产业发展影响的实证研究[J].中央财经大学学报(4):63-77.

席艳玲,2014.产业集聚、区域转移与技术升级[D].天津:南开大学.

徐梦洁,陈黎,林庶民,等,2011.行政区划调整与城市群空间分形特征的变化研究——以长江三角洲为例[J].经济地理,31(6):940-945.

许学强,周一星,宁越敏,2009.城市地理学[M].2版.北京:高等教育出版社.

　　杨新刚,叶小群,2005.城市空间分异探讨[J].规划师,21(3):68-71.

　　姚士谋,陈振光,王书国,2007.城市群发育机制及其创新空间[J].科学,59(2):23-27.

　　姚士谋,陈振光,朱英明,2006.中国城市群[M].合肥:中国科学技术大学出版社.

　　叶玉瑶,2006.城市群空间演化动力机制初探——以珠江三角洲城市群为例[J].城市规划(1):61-66.

　　张东升,柴宝贵,丁爱芳,等,2012.黄河三角洲城镇空间格局的发展历程及驱动力分析[J].经济地理,32(8):50-56.

　　张文武,梁琦,2011.劳动地理集中、产业空间与地区收入差距[J].经济学季刊,10(2):691-708.

　　张云飞,2014.城市群内产业集聚与经济增长关系的实证研究——基于面板数据的分析[J].经济地理,34(1):108-113.

　　赵渺希,2011.域的网络交互作用与空间结构演化[J].地理研究,30(2):311-323.

　　赵勇,2009.国外城市群形成机制研究述评[J].城市问题(8):88-92.

　　周彬学,2009.城市边缘区主体功能区划研究——以西安市长安区为例[D].西安:陕西师范大学.

　　周小锋,崔大树,2012.产业空间分异与城市群空间组织相关性研究述评[J].东方企业文化,9:244-245.

　　Abdel-Rahman H M,Fujiata M,1990. Product variety,marshallian externalities and city sizes[J]. Journal of Regional Science,30(2):165-183.

　　Agarwal A,Genevieve G,2007. Testing the entrepreneurial city hypothesis:A case study[C]. Association of Collegiate Schools of Planning 48th Annual Conference.

　　Aiginger K,Pfaffermayr M,2004. The single market and geographic concentration in Europe[J]. Review of International Economics,12(1):1-11.

　　Anas A,Xiong K,2003. Intercity trade and industrial diversification of cities[J]. Journal of Regional Economics,54(2):258-276.

Barrios S, Bertinelli L, Strobl E, et al. , 2005. The dynamics of agglomeration:Evidence from Ireland and Portugal[J]. Journal of Urban Economics,57(1):170-188.

Calame J, Charlesworth E, 2009. Divided Cities: Belfast, Beirut, Jerusalem,Mostar,and Nicosia[M]. Philadelphia:University of Pennsylvania Press.

Camagni R, Capello R, 2004. The City Network Paradigm: Theory and Empirical Evidence[M]. Amsterdam:Elsevier.

Desmet K,Fachamps M,2005. Changes in the spatial concentration of employment across US counties:A sectoral analysis 1972—2000[J]. Journal of Economic Geography,5(3):261-284.

Dumais G,Ellison G,Glaeser E L,2002. Geographic concentration as a dynamic process[J]. Review of Economics and Statistics,84(2):193-204.

Duranton G,Puga D,2001. Nursery cities:Urban diversity,process innovation, and the life cycle of products [J]. American Economic Review,91(5):1457-1477.

Henderson J V, Wang H G, 2007. Urbanization and city growth: The role of institutions[J]. Regional Science and Urban Economics,37(3):283-313.

Jenks M,Kozak D,Takkanon P,2008. Word Cities and Urban Form: Fragmented,Polycentric,Sustainable? [M]. London:Routledge.

Kesidoua E,Szirmai A,2008. Local knowledge spillovers,innovation and export performance in developing countries:Empirical evidence from the Uruguay software cluster [J]. European Journal of Development Research,20(2):281-298.

Kiss E, Takeuchi A, 2002. Industrial areas in Budapest compared with Tokyo at the end of 20th century[J]. Geographical Review of Japan,75(12):669-685.

Midelfart-Knarvik K H，2000. The Location of European Industry [R]. Economic Papers No. 142-Report Prepared for the Directorate General for Economic and Financial Affairs.

Todd S,Joel W,2004. Geography and the internet：Is the Internet a substitute or a complement for cities? [J]. Journal of Urban Economics，56(1)：1-24.

Yang X,Borland J,1991. A microeconomic mechanism for economic growth[J]. Journal of Political Economy,99(3)：460-482.

第三章　理论分析框架

　　本书研究的主题涉及的内容比较多,既涉及经济学领域的产业经济学,又涉及城市地理学领域的城市群空间过程。所以,为使本书的研究内容更具有逻辑性,研究的路线更为清晰,研究的内容能够突出主要问题和重点,有必要初步构建一个理论分析框架,为后续的研究内容奠定基础。

第一节　相关研究的理论基础

　　产业是支撑城市群发展的主体,产业的不断重组和优化影响着城市群的发展。针对城市群空间过程或产业空间分异问题,应把城市群空间组织与产业空间分异相结合,从空间相关性和空间集成的视角进行研究,并在此基础上形成相应的研究主线、理论支撑和研究主体。

一、产业集聚与扩散是本书研究内容的一条主线

　　城市群经济空间的运行、演化的根本动力是产业的专业化与产业分工、产业的集聚与扩散。其中,产业集聚与扩散是主要动力。因此,针对城市群空间过程或产业空间分异问题,应把城市群空间的产业集聚与扩散作为研究内容的主线之一,把产业空间分异与城市群空间组织过程结合,进而有针对性地研究其演变机制。

（一）专业化与产业分工

产业分工的概念最早由英国经济学家威廉·配第（William Petty，17世纪）提出，他在《政治算术》中分析了纺织业生产分工的经济性，开始认识到专业化生产对生产力发展的意义（王铮 等，2002）。此后，伴随着劳动分工的研究进展，学者们逐渐开始研究地区之间产业的分工。一些学者把地区分工理解为"地理分工"，认为这种分工的利益来源于"不同地区因为气候和资源禀赋的原因而选择生产某种物品"，也得益于一切形式的专业化所带来的效率增加（王清，2013）。古典经济学家亚当·斯密（Adam Smith）的《国富论》认为，产业分工能够实现资源配置的最优化，能有效提高生产力水平，同时生产力水平的提高又反过来促进地区之间产业分工的不断深化（亚当·斯密，1981）。上述理论认识为后续把产业专业化与产业分工纳入城市区域的研究奠定了基础。新古典经济学认为，城市的形成演化是向心力与离心力长期均衡运动的结果，向心力源于产业分工导致的地方化经济与城市化经济；分工经济与交易费用的矛盾冲突是城市产生的根本原因（Yang，1991；杨小凯，2003）。同时，新增长理论认为，长期来看，城市群持续发展的源泉在于知识技术等内生因素，而知识技术的创新则内生于产业专业化与多样性分工（邬丽萍，2012）。新经济地理理论认为，区域产业分工表现为各地区资本、技术和劳动力等要素的差异，其也是各地区生产要素在区域之间的协调配置过程（李娜，2008）。新古典经济学及新经济地理学的研究成果表明，专业化、产业分工与城市区域的空间结构演变和城市功能的增强具有逻辑关系。这为研究城市群空间组织与产业空间分异的相互作用过程和内部机制提供了一定的理论依据。

（二）产业集聚与扩散

经济学、经济地理学，特别是新经济地理学对产业集聚与扩散的研究成果不仅证实了产业集聚与扩散对城市区域经济系统演变的动力作用，也为产业空间分异及其与城市群空间组织演变相关性提供了有力支撑。

1. 产业集聚是城市群经济系统演变的源动力

马歇尔（Marshall，1890）提出的外部规模经济，指外在于企业、内在于产业（区域）的加总的规模经济。这种外部性本质上就是空间外部性，是企业在空间接近过程中产生的效应。马歇尔认为这是造成产业集聚的关键性因素，并指出当一个产业在一个地方出现后，就趋向于在这个地区长时间地发展，因为人们会发现与近邻从事相同的经济活动具有很大的优势，从而产生类似于锁定效应的结果（刘长全，2009）。而规模经济及其效应也正是产业集聚在中心城市，并通过中心城市影响城市区域中其他城市发展的源动力，所形成的产业集聚与扩散成为城市群中中心城市与其他城市进行产业分工的纽带。在产业经济学研究领域，部分研究成果也证实了产业集聚通过集聚效应在中心城市实现规模经济，并通过产业专门化过程推动中心城市与腹地区域形成产业分工和互补的关系。

经济地理学中的区位理论也认为产业集聚是形成空间经济系统的源动力。而区位理论的假设和分析框架大多基于中心城市及其区域。经济地理学家杜能，第一次从区位的角度提出了农业生产分布是由级差地租决定的观点。杜能的研究揭示了影响农业生产集聚的主要因素是地租（陆治原，2006）。事实上，杜能在马歇尔之前就对经济集聚现象进行了解释，但是没有明确地提出外部性的概念。工业区位论的奠基人阿尔弗雷德·韦伯在其《工业区位论》中，充分论证了企业区位选择-产业集聚问题，并对这种聚集因素如何导致工业集中作出了相应的解释（史修松，2009）。1948 年，美国区域经济学家胡佛在其著作《经济活动的区位》中指出，产业集聚存在一个最佳规模。区位经济学集大成者奥古斯特·勒施，较为详细地阐述了产业集聚的问题，并对以往的集聚问题研究成果进行了系统的总结。勒施的主要贡献在于：第一，把区位的集聚分为点状集聚和平面集聚，点状集聚包括同类产品生产区域的集聚和不同类产品生产区域的集聚；第二，分析了同类企业集聚的主要原因，原因主要有大量生产和联合生产能使利益增加，集聚容易促使市场规模扩大，外部经济可以降低企业的生产费用等；第三，分析了不同企业集聚的主要原因，包括与企业有关的利益，便利的铁路运输，廉价的水电、劳动力等

（勒施，1995）。比较以上关于产业集聚问题的论述，可以看出，上述研究的分析视角各不相同。韦伯着重于从成本的角度解释产业集聚的形成，胡佛与勒施则着重于从规模经济的角度解释同类产业的集聚。但研究内容的共性明显，即都认为产业集聚是产业在地理空间上的集中，其依赖的主体是城市体系。

以克鲁格曼为代表的新经济地理学以不完全竞争理论和 D-S 分析框架创立了新经济地理理论。克鲁格曼结合不完全竞争、报酬递增和运输成本，解释了国家乃至国际层面的空间经济集聚与区域不平衡发展的微观经济理论基础，架通了空间经济与国际贸易的联系，完成了新经济地理与新贸易理论的完美结合。克鲁格曼认为产业集聚形成的原因主要有三个方面：一是市场需求，二是外部经济，三是产业地方化。在此基础上，形成了新经济地理学的核心学说，即中心-外围理论。而中心-外围理论的空间经济基础就是城市区域中的中心城市及其影响范围。从这个角度看，新经济地理学实际上把产业集聚过程与中心城市及其地域系统的演变结合成一个整体，间接说明产业集聚是城市地域系统演变的源动力。

2. 产业扩散是产业集聚的反过程

产业扩散是产业集聚的反过程，在产业的任何空间运动中，都同时包含了集聚与扩散两种形式。但在经济增长的初期阶段，产业集聚的效益表现得比较明显，而扩散的趋势通常观察不到。因此，产业扩散现象在学术界的研究中不被重视，一些理论和学说往往忽略了对产业扩散的研究，如早期的区位论基本没有讨论产业扩散现象。

较早观察到产业扩散与转移现象的是美国发展经济学家阿瑟·刘易斯，他在《国际经济秩序的演变》一书中，从劳动力成本的角度分析了产业转移或扩散的动因。实际上，刘易斯并没有使用"产业扩散"一词，而用"产业转移"一词代替。他认为，劳动成本的上升会导致产业的生产成本上升，从而导致产品不再具有竞争优势，只能进行产业转移。此后一些学者的研究，均受到刘易斯产业转移观点的影响。但值得注意的是，这些研究都没有把产业的转移与先前的集聚联系起来。直到佩鲁提出增长极理论，才真正将集聚与扩散联系起来进行整体考察。佩鲁所提出的增长极理论认为,吸引和扩散同时发生作用,表现为在增长极中具有创新能力的企业不断进行技术创新,推出新技术、新产品、新组织与新生产方法。一方面,从其他地区或部门吸引最新技术或人才;另一方面,将自己的新技术推广或扩散出去,对其他地区产生影响。同时,增长极中一般拥有大量的资本和生产能力,为了满足自身发展的需要,从所在地区及其他地区或部门吸引大量资本,进行大规模投资,也同时向其他地区或部门输出大量的资本。增长极的主要空间表现形式就是中心城市,产业扩散过程也就是中心城市的要素向腹地辐射影响的过程。这一过程在城市群中的表现方式就是中心城市与副中心城市及其城镇的产业联系和协调关系。

受佩鲁的影响,发展经济学家缪尔达尔提出了地理上的二元结构理论,也明确提出了产业在地理上的空间扩散及其效应。与佩鲁不同的是,缪尔达尔认为,产业或生产要素在地理上的扩散效应要大大小于产业或生产要素在地理上的集聚效应,这种集聚效应大于扩散效应的结果就会导致外围与中心之间差距越来越大。自缪尔达尔之后,关于产业扩散的研究一直处于理论沉寂状态,但随着新经济地理学的兴起,产业扩散的研究又开始受到重视。克鲁格曼对解释产业集聚机制的模型进行补充与扩展,使模型也能在同一框架下较好地揭示产业扩散现象。我们认为,产业集聚与扩散不仅是产业空间分异的主要动力,也推动了城市群的空间组织演变。

二、城市群空间的规模、结构与功能是本书研究的主要理论支撑

城市群空间组织的主要表现就是在一定的城市群规模范围内,结构与功能共同发挥作用。所以,我们把城市群的规模、结构与功能作为本书研究的主体,构成本书分析框架的核心内容。

(一)城市群规模是城市群空间组织的基础

经济学和地理学的研究成果证实,城市群应该有一个合理的空间规模。但这两个学科的分析视角和内容具有一定差异,主要围绕两个方面

论证城市群的合理规模。

经济学的研究大多集中在产业集聚与产业扩散的临界值决定城市合理规模这一方面。当人口规模持续扩大时,城市规模先是不断扩大,到一定程度后便失去了规模效应。企业为了追求更大的利益会选择去其他地区发展,此时城市的产业就会扩散,城市规模停止扩大。因此,产业集聚与扩散的临界点便决定了城市的规模。而对城市群合理规模的识别,一方面,根据人口规模、资源配置能力等来衡量;另一方面,根据城市群产业集聚与扩散所形成的产业体系,以及与产业体系相适应的城镇体系发展水平来判断。这两个方面的核心是城市群内要素的流动通过各种资源的空间转移实现最优配置,以最小的要素消耗达到最佳的发展目标。在现代开放的城市区域系统中,空间要素的流动性增强、流动频率提高,区域经济发展一方面可以运用本区域充裕要素替代稀缺要素,另一方面可以输入本地稀缺但其他地区充裕的资源。从佩鲁的增长极理论、缪尔达尔的循环累积因果和弗里德罗等人提出的中心-外围理论来看,他们都认为一定空间范围内会形成经济的增长区和滞后区。

地理学的研究主要集中在城市等级体系与要素流网络结构的相关性方面,其普遍认为城市等级越高,在要素流网络中控制权就越大。这些空间要素是形成现代城市群空间结构的基本条件,维系着不同空间结构的运行并促使其演化发展。按要素流的性质和内容,要素流可分为人流、技术流、物流、资金流和信息流等单项要素的流动。但在现实经济运行过程中,空间经济活动不可能是单要素流动,而是众多要素的复合运动。之所以存在要素流,是因为有空间势能的作用。不同区域由于自然条件、区域优势或经济利益格局的差异形成势能差。各地区依据自身优势和竞争力强弱来控制要素流动网络。一般而言,要素流密度大小能反映地区控制力的强弱。因此,高效率就是资源的最优配置,然而空间要素的流动并不是人为和主观的,而是在一定的市场条件下,实现最小的消耗和最大的产出。所以,从研究的视角、问题和内容来看,经济学与地理学关于城市群空间规模的分析,在要素流动上是一个交叉点。

(二)城市群空间结构是城市群空间组织的表现形态

城市群空间结构是城市群发展程度、阶段与过程的地域反映，也是城市群空间组织的表现形态。城市群的规模扩大、功能增强的过程始终伴随着城市群空间结构的演化。对城市群空间结构的研究就是在揭示各城市多层面结构(经济结构、社会结构、规模结构、职能结构)及其相互作用(人流、物流、资金流、信息流)的基础上，分析形成这种结构与相互作用的主导机制或组织原理，也就是城市结构、相互关系与形成机制三者结合的研究(姚士谋 等,2001)。现有研究大多把城市群空间结构归纳为点轴、组团式、圈层和网络化等四种结构。点轴结构一般指城市群空间演变的初期,工业化和城市化水平处于发展水平较低的阶段;组团式和圈层结构一般指城市群空间演变过程的中期,工业化和城市化发展水平开始提升,一般已经步入较高发展阶段;网络化结构一般指城市群空间演变的高级阶段,城市群的城市化水平很高,产业结构以第三产业为主。但现实情况往往是在发展阶段的特征方面具有一定的模糊性或过渡性。例如,长江三角洲城市群目前的空间结构就既有点轴状态,也存在圈层状态,并且已经呈现出网络化结构的演变趋势。

城市群空间结构的类型取决于城市群区域各城市之间的关联方式,以及这种关联方式所决定的城市群功能地域分布的合理性。各城市功能地域分布的产业联系越密切,城市群空间结构类型就越有利于发挥城市群的整体功能。城市群城市地域的交通区位扩展和城市功能强化的有机统一,是城市群空间结构促进功能增强的阶段性响应结果。产业空间分异和城市群空间结构演变的相互响应,共同构成城市群空间组织演变过程的重要组成部分。

(三)城市群功能是城市群空间组织演变的阶段性结果

从城市群空间属性的角度看,城市群功能不仅是城市群一维空间(物质空间)的主体内容和重要组成部分,而且是城市群二维空间(认知空间)的阶段性目标实现结果,并能够为发展城市群三维空间(响应空间)提供持续的动力。因此,城市群功能的发挥程度不仅决定着城市群自身的发展水平和竞争力,而且会影响城市群周边地区,以及与城市群具有较大关联关系的其他城市群。

城市群的功能从其发挥作用的途径来看,可以分为以下几种基本类型:一是产业功能(产业的集聚与扩散)。在产业的发展过程中,资源的开发与利用及要素在城市群区域的流动,推动产业空间分异,从而影响城市群的发展与演变,成为城市群的核心动能,同时也是城市群功能发挥的主要方式。二是支持功能(基础设施、社会发展)。一方面,城市群功能发挥的强弱,依赖于交通设施、各种网络等的通达程度,以及科技、教育和文化等的发展与其所产生的各类创新;另一方面,交通等基础设施建设和科技教育等社会发展水平,直接和间接地为城市群中的各类主体提供服务。三是辐射功能。城市群中各种规模等级的中心城市对周边区域具有经济、社会、文化等方面的影响和带动作用。同时,城市群对周边区域或其他城市群也具有这种影响和带动作用。

从城市群空间属性的角度来看,城市群的功能可以分为以下几种类型:一是升级功能区。主要是指综合实力和核心竞争力较强、基础较好的功能区,一般以特大城市为中心城市,并形成副中心城市、二级城市,以及县级市组成的具有明显层级性的城镇体系。这种功能区可以进一步优化城市群空间结构和产业组织,使功能区向更高级水平发展。二是强化功能区。主要是指城市群区域内层级性不明显的城镇体系,以及中心城市的中心性不强,或核心城市的首位率较高,其他次级中心城市规模较小的城市群。一般处于城市群发展的初期阶段,整体城市化程度不高,城市群规模较小,结构需要进一步优化。三是限制功能区。主要是指在城市群内,部分区域属于生态系统比较脆弱的地区,或具有突出自然、社会和文化特色及功能的地区。不宜推进城市化进程和开发的地区,需要加强保护,避免城市化进程对这类功能区的破坏。四是潜力功能区。是指随着城市群的发展,城市群功能表现出明显的问题和畸形状态,例如产业体系和城镇体系不健全、功能单一,但又具有一定比较优势和发展潜力,经过调整和优化以后可以逐渐改变原来状态的城市群。城市群的功能既不同于单体城市的功能,也不同于城市区域的功能,其更加强调综合性、整体性和竞争性。

三、城市群空间组织与产业空间分异的相关性是本书的研究主体

关于城市区域空间相互作用的理论，应用较为广泛的是增长极理论、中心-边缘理论和空间扩散理论。依托这些理论，本书对城市群空间组织与产业空间分异的相关性进行更为深入的论证，为提出相应的分析框架奠定理论基础，这也是本书研究内容的主体。

（一）空间相互作用是城市群空间组织与产业空间分异具有相关性的前提

受自然、经济、社会等多种因素的影响，无论是城市群内部的不同区域，还是城市群之间，都与其周边城市或者区域存在着各种各样的联系。城市之间、城市与区域之间、城市群之间始终进行着物流、资本流、人流、信息流等的交换，从而使城市、城市区域、城市群不断运行和演变。这种交换过程使经济发展过程中不同区域之间，尤其是发达区域和相对落后区域之间产生吸引、响应和辐射的影响效应，其作用方式可以理解为空间相互作用。从理论和实际两个方面来看，空间相互作用是城市群空间组织与产业空间分异具有相关性的前提。

1. 空间相互作用是城市群空间组织演变的根本动力

城市群空间的结构、功能和规模，在其形成和演化过程中，四种"流"的运动是基本条件。在城市群形成和演变的初期，人流和物流在不同城市区域的传输与交换是主导，促进了具有比较区位优势的中心地产生集聚效应。在城市群发展的中期，资本流推动了各种类型的交易，尤其是非具体物质流动的交易，使不同区域发生相互作用，形成传导效应。在城市群空间组织演变的后期，随着不同类型中心地第三产业发展水平的提升，由知识溢出推动的各种创新及信息流动，如技术、工艺、管理模式等，使城市群内部或城市群之间的空间相互作用主要表现为扩散效应。空间相互作用过程产生的这三种效应是城市群空间组织演变的根本动力。同时，

随着互联网、大数据、云计算等信息技术的进步,"流"空间以依靠电波作为媒介的信息传输为主导,逐渐向"场"空间演变。城市群空间组织正是建立在这种空间相互作用的基础上,把原本在空间上彼此分离、关联性较低的单个城市,通过物流、人流、资本流和信息流等的交互作用,紧密地联系在一起,形成具有相互依存、合理分工和合作关系的城市组合体系和具有相应空间结构和功能的城市群系统。

2.空间相互作用的一般机理

城市群是一个经济社会综合体。城市群的经济空间由各个要素聚集而成,各个要素之间发生着持续的相互联系和响应过程。这种相互联系与响应过程的核心表现就是空间相互作用。从某种程度上说,城市群是空间相互作用的产物,空间相互作用的一般机理是规模效应和集聚效应。空间相互作用反映了城市区域之间的联系,而导致区域联系的根本原因在于规模效应和集聚效应。

规模效应又称内部效应,是指通过自身规模的扩大,最初规模经济占主导,当达到一定临界点后,规模不经济又占据主导的客观规律。例如,如果一个工厂最初扩大生产规模,由于专业化分工、大型先进设备的使用、辅助生产部门的利用、管理模式的改进等,产量增加倍数大于成本增加倍数,使得经济效益得到提高,即规模报酬递增;当规模超过一定临界值时,由于管理效率的降低、要素价格的上升、销售费用的增长等,产量增加倍数小于成本增加倍数,使得经济效益开始降低,即规模报酬递减。因此,在一定区域内,城市是规模集聚效应最明显的空间范围。在规模经济和集聚经济的双重作用下,在一定区域中就会形成城市这一载体,吸收各种要素向其集聚。当城市规模膨胀到一定程度后,在规模不经济和集聚不经济的作用下,城市必定会产生各种形式的扩散。各种要素从高级别城市流向低级别城市,低级别城市又会发生新的集聚效应,形成一定区域范围的城镇体系。城市规模体现作用力的大小。城市规模越大,城市与外界的作用力越强,反之亦然。引力模型、中心地理论、城市影响范围等相关研究均从宏观视角揭示出空间相互作用力的大小与城市规模之间的正相关关系。同时,这些理论也揭示了空间相互作用强度随着距离的增加而衰减的规律。城市与城市、城市与区域之间的作用力随着距离的增加而衰减。无论是物理学的引力模型、距离衰减模型，还是地租和土地利用的杜能模型、Alonso 模型，均反映出空间相互作用强度的距离衰减规律。

集聚效应又称为外部效应，是指通过相关联的不同类事物的相互集聚，最初集聚经济起主导，整体效用随着集聚增加而提升；当达到一定临界点后，集聚不经济又占据了主导，整体效用开始下降。例如，在一个城市中，不同产业相互集聚，由于行业分工更细，增强了各部门的前后向联系，有利于生产成本的降低和市场的扩大。但当企业集聚到一定程度后，由于竞争加剧、人力工资升高、地价上涨、能源紧张、环境污染严重等，集聚不经济产生，一些行业的利润降低，甚至导致一些企业离开该城市。

规模效应和集聚效应紧密相连，城市内部各个厂商的规模效应是集聚效应发挥的基础。新经济地理学甚至认为，集聚效应只有在单个厂商存在收益递增时才会发生作用。集聚效应一方面是更大层次的规模效应，另一方面促进着单个厂商规模效益的发挥。

扩散效应也是空间相互作用的基本形式之一。随着城市群区域经济社会发展阶段的不同，规模集聚经济和规模集聚不经济分别占据主导地位，集聚和扩散形式互为消长。扩散效应是空间相互作用在时空上的复合反向，即每一种要素流从始发区域，经过多次传递，最终又通过扩散效应作用于始发区域。因此，扩散效应与规模和集聚效应共同推动城市群空间组织的演变。

(二)城市群内的空间相互作用模式

从空间相互作用的动力机制及一般机理，可以凝练出空间相互作用的三种基本模式，即引力模式、潜力模式和多维邻近响应模式。

1. 引力模式

引力模式由牛顿的万有引力定律推导而来，是研究空间相互作用的基本模型。该模型认为，城市之间的相互作用跟它们的质量(由人口规模

测度)成正比,与城市之间的距离成反比。模型的经典形式(许学强, 2009)为:

$$I_{ij} = \frac{W_i P_i \times W_j P_j}{D_{ij}^b} \tag{3-1}$$

式中,I_{ij} 为城市 i 和城市 j 的相互作用力;W_i、W_j 为根据经验确定的权重;P_i、P_j 为城市的人口规模;D_{ij} 为城市 i 和城市 j 为城市间的距离;b 为测度距离作用的指数。

引力模型比较简单,实际应用中需要进一步修正和补充,模型中的变量也需要确定。

2. 潜力模型

我们可以根据引力模型计算一组城市间的预期相互作用,若需要计算某一城市与城市群区域内所有城市(包括自身)的相互作用力,可以先利用引力模型分别求出这一城市与其他每一个城市的相互作用力,再通过加总得到。潜力模型(许学强,2009)的公式如下:

$$\sum_{j=1}^n I_{ij} = \sum_{j=1}^n \frac{P_i P_j}{D_{ij}^b} + \frac{P_i P_i}{D_{ii}^b} \tag{3-2}$$

式中各量的含义和引力模型的相同,其中 D_{ii} 一般取城市 i 与离它最近城市距离的一半。

3. 多维邻近响应模式

随着城市群区域城市化水平的提升,经济和社会发展由要素驱动转向创新驱动,知识溢出及其地理邻近区域的响应成为空间相互作用的一个重要方面。空间主体之间的作用与响应不仅涉及空间距离,还涵盖了要素、知识在空间流通所需要的时间和成本(胡杨 等,2016),甚至包括社会邻近性、制度邻近性、认知邻近性、技术邻近性、组织邻近性等内容(徐德英 等,2015)。正因为城市群区域内存在着各行为主体的多维性,例如要素、知识等方面,各行为主体对不同空间产生程度不同的作用力,而邻近的空间依托自身的条件会产生不同程度的响应。这种响应过程会对城市群区域内的组织结构、功能产生影响,主要体现在知识溢出、创新效应、产业集群和协同分工等方面。城市之间、城市与区域之间的空间相互作用,不仅存在于不同等级的城市、区域之间的垂直联系中,而且广泛存在于同一等级城市、区域之间的横向联系中。事实上，就算是同一等级规模的城市，因为空间结构、功能不同，其影响区域的大小也不同。

综上所述，我们把产业空间分异与城市群空间组织的相关性概括为图 3-1。可以看出，城市群空间组织与产业空间分异的基本模型体现出综合和动态的系统特点。

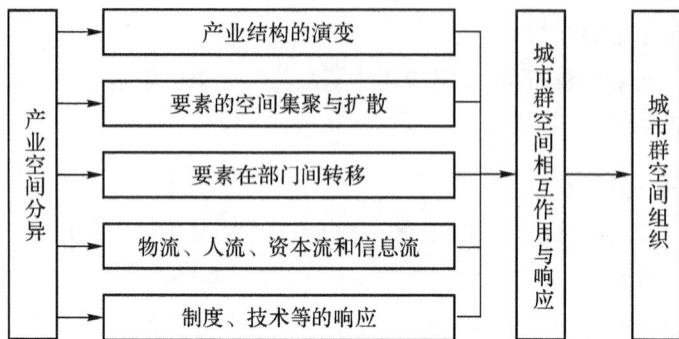

图 3-1　产业空间分异与城市群空间组织的相关性

第二节　理论分析框架的构建

城市群的形成、发展及其地域系统的演变是系统的空间过程，其不仅是城市区域在空间上的扩展和结构优化，也是城市功能不断增强与升级、经济空间结构不断重组和优化过程中的空间表现。本书以经济学中的产业集聚与扩散理论，城市地理学中的等级体系演变理论、复杂城市体系理论，空间经济学中的城市体系模型为理论基础，根据前述的研究主线、理论支撑和研究的主体内容，初步构建起一个理论分析框架。

一、城市群空间组织演化的动力

产业的发展是推动城市群空间组织演化的重要因素，产业发展空间是地区间经济差异的载体，而产业发展在空间上的差异化表现及其运动过程可以理解为产业的空间分异,包括产业集聚、扩散和专业化分工等。

(一)产业集聚与扩散、专业化分工的内动力作用

产业发展推动城市群空间结构演化及城市群功能的提升,产业集聚、扩散和产业专业化分工是城市群空间组织演化的源动力。产业集聚是城市群空间联系及相互作用加强的根本动力。薛东前等(2002)指出,产业聚集和产业结构演变是城市群空间扩展的直接动力,而经济活动是城市群空间扩展的决定因素。罗洪群等(2008)认为,区域主导产业与优势产业集聚并不断壮大,会使产业分工和联系加强,带动相关产业发展,产业的集群与集聚推动了城市群的形成和发展。

产业专业化、多样化分工对城市群形成发展具有促进作用。新古典经济学认为,城市的形成与发展是城市向心力与离心力长期均衡运动的结果。而向心力来源于产业专业化或多样化造成的地方化经济和城市化经济(Mills,Hamilton,1989)。新古典经济学认为,分工经济与交易费用的冲突是城市产生的根本原因(杨小凯,2003)。新增长理论认为,因产业多样化能促进知识的扩散与运用,即知识的外部性,所以产业多样化比专业化更有利于城市的发展(Combes,2000)。演化经济学认为,通过选择,产业多样性的创造与毁灭推动系统的演化(Rammel,2003)。产业分工和专业化对城市群发展影响的研究主线是:分工和专业化一方面通过迂回生产,促进了产业结构的转换,从而推动工业化进程;另一方面通过生产组织方式的变革,推动了城市群空间结构的演变。李健等(2005)从劳动空间分工的角度详细分析了大都市区的空间组织机理,认为城市群的形成在于分工所导致的集聚效应和分散效应叠加而成的正的溢出效应。但本书认为产业专业化、多样化分工实质是产业集聚、扩散作用后的结果。因此,可以认为产业空间分异是城市群空间组织演化的根本动力。

产业发展与城市群空间演化之间存在相互反馈关系。夏维力和李博(2007)阐述了产业集群和城市群在发展过程中彼此的相互促进作用,阐明了产业集群与城市群同步协调发展的趋势,并对产业集群到城市群的发展模式作了实证分析。乔彬和李国平(2006)在新经济地理学框架下,利用规模经济、范围经济,分析了由聚集经济发展为城市群的内在机理,

认为产业关联效应、产业聚集效应、产业技术扩散效应、产业转移效应是城市群空间结构演变的内在动力。各种产业效应间存在相互作用的机制，城市聚集经济的形成和发展反过来又会不断加强各种产业效应，形成城市空间不断演进的自我增强机制。马延吉(2010)认为，区域产业集聚是城市群形成和发展的重要推动力，城市群是区域产业集聚发展的重要载体，区域产业集聚与城市群的协调发展推动了地区经济整体发展。

藤田昌久、克鲁格曼和维纳布尔斯(2005)基于C-P模型，综合"冰山成本"和不变替代弹性效用函数构建的城市系统空间模型，从企业转移、产业扩散的角度解释了城市群空间组织演化的过程。该模型的基本思路是：城市体系的核心是存在聚集经济。因此，如果原有核心城市的聚集效应足够强，以至于城市内部的企业能够获得比其他区位更高的实际收入，则厂商不会向城市外区位转移，即原有城市稳定；相反，如果核心城市的实际收入水平低于其他区域的实际收入水平，则企业和工人将带动人口、物资和技术等向城市外区位转移，原核心城市不稳定，将在其他区域形成新的城市，从而改变城市体系的空间结构。据此，从微观方面可以理解为，城市空间系统的稳定性是通过企业和劳动力的动态调整来维持的；从中观方面可以认为，这种动态调整表现为产业的空间分异，即产业的空间分异推动了城市群的空间组织演化。

(二)制度因素对城市群空间组织演化起外动力作用

城市群空间组织演化主要受到政府调控力和市场驱动力这两个外部动力的推动与影响。宁越敏等(1998)认为，宏观政策机制、投资机制、市场机制和辐射机制是长三角都市连绵区的四大发展机制。张京祥(2000)将城市群的空间演化视作空间自组织，并从社会演化、经济演化以及空间组织重构的复合过程这三个方面揭示了城市群空间演化的机制。叶玉瑶(2006)将城市群空间演化的动力归结为三类，即自然生长力、市场驱动力、政府调控力。张东升等(2012)通过梳理黄河三角洲地区城镇化格局演变的历史脉络，认为不同时期城镇体系空间格局发展的动力机制不同，主要包括区域经济驱动和政策驱动两个方面。

刘静玉等(2004)将政府对城市群发展的宏观调控行为分为引导性行

为和强化性行为两种。其中,政府的引导性行为是指政府通过对区位环境和政策环境的改革和完善对城市发展施加影响。政府的强化性行为是指通过行政管理手段决定城镇的设立及其区位选择,行政主管部门参与城市群的管理,通过城市群内部同等级别的城镇政府部门或官方性质的机构来组织和协调城市群的内部事务等。

上述分析表明,制度因素对城市群空间组织演化的影响作用具有外在性,且有促进和抑制两个表现。其积极作用主要表现在:一是政府宏观调控构建了我国城市群建设的基本框架。目前的城镇体系、区域经济一体化发展、增强生态承载力等战略思想都是基于我国一系列政策的设计和引导。二是主体功能区政策的实施有利于推动我国城市群的发展。各个城市群由于其自然条件、地理因素、经济发展、社会发展各异,其发挥的功能也各具特色。然而,这些政策在产生积极作用的同时,也对城市群的发展具有负面作用,一是通过城市范围的扩张或城市数量式的组合推进城市群发展,却忽略了建立在经济联系基础上的城市群培育与发展。二是不顾自身实际,盲目跟风,导致城市群建设相互攀比,重复建设。三是不顾资源环境承载力,争相提出高目标,并引发城市群之间抢夺环境资源的行为。

二、城市群空间组织演化的表现

城市群空间组织演化过程反映在一定的地域中,就会出现相应的表现。这些表现大致可以分为结构、功能和规模三个方面。

(一)交通运输设施和信息网络是城市群空间组织的基本结构

交通运输条件是联系地理空间、社会经济活动的纽带,是城市群空间组织演化的基本条件和阶段性表现。Kobayashi(1997)以高速公路系统建设为例,探讨了快速交通对城市资本、知识交流、城市规模分布、城际相互作用等空间结构的影响,并建立了多因子区际增长模型,动态模拟了城市群经济联系的发展。刘勇(2009)认为,交通技术与手段决定了城市群空间相互作用的深度和广度,并对城市群空间组织结构及形态产生影响。交通运输主要通过产业集聚与扩散以及区域之间的分工专业化来影响城市群空间结构演化。交通工具的改善与普及极大地削弱了城市群内部产业发展过程中由距离导致的摩擦力,从而促进了城市群空间结构和功能的优化,成为城市群空间组织演化的动力依托。多数大城市的发展都依赖于优越的地理环境,如便捷的水路和良好的交通枢纽等。藤田昌久、克鲁格曼和维纳布尔斯(2005)在研究城市空间体系的同时,研究了港口和交通枢纽对市场潜能函数的影响,从而揭示了为什么在分支点(交通枢纽)上易于形成城市。

信息化程度的提升及信息网络的形成,有效地促进了城市化的发展,推进了城市群空间组织向更高效更合理的空间组织演化。经济全球化和以信息技术为标志的革命极大地促进了城市群研究(Batten,1995)。交通运输设施和网络设施是产业空间分异和政策调控作用下的中间产品,产业的发展必然要求低的运输成本和高的可达性,因此,交通运输设施和网络设施一定会带动交通运输业的发展和信息化程度的提高。所以,交通运输设施和信息网络构成城市群空间组织演化的基本结构。

(二)城镇等级体系体现城市群空间组织的功能

城市群空间组织的演化过程也是基于中心地系统的城镇等级体系演变过程。随着城市群空间结构的优化,中心地等级体系表现出少数特大、大型核心城市与众多中小型城市及城镇共同组成的层次分明的城镇体系。各个规模等级中心地之间保持金字塔结构,城市的职能通过城市群网络有序地逐步扩散到整个中心地体系,产生较高的中心地体系能级效应,中心城市在城市群形成和发展中发挥核心作用。相对完整的城市等级体系,能把城市群的多种职能分散到大、中、小城市,以形成具有互相联系、补充和分工的空间组织形式,以保持整体的统一性和有序性。

城市是现代社会人类各种活动的主要场所,物质、人力资源和信息通过各种交通和通信网络从各个不同区域向城市集中,城市群中的城市是各种网络的集结点,集结点结合它的影响区域形成集结区域。集结区域的大小由集结点提供的商品、服务等的种类和数量决定。集结点、集结区域和城镇等级体系共同构成城市群的功能区域。从直观的表现形式来看,集结点的人口规模、经济总量越大,集结区域越大。如果把各种不同等级规模的集结区域组合叠加在一个图形上,可以发现其具有马赛克式的结构。小的集结区域被包含在大的集结区域中,大的集结区域又被包含于更大的集结区域中。不同等级规模的集结点和它们的影响区域有机结合,就能够充分发挥城市群空间组织的功能。

(三)产业发展水平是城市群空间组织规模的主体表现

城市群空间组织的演化过程,始终伴随着产业发展的影响和作用力的推动。城市群空间自身的演化可以削弱产业结构的单一性和重复性,依据不同城市的自然资源和技术资源等特征,实现不同产业之间的协调发展。随着城市群空间组织的演变,产业结构不断变化,不同空间分布类型的城市体系,决定了其内部各城市间相互交流的产业分布格局。林先扬等(2009)认为,城市群有利于实现内部基础产业、高新产业、支柱产业和传统产业的有效联合,形成城市群的产业链、技术扩散链和市场分工链。张冀新(2009)分析了城市群现代产业体系形成机理,认为城市群现代产业体系链网互动更强调城市群内部经济活动的空间组织与资源要素的空间配置,城市群内部空间形成一种集聚、扩散机制,内部经济联系非常紧密。所以,产业发展水平能够影响城市群空间组织的规模。

三、城市群空间组织演化的特征

城市群空间组织在其演化过程中,表现出明显的阶段性特征。这种阶段性特征主要表现为以下几个层面。

(一)空间相互作用的阶段性特征

城市群内各个行为主体间的空间相互作用过程,表现为明显的阶段性特征。在第一阶段,空间的相互作用力微弱,集聚和扩散作用不强。其特征主要为城市群内的城市数量少、规模小、布局分散;城市与城市、城市与区域间的联系较弱,城镇体系发育处于低级阶段。在第二阶段,在规模经济和集聚经济的作用下,城市群内的核心城市要素和产业集聚作用明显,并成为主导。某些城市由于区域比较优势逐渐转化为竞争优势,或受历史偶然因素的扰动,城市化进程加快,城镇体系初步形成。在第三阶段,随着工业化进程的加快,不同等级的中心城市之间空间相互作用力进一步增强,出现了规模不经济和集聚不经济,中心城市的要素扩散作用逐渐增强。同时,人口、资源与环境的承载力受到挑战,部分产业、人口和资本开始向中心城市的腹地区域转移。在这种情况下,中心城市促进较低等级中心城市的发展,城镇体系趋向完善。在第四阶段,随着要素和产业的集聚与扩散作用达到均衡,城市群内不同等级的中心城市联系紧密,城镇体系逐渐形成分工合理、联系紧密的综合体,一体化进程加快。

(二)空间组织演变的阶段性特征

城市群空间组织演变的特征主要表现在结构和功能两个方面。姚士谋等(2001)将城市群地域结构演化划分为四个阶段:分散发展的单核心城市阶段、城市组团阶段、城市组群扩展阶段、城市群形成阶段。官卫华等(2003)则更加注重经济、社会和文化层面的影响,并根据城市群的集聚与扩散特征,将城市群空间发展大致分为城市区域阶段、城市群阶段、城市群组阶段、大都市带阶段等四个阶段。此外,有学者结合政治、自然地形、区域交通设施等因素,划分城市群空间结构演变的阶段和规律。汤放华等(2010)认为城市群区域空间将出现三个趋势:区域一体化、信息化与知识化、生态文明趋势。

本书认为,由于产业空间分异的推动、交通条件和基础设施的改建、制度与政策的激励,城市群空间组织体现在结构方面的演变特征,如节点、伸展轴和结节地域等状态,与城市群空间组织的功能结合,如产业的集聚与扩散、城市之间的合理分工、专业化部门等,共同表现为以下五个阶段的演变特征。

1.分散式阶段

该阶段为城市群空间组织的初始阶段,生产力发展水平较低,城市化进程较慢,城市群空间表现出多个独立分散中心的发展特征。由于资源禀赋不同,一些在空间分布上有集聚需求的企业或部门就会选择向具有区位优势的点集聚,带动人流、物流、资金流和技术流的聚集,形成中心地。城市群空间结构由少量且分散的中心地和广大农村组成,相应地,城市群功能较弱,分工不明显。

2.极核式阶段

随着工业化进程的加快,城市群中具有工业发展优势的中心地规模扩大,对周围的资本、劳动力、技术等要素产生越来越大的吸引力,由此产生工业集聚。随着中心地集聚能力的不断增强,中心地形成规模经济,成了该城市群的增长极。增长极作为城市群经济和社会活动的极核,对其他区域产生辐射和影响,但其极核功能明显,专业化程度低。

3.点轴式阶段

随着增长极的极化效应越来越明显,中心城市的工业集聚度越来越强,诱发地价上涨、竞争激烈等问题,企业为寻求新的发展机会主动扩散,工业从中心城市向外扩散,在周边地区形成集聚。在这种扩散-集聚过程中,中心城市与周围较低等级的中心地或地区的经济联系密切,产生生产要素的运输需求,推动建立起连接中心城市和其他城市及区域的各种交通干线、通信路线、动力供给路线等。一些企业考虑运输成本就会选择距离交通干线较近的区位,交通干线就逐渐形成经济活动的密集带,成为城市群发展的依托轴线,导致城市群的空间结构呈现城市与交通干线共同组成的点轴式状态。但中心城市的吸引力与辐射范围有限,城市间的功能联系仅限于交通沿线的城市之间,专业化程度也较低。

4.圈层式阶段

中心城市工业化和城市化进程的推进,促进了中心城市第三产业的发展,并集聚相应的生产要素和行业部门,形成金融、科研、信息、旅游和创新中心,制造业及部分生产性服务业开始沿交通干线扩散,城市群空间结构也随之改变。交通干线的延伸和扩散作用产生的影响,推动沿交通干线的城市规模扩大,影响和作用范围也随之扩大,与中心城市及原有的外围城市之间开始形成密切的圈层联系。同时,企业组织部门中企业总部、研发部门主要在中心城市集聚，生产制造部门在中小城市集聚；生产性服务业主要在中心城市集聚，一般制造业主要在外围城市集聚。中心城市主要承担总部管理与研发中心功能，而中小城市则主要承担生产制造功能，形成功能专业化程度较高的圈层式城市群发展阶段。

5.网络化发展阶段

随着城市群中的生产要素和产业的发展，城市群持续地进行着集聚—扩散—再集聚—再扩散过程，城市间的吸引力与竞争力不断抗衡，城市群内部各行为主体之间的联系更加密切，轴线扩展和圈层扩展并存。一方面，城市群中各个城市之间由于引力作用加强和辐射区域临近，出现互为影响区、互为经济腹地的局面，城市群体空间向多中心网络化的空间结构演化；另一方面，产业集聚与扩散到一定阶段，在产业与城市的协调整合过程中会形成一种相对稳定的状态，即产业空间网络化。在这一时期，人流、物流和信息流等可以便利地进入这种网络体系，从而促进城市群网络化空间模式的形成。同时，城市群内部规模等级趋于合理化，城市功能也趋向一体化，功能分工更为完善。因此，网络化发展是城市群空间组织的均衡状态和理想发展阶段。

四、城市群空间组织演化的模式

根据上述分析，沿着"动力—表现—特征"的逻辑，我们进一步凝练出城市群空间组织与产业空间分异相互作用的基本模式，形成"动力—表现—特征—模式"的理论分析框架。据此，初步构建以下两个模式。

(一)近域推进模式

在城市群空间组织演化过程的初级阶段，产业空间分异过程中的集聚与扩散，影响着城市群空间的规模、结构与功能。一般情况下，遵循随着距离的扩大影响力衰减的规律。产业空间分异与城市群空间组织演变的相互作用过程，首先集中在规模等级较高的中心城市，然后逐渐向外推进,通过产业链的延伸和产业体系的扩展,影响周边较低等级的中心城市。从这一角度看,近域推进模式的基本含义主要包括三个方面。第一,中心城市的产业链要延伸至附近一定距离范围内的次级中心城镇,并形成一体化的产业体系。第二,中心城市附近的低等级中心地应致力于发展能够连接中心城市产业链的专门化生产部门。第三,中低层级的中心城镇规模要扩大。较低层级中心城市的要素和产业集聚能力低,城市规模较小,难以接受核心中心城市或高层级中心城市的辐射和影响,需要扩大规模,增强功能。此外,近域推进模式需要制度进行调控与保障,以促进或制约城市群空间组织的演化。

(二)协同发展模式

产业空间分异与城市群空间组织结构有着协同对应关系,产业的集聚与扩散推动城市群空间组织的演变。城市群空间组织的演变与产业空间分异是同一空间过程的不同反映,两者的演变在时间、空间、速度上都有着一定的协同性,共同推动城市群空间的一体化发展。但在不同的发展阶段,要素的流动程度各有差异,这就使得城市群空间组织并不能在时间、空间上与产业空间完全协同,两者的演变过程存在一定的错位。因此,在城市群空间组织演化过程的中期和后期阶段,需要协同产业空间分异与城市群空间组织的相互作用,使城市群区域内形成有序协调、相互支持、相互补充和相互协作的协同发展格局。城市群协同发展模式的内涵包括:城市群协同发展是一个各产业要素集聚和扩散的过程,各城市职能分工清晰明确,形成共生的发展模式。同时,城市群协同发展模式不仅是经济、交通、社会等方面的协调发展,而且注重循环利用、节约资源以及保护生态环境,只有将生态环境、自然资源全部融合,才能实现城市群的协同发展。

综上所述,本书初步构建起一个基于产业空间分异与城市群空间组织演化的理论分析框架(见图 3-2),能够为进一步展开相关研究奠定基础。

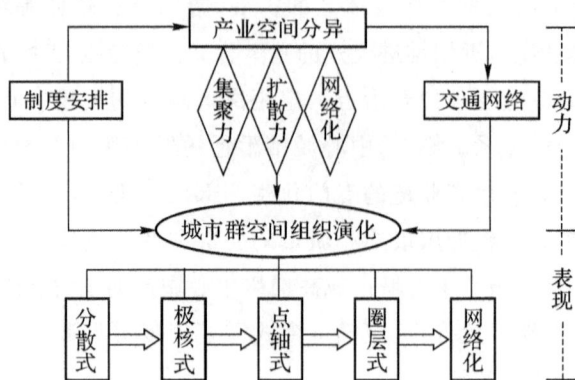

图 3-2　城市群空间组织演化理论分析框架

参考文献

官卫华,姚士谋,2003.城市群空间发展演化态势研究——以福厦城市群为例[J].现代城市研究,18(2):82-86.

胡杨,李郇,2016.地理邻近对产学研合作创新的影响途径与作用机制[J].经济地理,36(6):109-115.

勒施,1995.经济空间秩序[M].北京:商务印书馆.

李健,宁越敏,石崧,2005.长江三角洲城市化发展与大都市圈圈层重构[J].城市规划学刊(3):16-21.

李娜,2008.基于新国际国内背景下的产业分工机理分析[J].世界地理研究,17(4):10-16.

林先扬,周春山,2009.论城市群经济整合内涵特征及其空间过程[J].经济地理,26(1):71-73.

刘静玉,王发曾,2004.城市群形成发展的动力机制研究[J].开发研究(6):66-69.

刘勇,2009.与空间结构演化协同的城市群交通运输发展——以长三角为例[J].世界经济与政治论坛(6):78-84.

刘长全,2009.基于外部性的产业集聚与集聚经济研究——国外城市经济理论研究综述[J].上海经济研究(3):99-107.

陆治原,2006.产业集聚理论的历史发展与展望[J].西安财经学院学报,19(5):50-54.

罗洪群,肖丹,2008.产业集聚支撑的川渝城市群发展研究[J].软科学,22(12):102-105.

马延吉,2010.辽中南城市群产业集聚发展与格局[J].经济地理,30(8):1294-1298.

宁越敏,施倩,查志强,1998.长江三角洲都市连绵区形成机制与跨区域规划研究[J].城市规划(1):16-20.

乔彬,李国平,2006.城市群形成的产业机理[J].经济管理,18(22):78-83.

史修松,2009.产业集聚及其测度理论研究动态[J].科技管理研究,29(9):268-270。

斯密,1981.国民财富的性质和原因的研究[M].北京:商务印书馆.

汤放华,陈立立,曾志伟,等,2010.城市群空间结构演化趋势与空间重构——以长株潭城市群为例[J].城市与区域,17(3):65-69.

藤田昌久,克鲁格曼,维纳布尔斯,2005.空间经济学:城市、区域与国际贸易[M].北京:中国人民大学出版社.

王成新,王格芳,刘瑞超,等,2011.高速公路对城市群结构演变的影响研究——以山东半岛城市群为例[J].地理科学,31(1):61-66.

王娟,2012.中国城市群演进研究[D].成都:西南财经大学.

王清,2013.产业空间分异对城市群空间组织的动态作用模式研究——以长三角制造业为例[D].杭州:浙江财经大学.

王铮,邓悦,葛昭攀,等,2002.理论经济学[M].北京:科学出版社.

邬丽萍,2012a.产业专业化、多样化对城市群经济增长的影响[J].财经理论与实践(双月刊),33(179):96-100.

邬丽萍,2012b.城市群形成演化机制与发展战略——基于集聚经济三维框架的研究[M].北京:中国社会科学出版社.

吴婷莉,崔大树,2014.城市群空间组织演化的基本逻辑:一个理论假说的提出[J]. 青年科学,35(4):1-3.

夏维力,李博,2007. 群效应——从产业集群到城市群[M]. 西安:西北工业大学出版社.

徐德英,韩伯棠,2015. 地理、信息化与交通便利邻近与省际知识溢出[J]. 科学学研究,33(10):1555-1563.

徐梦洁,陈黎,林庶民,等,2011. 行政区划调整与城市群空间分形特征的变化研究——以长江三角洲为例[J]. 经济地理,31(6):940-945.

许学强,周一星,宁越敏,2009. 城市地理学[M]. 2 版. 北京:高等教育出版社.

薛东前,王传胜,2002. 城市群演化的空间过程及土地利用优化配置[J]. 地理科学进展,21(2):95-102.

杨小凯,2003. 经济学:新兴古典与新古典框架[M]. 张定胜,张永生,李利明,译. 北京:社会科学文献出版社.

姚士谋,朱英明,陈振光,等,2001. 中国城市群[M]. 2 版. 合肥:中国科学技术大学出版社.

叶玉瑶,2006. 城市群空间演化动力机制初探——以珠江三角洲城市群为例[J]. 城市规划(1):61-66.

张东升,柴宝贵,丁爱芳,等,2012. 黄河三角洲城镇空间格局的发展历程及驱动力分析[J]. 经济地理,32(8):50-56.

张冀新,2009. 城市群现代产业体系形成机理及评价研究[D]. 武汉:武汉理工大学.

张京祥,2000. 城镇群体空间组合[M]. 南京:东南大学出版社.

Agarwal A,Genevieve G,2007. Testing the entrepreneurial city hypothesis: A case study[C]. Association of Collegiate Schools of Planning 48th Annual Conference.

Combes P P,2000. Economic structure and local growth:France, 1984—1993[J]. Journal of Urban Economics,47(3):329-355.

Batten D F,1995. Network cities:Creative urban agglomerations for the 21st century[J]. Urban Studies,1995,2(2):313-327.

Kobayashi K,Okumura M,1997. The growth of city systems with

high-speed railway systems[J]. Annals of Regional Science,31(1):39-56.

Rammel C,van den Bergh J C,2003. Evolutionary policies for sustainable development:Adaptive flexibility and risk minimizing[J]. Ecological Economics,47(2):121-133.

Todd S,Joel W,2004. Geography and the internet:Is the Internet a substitute or a complement for cities? [J]. Journal of Urban Economics,56(1):1-24.

第四章　城市群空间组织演变的阶段性特征

城市群空间组织的演变,具有明显的阶段性特征。认识"特征",有利于把握和分析城市群空间组织与产业空间分异相互作用的机制和一般规律。长三角城市群是具有经济活力的地区,其作为我国经济规模较大、国际竞争力较强的经济中心,在推动地区发展和参与国际分工中承担重要角色,是带动全国经济增长的动力引擎。经过三次扩容,长三角城市群规模不断扩大,资源要素流动突破地域限制,其整合集聚能力得到极大提高,推动了城市群内部的产业转移升级,进而促进了城市群功能与空间结构的演变。因此,长三角城市群在城市群空间组织与产业空间分异相互作用问题上具有典型性和代表性。鉴于此,本章在考察长三角城市群城市化过程特征的基础上,分析其空间组织演变的阶段性特征,为后续研究提供相应的研究依据。

第一节　长三角城市群城市化过程的阶段性特征

对长三角城市群城市化进程进行分析,不仅可以为研究长三角城市群空间组织的阶段性演变特征奠定基础,还能够初步认识长三角城市群空间组织的演变过程。本节运用因子分析和首位度等方法对长三角城市群的城市化进程进行测算,并对城市化进程中的城市蔓延现象进行评估。

一、长三角城市群发展概括

新中国成立到改革开放初期,长三角城市群的城市化进程较为缓慢,城市群空间范围一直没有较大变化。1982 年,国务院发出《关于成立上海经济区和山西能源基地规划办公室的通知》,决定建立以上海为中心,包含苏州、杭州等 10 个城市的上海经济区,这是长三角城市群的雏形。当时的长三角城市群布局以上海为核心,南京、杭州为次核心,形成点状分布(张祥建 等,2003)。长三角城市群自 1982 年以来,范围不断扩大。1982 年至 1991 年,包括上海、苏州、无锡、常州、南通、杭州、嘉兴、湖州、宁波、绍兴,共 10 个城市;1992 年开始,将南京、扬州、镇江、舟山 4 个城市纳入其中;2003 年,又纳入浙江台州和江苏泰州。2010 年,国家进一步突出长三角城市群的空间发展战略地位,由之前的 16 个地级(及以上)城市增至 22 个,吸收一些处于省际边缘的城市或者经济欠发达的城市,主要包括浙江省的衢州和金华两个城市,江苏省的淮安和盐城两个城市,具有突破性的是加入了安徽省的合肥和马鞍山两个城市。2013 年,长三角城市群最大范围的一次扩容,吸收了宿迁、丽水等 8 个城市,会员城市增加到 30 个,包括上海市、江苏省、浙江省全境以及安徽省的合肥、芜湖、淮南、马鞍山和滁州等 5 个地市。2016 年,国家有关部门颁布《长江三角洲城市群发展规划》,又一次调整了长三角城市群的城市构成,明确为包含 26 个城市。

(一)经济发展的阶段性特征

长三角城市群经济发展地区差异明显,发展现状总体呈现出两端小、中间大的特征。2014 年,长三角城市群的 GDP 总额为 141676.7 亿元,占全国的 22.26%。其中第一产业实现国内生产总值 5959.6 亿元,占2014 年全国的 10.21%;第二产业实现国内生产总值 65886.5 亿元,占2014 年全国的 24.28%;第三产业实现国内生产总值 69837.3 亿元,占2014 年全国的 22.77%。从产业分布角度看,第二产业和第三产业的比重较高,均超过了 GDP 总量占全国的比重。从各城市的经济发展情况看,上海市的 GDP 总量最高,达到 2.36 万亿元,人均 GDP 为 164177 元,

在长三角城市群 30 个城市中排第三；苏州市人均 GDP 最高，达到
209307 元。人均 GDP 在 10 万元以上的城市从高到低依次为无锡、南
京、常州、宁波、杭州和舟山。而其余城市的人均 GDP 均未超过 10 万元，
人均 GDP 最低的是滁州市，仅有 27013 元，其次是淮南市、宿迁市和连云
港市，分别为 32435 元、33495 元和 37563 元。从长三角城市群各城市的
GDP 总量和人均 GDP 区域分布来看，上海、苏州、常州、无锡、南京、杭
州、宁波、合肥等省会或者副省级城市的经济发展水平较高。而安徽省大
部分城市、江苏省苏北地区，以及浙江省中西部的丽水和衢州的经济发展
相对落后。其余城市居于中间水平，长三角城市群经济发展水平最高的苏
州市的人均 GDP 是经济发展水平最低的滁州市的 7.7 倍。如图 4-1 所示，
从 2005 年到 2014 年，长三角城市群 GDP 总量的发展趋势为稳步增长，除
2013 年、2014 年因 GDP 总量的增加导致年增长有所放缓，增长率分别为
8.96%、8.77%，其余年份的增长率均大于 10%。

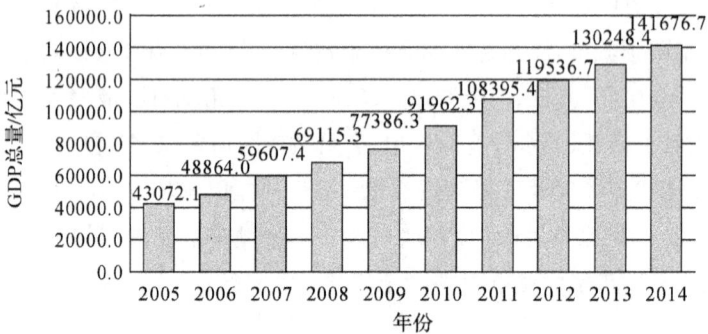

图 4-1　2005—2014 年长三角城市群 GDP 总量

从 2005 年到 2014 年，长三角城市群的 GDP 占全国的比重（见图 4-2）均

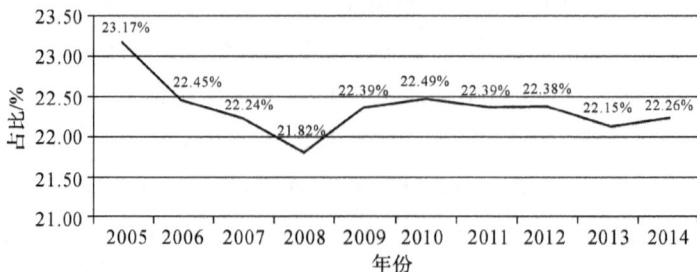

图 4-2　2005—2014 年长三角城市群 GDP 占全国 GDP 的比重

在20%以上。其中,2008年,经济危机对长三角城市群的影响相对于我国其他地区更大,使得其比重下降为21.82%。

(二)长三角城市群空间发展特征

长三角城市群空间发展的总体特征表现为,以长江岸线和环杭州湾岸线为主轴,依托以上海为核心的较为完善的城镇体系,逐渐形成反K字体形状,由点轴、组团状结构向圈层和网络化结构演变。长三角城市群以上海为核心,沿上海—南京和上海—杭州—宁波两个方向向内陆及沿海辐射,逐渐形成了以合肥—南京—苏州—上海—杭州—宁波等市交通干线为轴带构成的Z字形发展格局。随着长三角城市群经济社会发展水平的提升,逐渐形成了沿海、沿江地区和沪杭金经济带。2007年,江苏省政府提出要发展沿江和沿海地区的战略目标,同时浙江省也提出了要构建环杭州湾、温台产业带和沪杭金发展带,长三角城市群沿海地区的发展速度明显加快。贯穿苏北、苏南和浙北、浙南的各个沿海城市,逐渐形成了一条沿海经济发展轴。在江苏和安徽省域,以上海市为起点,沿江逐渐向内陆地区延伸,形成了一条贯穿苏南内陆地区和安徽南部地区的沿江经济带。在浙江省内,以上海市为起点,沿着杭金衢主要交通干线形成了一条贯穿浙中和浙西南地区的沪杭金发展带。Z字形发展带和沿江沿海及沪杭金发展带,共同构成反K字形的空间发展形态。

根据国务院于2014年11月发布的城市规模划分标准,长江三角洲城市群包括1座超大城市(上海),1座特大城市(南京),2座Ⅰ型大城市(杭州、苏州),13座Ⅱ型大城市,8座中等城市,以及1座Ⅰ型小城市。城市数量在规模等级上的分布近似于正态分布。以中心城市为基础,长江三角洲还形成了多个次级城市群或都市圈。

从长江三角洲城市群空间属性来看,其具有以下几个方面的特征:一是中心城市的多层级性。长江三角洲城市群已形成了以上海为核心城市,南京、杭州、合肥和宁波为次级中心城市,以及其他地级市为中心城市的中心城市体系。这些中心城市在空间上相对分离,功能方面又具有互补关系,并形成若干都市经济圈。二是聚集性。以中心城市为核心的各种类型的都市经济圈,其中心城市与周围地区及圈外其他城市区域之间所形成的吸引与扩散作用,不仅表现为要素和产业的高度集中,更突出在知识溢出、管理控制等方面的高度聚集。三是开放性。长江三角洲城市群是一个非均衡系统,不能封闭和独立运行。相反,需要不断地进行城市群内部及外部的物质能量交换,以产生相应的规模和组织功能。如长江三角洲城市群所需的动力能源需要与城市群以外的区域交换,所生产的产品也需要城市群内外部的市场。四是网络化。长江三角洲城市群内部已经形成多重网络,如交通运输、商品流通、信息、技术、城镇网络等,具有明显的网络化特征。根据国家发改委和住建部颁布的《长江三角洲城市群发展规划》,长三角城市群主要由南京都市圈、杭州都市圈、合肥都市圈、苏锡常都市圈、宁波都市圈组成。

1. 南京都市圈经济发展现状

南京都市圈包括南京、镇江、扬州三市,以城市常住人口为标准划分长三角城市群规模等级,南京位于特大城市这一行列,扬州属于Ⅱ型大城市,镇江是中等城市。2015 年,南京市 GDP 总量为 9720.77 亿元,比上年增长 9.3%。其中第一产业实现增加值 232.39 亿元,比上年增长3.4%;第二产业实现增加值 3916.11 亿元,比上年增长 7.2%;第三产业实现增加值 5572.27 亿元,比上年增长 11.3%。全年经济总体保持平稳上升势头,服务业占全市经济增量的 65.5%。2015 年,镇江市 GDP 总量为 3502.48 亿元,比上年增长 9.6%。其中第一产业增加值为 132.89 亿元,比上年增长 3.6%;第二产业增加值为 1726.96 亿元,比上年增长9.5%;第三产业增加值为 1642.63 亿元,比上年增长 10.2%,服务业发展较快。2015 年,扬州市实现 GDP 总量 4016.84 亿元,比上年增长10.3%。其中第一产业增加值为 241.93 亿元,比上年增长 3.5%;第二产业增加值为 2011.97 亿元,比上年增长 10.6%;第三产业增加值为1762.94 亿元,比上年增长 10.8%,服务业提速发展。

2. 杭州都市圈经济发展现状

杭州都市圈位于长三角城市群的南翼,以杭州为中心,联结湖州、嘉兴、绍兴三市。杭州市属于Ⅰ型大城市,绍兴市属于Ⅱ型大城市,湖州市和嘉兴市属于中等城市。2015 年,杭州市完成 GDP 总量 10053.58 亿元,比上年增长 10.2%。其中第一产业实现增加值 287.69 亿元,比上年增长 1.8%;第二产业实现增加值 3910.60 亿元,比上年增长 5.6%;第三产业实现增加值 5855.29 亿元,比上年增长 14.6%。经济发展转型加快,信息经济走在前列。2015 年,绍兴市完成 GDP 总量 4466.65 亿元,比上年增长 7.1%。其中第一产业增加值为 199.09 亿元,第二产业增加值为 2253.41 亿元,第三产业增加值为 2014.15 亿元,分别比上年增长 1.8%、6.0%和 9.2%。2015 年,湖州市 GDP 总量为 2084.27 亿元,比上年增长 8.3%,三次产业结构比例调整为 5.9∶49.2∶44.9,产业结构不断优化,运行质量持续提升,创新驱动不断增强。2015 年,嘉兴市 GDP 总量为 3517.06 亿元,比上年增长 7.0%。其中第一产业增加值为 140.09 亿元,比上年下降 2.7%;第二产业增加值为 1850.04 亿元,比上年增长 5.9%;第三产业增加值为 1526.93 亿元,比上年增长 9.6%。

3. 合肥都市圈经济发展现状

合肥都市圈位于长江中下游沿江城市地带核心地区,包括合肥、芜湖、马鞍山三市,地理位置特殊,是长三角城市群中带动中西部地区发展的重要传导区域。以城市常住人口为标准划分长三角城市群规模等级,合肥属于Ⅰ型大城市,芜湖市属于Ⅱ型大城市,马鞍山市属于中等城市。2015 年,合肥市完成 GDP 总量 5660.3 亿元,比上年增长 10.5%。其中,第一产业实现增加值 263.43 亿元,比上年增长 4.4%;第二产业实现增加值 3097.91 亿元,比上年增长 10.6%;第三产业实现增加值 2298.93 亿元,比上年增长 11%。三次产业结构比例为 4.7∶54.7∶40.6。2015 年,芜湖市 GDP 总量为 2457.32 亿元,比上年增长 10.3%。其中,第一产业实现增加值 120.02 亿元,比上年增长 4.3%;第二产业实现增加值 1540.60 亿元,比上年增长 10.3%;第三产业实现增加值 796.70 亿元,比上年增长 11.0%。三次产业结构比例为 4.9∶62.7∶32.4,主要经济指标增幅高于全国和全省水平。2015 年,马鞍山市实现 GDP 总量 1365.3 亿元,比上年增长 9.2%。其中,第一产业增加值为 79.5 亿元,比上年增长 4.4%;第二产业增加值为 818.6 亿元,比上年增长 9.3%;第三产业增加值为 467.2 亿元,比上年增长 9.6%。

4. 苏锡常都市圈经济发展现状

苏锡常都市圈包括苏州、无锡、常州三市,以城市常住人口为标准划分长三角城市群规模等级，苏州市属于Ⅰ型大城市，无锡市和常州市属于Ⅱ型大城市。2015年，苏州市完成GDP总量14500亿元，比上年增长7.5%，产业结构不断优化，全年实现服务业增加值7170亿元，比上年增长9.0%，占GDP比重达49.5%，形成"三二一"发展格局。2015年，常州市完成GDP总量5273.2亿元，比上年增长9.2%。其中第一产业增加值为146.6亿元，增长3.2%；第二产业增加值为2516.2亿元，比上年增长8.5%；第三产业增加值为2610.4亿元，比上年增长10.5%。全年服务业增加值占GDP的比重达到49.5%，首次超过第二产业。2015年，无锡市完成GDP总值8518.26亿元，比上年增长7.1%，产业结构升级加快，全市实现第一产业增加值137.72亿元，比上年下降0.1%；第二产业增加值为4197.43亿元，比上年增长5.0%；第三产业增加值为4183.11亿元，比上年增长9.6%。三次产业结构比例调整为1.6：49.3：49.1。

5.宁波都市圈经济发展现状

宁波都市圈包括宁波、舟山、台州三市。以城市常住人口为标准划分长三角城市群规模等级，宁波和台州属于Ⅱ型大城市，舟山属于中等城市。2015年，宁波市完成GDP总量8011.5亿元，比上年增长8.0%。其中，第一产业实现增加值285.2亿元，比上年增长1.8%；第二产业实现增加值3924.5亿元，比上年增长4.8%；第三产业实现增加值3801.8亿元，比上年增长12.5%。三次产业之比为3.6：49.0：47.4。2015年，台州市完成GDP总量3558.13亿元，比上年增长6.5%。其中，第一产业增加值为230.63亿元，比上年增长3.4%；第二产业增加值为1573.41亿元，比上年增长3.5%；第三产业增加值为1754.09亿元，比上年增长10.1%。三次产业结构为6.5：44.2：49.3。2015年，舟山市完成GDP总量1095亿元，比上年增长9.2%；第一产业增加值为112亿元，比上年增长4.9%；第二产业增加值为453亿元，比上年增长10.9%；第三产业增加值为529亿元，比上年增长8.5%。三次产业结构为10.2：41.4：48.4。

二、长三角城市群城市化进程的阶段性特征

我们运用人口指标法、因子分析法和首位度测算法，对长三角城市群

城市化进程的阶段性特征进行分析,并评估城市蔓延的现状。

(一)长三角城市群城市化进程的测度

1.人口指标法的判断

对城市化进程的测度一般采用人口指标法,即

$$\rho = \frac{U}{U+R}$$

式中,ρ 表示城市化水平或城市化率;U 表示城市人口;R 表示乡村人口。

由于人口城市化在一定程度上可视为产业城市化的结果,而且在一定程度上体现生活条件和生活水平的变化,加上城市人口规模与用地规模存在一定的正相关关系,加之统计上的便利性,人口指标法被世界各国政府和学术机构广泛采用。

由于城市人口统计口径有差异,诸如"非农业户籍人口""城镇人口""市镇人口""市区人口"等,城市化进程测度的科学性降低。长三角城市群人口数据的统计中,上海市、浙江省的统计口径是非农人口,而江苏省的统计口径是城镇人口。考虑到非农人口与城镇人口的概念相近,本书将上海市与浙江省的非农人口、江苏省的城镇人口作为城市人口,将常住人口作为总人口,得到2004、2009、2014年长三角城市群各城市的城市化率(见表4-1)。

表 4-1　基于人口指标法的长三角城市群的城市化率　　　单位:%

城市	2014 年	2009 年	2004 年
上海	53.57	64.34	81.16
南京	80.92	77.16	48.65
无锡	74.47	67.72	61.42
常州	68.70	61.38	62.31
苏州	73.95	66.25	60.56
南通	61.15	52.70	55.92

续表

城市	2014 年	2009 年	2004 年
盐城	58.54	46.30	39.87
扬州	61.20	52.90	50.26
镇江	66.63	59.95	54.28
泰州	60.15	51.00	48.47
杭州	56.48	51.87	43.36
宁波	37.30	35.38	33.71
嘉兴	46.24	41.20	32.47
湖州	35.95	31.58	29.69
绍兴	37.02	32.77	27.87
金华	23.14	23.09	21.46
舟山	37.85	37.30	37.81
台州	19.11	18.05	17.39

　　表 4-1 的数据显示，用人口指标法测算城市化率还是具有一定程度的局限的，如 2014 年和 2009 年的数据，南京、无锡、苏州等城市的城市化率超过了上海，这明显与实际情况不符。为了更加直观地反映长三角城市群城市化进程的情况，我们对表 4-1 的数据进行整理得到图 4-3。

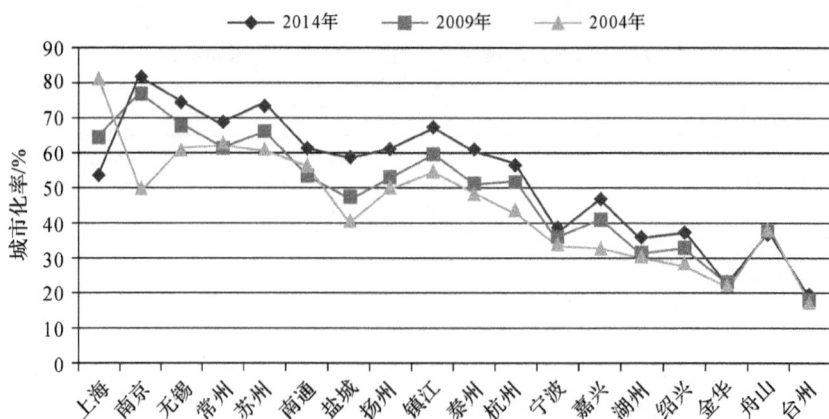

图 4-3　基于人口指标法的长三角城市群的城市化趋势

图 4-3 显示,除上海市城市化进程逐年下降之外,长三角城市群整体的城市化进程在 2004—2014 这 10 年里不断提高,集中表现在南京、无锡、苏州、盐城、杭州、嘉兴等市。这些城市区位临近上海,与上海联系紧密。而距上海较远的金华、舟山、台州等市的城市化进程提高幅度较低。

2. 因子分析法的测算

以上分析说明,人口指标法对城市化进程的判断存在一定的局限,尤其是衡量城市区域的城市化进程,不够全面和准确。为了更加科学和准确地描述长三角城市群的城市化进程,我们采用因子分析法。因子分析是一种降维、简化数据的技术,通过研究众多变量之间的内部依赖关系,探求观测数据中的基本结构,并用少数几个抽象变量来表示其基本的数据结构。这几个抽象的变量被称作因子,能反映原来众多变量的主要信息。原始的变量是可观测的显在变量,而因子一般是不可观测的潜在变量。

选取长三角城市群各城市的常住人口、GDP、第二产业产值、第三产业产值、金融机构存款余额、社会消费品零售总额、进出口总额、出口总额、固定资产投资、城镇居民人均可支配收入、农村居民人均可支配收入11 个变量,从规模(常住人口、GDP、金融机构存款余额)、结构(第二产业产值、第三产业产值、城镇居民人均可支配收入、农村居民人均可支配收入)、社会发展(社会消费品零售总额、固定资产投资)、对外贸易(进出口总额、出口总额)四个方面描述长三角城市群城市化的进程。通过因子分析,找出这 11 个经济可观测变量中的共通性因素,以构建评价体系,分析长三角城市群城市化进程。

鉴于长三角城市群各城市历年部分数据统计口径不统一,我们选择 30 个城市中的 18 个核心城市的数据,利用 SPSS 软件进行测算,进行降维-因子分析,得到表 4-2。测算结果显示,从 2004 年到 2014 年,常住人口对长三角城市群城市化进程的影响在逐渐下降。在正向影响方面,从 2004 年的 0.21 下降到 2014 年的 0.15;在负向影响方面,从 2004 年的 -0.27 增加到 2014 年的 -0.14。因此,需要综合各因子的影响,以构建合理的评价体系。

表 4-2　成分得分系数矩阵表

统计类型	2014 年		2009 年		2004 年	
	F_1	F_2	F_1	F_2	F_1	F_2
常住人口	0.15	−0.14	0.17	−0.17	0.21	−0.27
GDP	0.12	−0.01	0.11	0.02	0.11	0.02
第二产业产值	0.11	0.03	0.07	0.11	0.09	0.08
第三产业产值	0.13	−0.02	0.13	−0.04	0.14	−0.03
金融机构存款余额	0.12	−0.02	0.14	−0.07	0.15	−0.08
社会消费品零售总额	0.12	0.00	0.12	−0.02	0.15	−0.06
进出口总额	0.12	−0.02	0.13	−0.04	0.09	0.06
出口总额	0.12	−0.01	0.13	−0.05	0.08	0.08
固定资产投资	0.10	0.00	0.10	0.03	0.11	0.02
城镇居民人均可支配收入	−0.06	0.48	−0.10	0.49	−0.15	0.49
农村居民人均可支配收入	−0.13	0.59	−0.18	0.62	−0.13	0.47

　　根据影响因子,构建 $S=\alpha_1 F_1+\alpha_2 F_2$ 作为长三角城市群城市化进程的衡量指标。其中 α 表示经济变量对因子的解释程度。为研究方便,以每个时期的上海为标准 100%,根据公式 $s=\dfrac{S}{S_{\max}}\times 100\%$ 将其他城市百分比化,得到表 4-3。将表 4-3 中城市化进程的数据作为衡量长三角城市群城市化进程的指标,得到图 4-4。

表 4-3　基于因子分析法的长三角城市群各城市的城市化进程

城市	2014 年		2009 年		2004 年	
	S	$s/\%$	S	$s/\%$	S	$s/\%$
上海	15733.94	100	8868.49	100	4176.35	100
南京	6450.01	40.99	2659.02	29.98	1260.84	30.19
无锡	5465.80	34.74	2362.55	26.64	1271.70	30.45

城市	2014 年		2009 年		2004 年	
	S	s/%	S	s/%	S	s/%
常州	4071.39	25.88	1457.89	16.44	782.03	18.73
苏州	8101.23	51.49	3538.42	39.90	1690.31	40.47
南通	4070.11	25.87	1473.58	16.62	788.96	18.89
盐城	2767.00	17.59	910.48	10.27	548.11	13.12
扬州	2979.69	18.94	990.96	11.17	547.32	13.11
镇江	3095.44	19.67	974.64	10.99	593.69	14.22
泰州	2907.55	18.48	932.02	10.51	530.46	12.70
杭州	7007.45	44.54	3079.59	34.73	1522.36	36.45
宁波	5652.55	35.93	2367.08	26.69	1240.69	29.71
嘉兴	3760.25	23.90	1244.30	14.03	770.89	18.46
湖州	2943.23	18.71	855.58	9.65	559.80	13.40
绍兴	4069.95	25.87	1484.32	16.74	868.64	20.80
金华	3632.83	23.09	1195.62	13.48	708.23	16.96
舟山	2740.85	17.42	677.89	7.64	435.42	10.43
台州	3579.87	22.75	1270.69	14.33	787.96	18.87

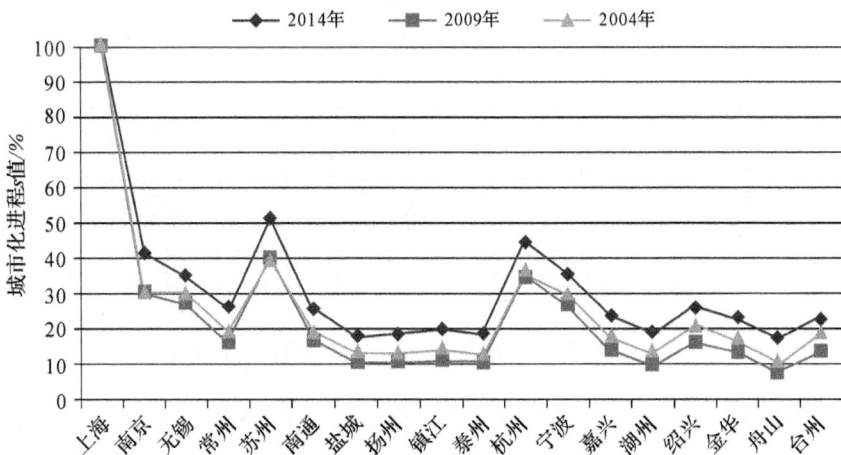

图 4-4　基于因子分析法的长三角城市群的城市化趋势

  图 4-4 显示,长三角城市群的城市体系分布较为合理,核心城市、副中心城市和二级城市呈现 1、5、12 的分布状态。图 4-4 较图 4-3 的一个明显特征是苏州与杭州的城市化进程在长三角城市群中十分突出且保持稳定,而上海的极化作用明显,其他城市的城市化进程增长较慢,在 2009 年甚至出现了较 2004 年轻微退步的情况。结合 2008 年的金融危机,可以看出长三角城市群城市化进程与经济发展的兴衰密切相关。当经济发展趋向复苏(如 2009 年到 2014 年数据),上海、苏州、杭州等城市的极化作用减弱,扩散作用增强,表现为城市化进程整体提高。而当经济趋向萧条时(如 2004 年到 2009 年数据),上海、苏州、杭州等城市的极化作用增强,扩散作用减弱,体现为城市化进程的整体下降。

  图 4-5 显示,长三角城市群各城市的城市化增速都保持在 50% 以上。2014 年,一级城市(南京、无锡、苏州、杭州、宁波)的城市化增速保持稳定,在 120% 到 150% 之间。二级城市如常州、盐城、嘉兴、湖州、舟山、台州等的城市化增速变动特征明显,在 2009 年城市化进程表现出较低的增速,在 50% 到 80% 之间;在 2014 年表现出较高的增速,在 170% 到 300% 之间,远超一级城市同期增速。间接说明长三角城市群二级城市的城市化进程受经济波动的影响很大,而一级城市的城市化进程受经济波动的影响相对较小。

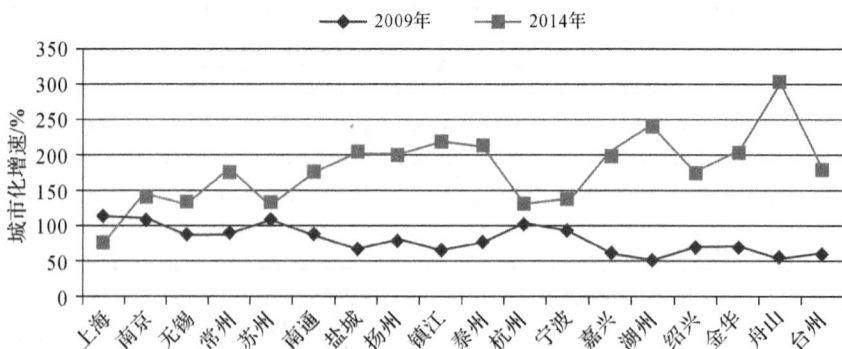

图 4-5 基于因子分析法的长三角城市群城市化增速

  从 2004 年开始,长三角城市城市化进程开始加速,二级城市的城市化进程增速远远大于一级城市城市化进程。但在 2008 年金融危机之后,长三角城市群城市化进程出现下降趋势。2009年的数据表明,由于金融危机的冲击,长三角城市群的城市化进程跌落至2004年水平,二级城市的城市化进程增速低于一级城市城市化进程的增速。2009年之后一直到2014年,随着中国经济的缓慢复苏和新型城镇化建设的加快,长三角城市群城市化进程逐渐加快,在2014年达到较高的水平,二级城市的城市化进程增速再次大于一级城市城市化进程的增速。

(二)长三角城市群城市化过程的规模分布特征

2014年11月,国务院发布城市规模划分标准,对城市规模的划分标准重新进行了界定。本书根据2006—2013年《中国城市建设统计年鉴》的数据,把城市人口和城市暂住人口加总作为城市常住人口,分超大城市、特大城市、大城市(Ⅰ型、Ⅱ型)、中等城市和小城市(Ⅰ型、Ⅱ型)七类城市,对长三角城市群县级及以上城市进行规模划分,划分结果如表4-4所示。

表4-4 长三角城市群各等级城市数量分布及人口占比

年份	超大城市		特大城市		大城市				中等城市		小城市			
					Ⅰ型		Ⅱ型				Ⅰ型		Ⅱ型	
	>1000万人		<500~1000万人		<300~500万人		<100~300万人		<50~100万人		<20~50万人		≤20万人	
	城市/个	人口/%	城市/个	人口/%	城市/个	人口/%	城市/个	人口/%	城市/个	人口/%	城市/个	人口/%	城市/个	人口/%
2006	1	27.60	0	0	2	11.56	10	26.90	15	15.27	30	14.21	18	4.46
2010	1	33.74	0	0	2	12.12	9	21.84	11	11.65	37	16.87	16	3.78
2013	1	32.31	1	8.02	2	9.57	10	21.95	11	10.68	35	14.79	12	2.68

从城市数量上看,超大城市仅上海一个,并且一直保持着绝对领先的地位,是长三角城市群发展的引擎。特大城市在2006年和2010年为空白,出现了城市位序的断档,在2013年南京成为第一个特大城市,弥补了

特大城市的空白。大城市的数量相对比较稳定，一直保持在 12 个左右。中等城市和Ⅱ型小城市的数量自 2006 年来呈现下降趋势。相反，Ⅰ型小城市个数则在增加，说明有一部分中等城市由于人口迁出等因素沦为小城市，而一部分小城市因人口自然增长等因素成长为Ⅰ型小城市。从人口比重上看，超大城市上海的人口约占长三角城市群总人口的 1/3，并呈现出先增加后减少的趋势。至 2013 年特大城市增加到 8.02%，Ⅰ型大城市从 2006 年到 2010 年呈现增加趋势，而到 2013 年又呈下降趋势，中等城市和小城市的人口比例在不断缩小。

总体来看，首先，县级及以上城市的数量在不断减少。地级市为了扩大行政权力，增加经济总量，将许多县级城市"撤县立区"。其次，城市规模的分布正在趋于合理化，但仍然有很大的优化空间。特大城市、大城市的数量在逐渐增加，但是中等城市仍然偏少，需要发展一批小城市成为中等城市，承接大城市的产业转移，优化产业布局。最后，人口正在从超大城市和中等城市转移到大城市。说明大城市的拥挤效应已经逐步显现，一些劳动密集型的产业正在逐渐向次一级城市转移，而中等城市发展仍然滞缓，人口流动趋向大城市。

1. 首位度测算

城市首位度（S_2）是按人口规模排序的首位城市的人口与第二位城市的人口的比值（$S_2 = P_1/P_2$），反映了城市体系中人口在首位城市的集中程度。后续学术界又提出了 4 城市指数 $S_4 = P_1/(P_2 + P_3 + P_4)$ 和 11 城市指数 $S_{11} = 2P_1/(P_2 + P_3 + \cdots + P_{11})$ 的概念，以期更全面地反映城市体系中除首位城市之外其他高位序城市的发展情况。按照城市位序-规模原理，首位度为 2，4 城市指数和 11 城市指数为 1 是城市规模结构的理想状态。

以常住人口为统计口径进行测算，与其他研究所得出的结论具有一定差异，如表 4-5 所示，4 城市指数和 11 城市指数都小于 1，长三角城市群首位度指数不合理程度较低。其原因是除了户籍人口以外，暂住人口（如外来务工人员）也包括在常住人口中。而长三角城市群中人口规模较大的城市吸收了大量的劳动力。尽管如此，仍然存在首位城市与次位城市规模结构在一定程度上不合理的现象,首位城市规模过大。4城市指数小于1,说明长三角城市群次等级城市的规模相对较大,如苏州、杭州、南京等城市作为区域发展的次级中心,经济发展水平较高,人口规模较大。11城市指数偏离合理值比4城市指数更大,同样说明了长三角次级城市的总体人口规模较大,同层级城市之间竞争激烈。

从时间序列上看,首位度在2010年前呈下降趋势,在2010年后开始上升,其原因主要是次位城市苏州市的人口规模出现了先较快增长后开始减缓的现象。总体来看,4城市指数和11城市指数不断增大,趋于合理值。所以,从首位度测算指标上看,长三角城市群城市分布存在首位城市规模过大、次级城市人口规模接近、城市之间层级分布不明显等问题,但正逐渐趋于合理化。

表4-5　2005—2014年长三角城市群城市首位度情况

年份	首位城市人口规模/万人	首位度 (P_1/P_2)	4城市指数 $[P_1/(P_2+P_3+P_4)]$	11城市指数 $[2P_1/(P_2+P_3+\cdots+P_{11})]$
2005	1890.26	2.4234	0.8277	0.6248
2006	1964.11	2.4252	0.8352	0.6347
2007	2063.58	2.5481	0.8726	0.6639
2008	2140.65	2.3455	0.8673	0.6703
2009	2210.28	2.3590	0.8696	0.6812
2010	2302.66	2.2001	0.8473	0.6834
2011	2347.46	2.2317	0.8578	0.6758
2012	2380.43	2.2565	0.8652	0.6830
2013	2415.15	2.2830	0.8747	0.6908
2014	2425.68	2.2875	0.8753	0.6905

2.城市蔓延水平评估

城市蔓延(city sprawl)是城市边缘的低密度开发、城市空间破碎化与非连续性开发、城市土地低效率利用以及城市空间大规模无序向外扩展的城市化现象(陈建华,2008)。城市蔓延会带来交通拥堵、环境污染、资源浪费和空间利用效率降低等问题,进而引起社会福利下降。对城市蔓延的评估,对于把握长三角城市群城市化进程和模式具有一定现实意义。

城市蔓延的研究主要有现状评价和驱动因素两个方面。国内外学者利用各类指标对城市蔓延现状进行测度。我们综合已有文献,利用土地-人口增长弹性系数判断是否存在城市蔓延现象,主要借鉴王家庭和赵丽(2013)对城市蔓延测度的方法,利用蔓延指数测算长三角城市群中各城市的蔓延程度。考虑 2014 年之前城市蔓延的幅度较大,我们选取1995—2013 年长三角城市群部分城市建成区面积和常住人口数据,对长三角城市群的城市蔓延指数进行测算,并分析人口增长和人均建成区面积增长对城市蔓延的贡献份额,对长三角城市群的城市蔓延程度进行评估。建成区面积数据来源于 1995 年和 2013 年的《中国城市统计年鉴》,常住人口数据来源于《上海统计年鉴》《江苏统计年鉴》《浙江统计年鉴》《安徽统计年鉴》。与王家庭和赵丽(2013)的方法不同的是,我们选取的是常住人口数据,而他们采用的是户籍人口数据,在计算上有一定差别。但由前述分析可知,利用常住人口更具合理性。

表 4-6 的测算结果显示(测算中未将池州和宣城两座在 1995 年尚未撤地(区)建市的城市包括在内),2013 年,长三角城市群中有 14 座城市的蔓延指数都超过了 1,占近 60%,说明大部分城市都出现了城市蔓延的情况。上海、杭州并不存在城市蔓延现象,主要原因是上海和杭州常住人口的急剧膨胀,掩盖了建成区面积快速增长的事实。从面积增长量方面来看,建成区面积增长量与经济发展程度呈正相关,经济水平较高的城市均排在了前列,意味着城市蔓延在大城市中更加严重。此外,从蔓延贡献份额可以分析出城市蔓延的主要原因是人口增长还是人均建成区面积增长,如表 4-7 所示。

表 4-6　2013 年长三角城市群城市蔓延情况

城市	整体蔓延情况		蔓延贡献份额		蔓延指数	城市	整体蔓延情况		蔓延贡献份额		蔓延指数
	建成区面积增长倍数	建成区面积增长量/千米²	人口增长贡献率/%	人均建成区面积增长贡献率/%			建成区面积增长倍数	建成区面积增长量/千米²	人口增长贡献率/%	人均建成区面积增长贡献率/%	
上海	1.56	608.75	45	55	0.61	镇江	1.46	76.00	91	9	1.09
南京	3.72	562.29	42	58	1.36	台州	1.83	75.19	11	89	2.78
苏州	5.30	371.03	49	51	1.35	泰州	3.38	74.45	176	(76)	0.46
杭州	3.82	366.48	84	16	0.80	滁州	4.53	67.90	8	92	4.38
合肥	3.57	307.00	72	28	1.03	盐城	1.73	60.50	(1)	101	—
无锡	3.17	247.10	62	38	1.17	安庆	2.38	57.00	19	81	2.39
宁波	3.76	232.95	46	54	1.18	马鞍山	1.62	55.00	56	44	1.25
绍兴	6.90	172.46	152	(52)	0.54	湖州	1.42	54.10	31	69	1.18
常州	2.04	124.67	108	(8)	0.70	金华	2.33	53.68	148	(48)	0.49
芜湖	3.56	121.00	41	59	1.37	铜陵	1.66	43.17	39	61	2.08
南通	1.96	113.50	154	(54)	0.62	舟山	0.81	26.69	18	82	2.71
扬州	2.07	89.00	202	(102)	0.44	平均	2.78	168.74	70	30	1.34
嘉兴	2.50	77.52	44	56	0.91						

注:括号中的数值代表负数。

表 4-7　2013 年长三角城市群城市蔓延贡献情况

城市类型	城市
人口增长贡献率≥60%	杭州、合肥、无锡、绍兴、常州、南通、扬州、镇江、泰州、金华
人均建成区面积增长贡献率≥60%	台州、滁州、盐城、安庆、湖州、铜陵、舟山

注:下划线字体的城市是指人口增长贡献率和人均建成区面积增长贡献率两者中其中一值大于 100%,另一值小于 0 的城市。人均建成区增长贡献率为负数,说明人口增长的速度大于建成区面积增长的速度,导致人均建成区面积减少。而人口增长贡献率为负数则说明了存在常住人口流出的现象。

人口增长贡献率较高的城市集中在地级城市，这些城市集聚了大量的劳动密集型产业，例如义乌的小商品制造业、绍兴和南通的纺织业等。这些产业吸引了大量的外来务工人员，城市常住人口集聚膨胀，但是城市空间开发速度由于配套设施投入较少、地形限制等原因较为滞后。而人均建成区面积增长贡献率较高的城市大部分发展相对滞后。这些城市没有特色产业作支撑，对劳动力的吸引力不够，但邻近中心城市的产业转移和基础设施投入使得建成区面积增长，或者城市区域面积较大，建设空间充裕。综合统计数据，长三角城市群城市蔓延的主要原因为下列三个方面。

第一，行政区划调整。为使经济总量实现跨越式增长，一些城市不断地撤县设区。例如，2013年绍兴市撤销绍兴县而设立绍兴市柯桥区，撤销县级上虞市而设立绍兴市上虞区。此外，一些城市的分拆合并也会导致城市蔓延现象。如2011年安徽撤销地级巢湖市，设立县级巢湖市。庐江县划归合肥市管辖，无为县及和县的沈港镇划归芜湖市管辖，和县（部分）与含山县划归马鞍山市管辖。

第二，中心城市快速发展。在依靠投资拉动GDP的经济背景下，城市经济总量不断增加，就业人口不断扩张，带动了高新区和开发园区等空间扩展区块的发展，使得城市"摊大饼"现象和城市景观"蛙跳"现象严重。此外，人口的涌入和地价的攀升，导致企业和居民不得不向郊区转移，这势必会增加城市外围空间的开发，增加通勤成本，导致环境污染。一些区域中心城市，如南京、苏州、杭州等地的蔓延就属于这种类型。

第三，中心城市对其腹地的辐射作用逐渐增强。腹地城市土地供给量较大，价格普遍比中心城市低。随着中心城市第三产业的发展，在高昂的地租下，制造业不断向周边城市转移，用地面积陡增。同时，都市圈发展所带来的交通基础设施等方面的大量投入也使得这些城市的建成区面积不断增长。从增长倍数上来看，指数较大的一些城市是经济基础较为薄弱的小城市。同时，由发达城市经济快速发展所带来的溢出效应，以及地理邻近的区位优势，使得这些城市与1995年相比，得到了巨大的提升。例如，滁州市作为南京都市圈的成员，受到南京的强烈经济辐射，在基础设施、产业转移、民生等领域与南京的合作与联系

紧密。因此,蔓延指数和建成区面积增长倍数分别位列城市群第一位
(4.38)和第三位(4.53)。芜湖、马鞍山因为地理邻近性也不同程度地
受到南京的影响。

第二节　长三角城市群空间组织演变特征

本书前已述及,城市群空间组织包括城市群的结构、功能与规模等方
面。因此,本节重点考察长江三角洲城市群在结构、功能和规模三个方面
的演变过程的阶段性特征。考虑数据的获取和处理的方便,在分析结构
时,采用《中国城市统计年鉴》中各个地级市的经济总产值数据,利用
Geoda 软件测量得出欧氏距离,并计算分形维数。在计算功能分工指数
时,采用《中国城市统计年鉴》中的"租赁与商务服务业就业人口指标"与
"制造业、采矿业、电力燃气及水的生产和供应业就业人口指标"。在分析
城市群空间组织的规模时,以 30 个地级市和 50 个县级市为研究对象(在
运用 Zipf 法则测算长三角城市群空间组织规模时,根据长三角城市群规
划经过多次调整所包含的城市有较大变化的实际情况,选择其中 18 个具
有一定代表性的城市进行分析),采用 2013 年的数据,以《中国城市统计
年鉴》《浙江统计年鉴》和《江苏统计年鉴》中的第二、三产业就业人数之和
为非农就业人口指标。

一、结构与功能的演变特征

目前的研究成果显示,长三角城市群的空间结构以多核心、轴线性、
圈层式、网络化的特点演化。城市群空间组织的结构决定了其功能的发
挥,而功能的发挥又会对城市群空间组织结构产生反向作用。所以,我们
对结构与功能进行集成分析,以揭示长三角城市群空间组织演变过程中
的阶段性特征。

（一）研究方法

主要运用分形几何学、城市功能指数和位序-规模原理等，分析长江三角洲城市群的结构、功能、规模的演变特征。

1. 集聚维数与网格维数

城市体系的自相似性，表现出人文地理系统的自组织演化受到某种隐含规则的支配，具有优化趋向（刘继生 等，1999）。这一性质符合分形几何学的理论认识，有学者通过分析城市群的分形特征来揭示城市群空间结构的这种自组织演化过程，发现城市群空间结构的确有着分形特征。因此，本书运用分形几何学的理论来分析长三角城市群的空间结构特征。分形的数量特征主要通过分形维数描述，包括集聚维数、网格维数和关联维数等。我们选择集聚维数和网格维数的测度指标来揭示长三角城市群空间结构的表现及演变特征。

在城镇体系中，以某一城镇为中心，半径为 r 的圆周内有 $N(r)$ 个城镇，根据分形原理，可以确定数目 $N(r)$ 与相应半径 r 的关系：

$$N(r) \propto r^{D_f} \tag{4-1}$$

式中，D_f 为分维，可以表征城镇围绕中心城市的集聚度。考虑到半径 r 所取的单位不同会影响到最终分形维数的数值，因此将半径 r 转化为平均半径，通常定义平均半径为：

$$R_s = \left\langle \left(\frac{1}{S} \sum_{i=1}^{S} r_i^2 \right)^{\frac{1}{2}} \right\rangle \tag{4-2}$$

则一般有分维关系：

$$R_s \propto S^{1/D} \tag{4-3}$$

式（4-2）中，R_s 为平均半径，r_i 为第 i 个城市到中心城市的欧氏距离（即直线距离），S 为城市个数，〈〉表示取平均；式（4-3）中 D 为集聚维数。

同时，考虑到半径维数（从中心城市向周围腹地的密度衰减特征）能够反映城镇的分布密度，因此从式（4-1）可以引出关系：

$$\rho(r) \propto r^{D_f - d} \tag{4-4}$$

式中，$\rho(r)$ 为城镇体系空间分布密度；d 一般取 2。因此，当 $D_f < 2$ 时，$D_f - d < 0$，城镇体系中的点分布特征表现为密度从中心向四周递减；当 D_f

$=2$ 时，$D_f-d=0$，$\rho(r)$ 为常数，城镇体系的点均匀分布；当 $D_f>2$ 时，$D_f-d>0$，城镇体系中的点呈漏斗状分布，即密度从中心城市向四周递增，这并不是一种正常的情况。

在计算网格维数时，我们对研究区域进行网格化处理，每个网格的边长都是 r，考察在所有的网格中拥有城镇的网格数 $N(r)$，$N(r)$ 会随 r 而变化。若城镇的分布体现无标度性，则应有：

$$N(\lambda r)\propto\lambda^{-a}N(r) \tag{4-5}$$

从而

$$N(r)\propto r^{-a} \tag{4-6}$$

式（2-6）类比于豪斯多夫维数可知，$a=D_0$，为分维数（容量维数）。全区域共有 N 个城镇，在大网格中观察第 i 行、第 j 列的网格，令这一网格中的城镇数目为 N_{ij}，其概率可以近似为 $P_{ij}=N_{ij}/N$，于是有信息量

$$I(r)=-\sum_{i=1}^{K}\sum_{j=1}^{K}P_{ij}(r)\ln P_{ij}(r) \tag{4-7}$$

如果城镇体系是分形的，则应有：

$$I(r)=I_0-D_1\ln r \tag{4-8}$$

式中，I_0 为常数，D_1 为分维数（信息维数）。信息维数 D_1 与容量维数 D_0 一般不相等。当 $1<D<2$ 时，反映区域城镇空间分布的均衡性，D 越大表明城镇分布越均衡，反之就越集中；当 $D=0$ 时，表明城镇体系中所有的点集聚于一点，这种情况在现实中一般不会出现；当 $D\to1$ 时，表明城镇体系中的点表现出沿线（如铁路、公路、河流、海岸等）分布的状态；当 $D=d=2$ 时，表明区域城镇均匀分布。

2.城市群功能分工指数

我们把城市群功能分工的具体表现概括为：中心城市发挥组织与控制功能，周边城市发挥辅助与配合功能；生产性服务业主要集聚在中心城市，而一般制造业主要分布在周边城市。针对城市群出现的上述新型分工形式，学术界大多采用城市中企业管理人员占生产人员比重与全国企业管理人员占生产人员比重的差来直接测度城市间分工水平。具体计算公式如下：

$$FS_i(t) = \frac{\sum_{k=1}^{N} L_{ikm}(t) / \sum_{k=1}^{N} L_{ikp}(t)}{\sum_{k=1}^{N} \sum_{i=1}^{M} L_{ikm}(t) / \sum_{k=1}^{N} \sum_{i=1}^{M} L_{ikp}(t)} \tag{4-9}$$

式中，$\sum_{k=1}^{N} L_{ikm}(t)$ 表示在 t 时期 i 城市中所有产业的管理人员数；

$\sum_{k=1}^{N} L_{ikp}(t)$ 表示在 t 时期 i 城市中所有产业的生产制造人员数；

$\sum_{k=1}^{N} \sum_{i=1}^{M} L_{ikm}(t)$ 表示在 t 时期全国所有城市中所有产业的管理人员数；

$\sum_{k=1}^{N} \sum_{i=1}^{M} L_{ikp}(t)$ 表示在 t 时期全国所有城市中所有产业的生产制造人员数；m 代表管理人员；p 代表生产制造人员；i 代表城市，$i = 1, 2, \cdots, M$；k 代表城市中的产业，$k = 1, 2, \cdots, N$。若 $FS_i(t) > 1$，则表示在全国范围内管理部门在该城市群相对集中，表明该城市群的功能专业化程度较高；若 $FS_i(t) < 1$，则表示在全国范围内生产制造部门在该城市相对集中，表明该城市的功能专业化程度较低；若 $FS_i(t) \to 0$，则表示该城市的生产制造部门集中程度非常高，表明该城市功能专业化程度非常低。

3. Zipf 维数

找到一个既能刻画城市群空间结构，又可以分析城市群功能的方法，在学术界一直以来是一个难题。但从城市群空间结构决定城市群功能的角度，可以认为，必定有相应的城市群等级体系与城市群空间结构相对应。例如，极核式空间结构决定了中心城市的主导功能显著，对应首位型的城市分布体系。常用的齐夫（Zipf）分布和帕累托（Pareto）分布中的参数被证明具有分形维数的意义，也被认为两者的本质相同。所以，通过齐夫分布分形维数（Zipf 维数）来描述城市群空间结构和功能的双层特征具有科学性和科学性。

假定一个城市群由若干城市组成。在一定条件下，城市群中城市的数目 N 与城市人口 P 满足一定的规律，其关系如下：

$$P(K) = P_1 K^{-q} \tag{4-10}$$

将城市群内各个城市按照人口数从大到小排列，式中 K 为城市序号

（$K=1,2,\cdots,N$；N 为城市群中城市的总数）；$P(K)$ 是序号为 K 的城市的人口数；P_1 为排第一的城市的人口数；q 为 Zipf 维数。当 $q\rightarrow1$ 时，说明规模分布接近 Zipf 的理想状态；当 $q>1$ 时，说明规模分布比较集中，大城市突出，而中小城市发展较弱，首位度较高，这时城镇规模分布比较分散，人口分布差异程度大，首位城市的垄断性较强；当 $q<1$ 时，说明城市人口比较分散，分布在各等级城市里，高位次城市规模不是很突出，中小城市开始发展。进行多年对比，q 变大时，说明城市规模分布趋于集中的力量大于分散的力量；q 变小，说明分散的力量大于集中的力量。当 $q\rightarrow\infty$ 时，说明区域内只有一个城市；当 $q\rightarrow0$ 时，说明所有城市一样大，系统要素规模无分别。这两种极端情况实际中并不存在。

（二）主要结论

通过以上方法，本书初步分析了长三角城市群空间组织结构与功能的阶段性特征及其演变趋势。

1. 长三角城市群空间分布的向心性

以长三角城市群的 30 个地级市及 50 个县级市为研究对象，以上海为中心，根据城市距离上海、南京、杭州的空间距离排序，用式（4-2）计算平均半径，再绘制 $\ln S$ 和 $\ln R_S$ 的双对数坐标图（见图 4-6）。无标度区处于点 18 到点 80 之间，求出集聚维数为 1.6627，决定系数为 0.9867；以杭州和南京为中心的集聚维数分别为 1.5850 和 1.3841，决定系数分别是 0.9859 和 0.9945。以上海、南京和杭州为测算中心得到的集聚维数都小于 2，说明在长三角城市群中三个核心城市都具有一定的集聚性，城市分别向着三个核心城市聚集，并且城市分布密度从中心城市向周边地区降低。其中，以上海为测算中心的聚集维数最大，表明上海作为国际性的经济、金融、贸易和航运中心，在长三角城市群中占有核心地位。而上海、杭州和南京的集聚维数相差不大，说明长三角城市群正在由单中心的极核模式向以上海、南京、杭州等为中心的多中心模式转变。此外，杭州的集聚维数比南京的略大，说明杭州的集聚能力比南京的集聚能力强。

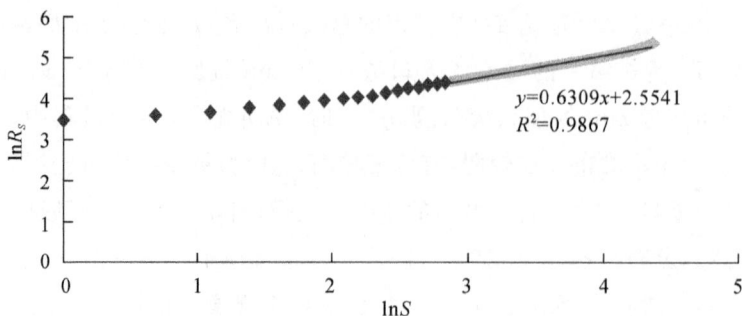

图 4-6　以上海、杭州、南京为中心的集聚维数双对数坐标

2.长三角城市群空间分布的均衡性

对长三角城市群选取一个 1500 千米×1500 千米的矩形区域，进行窗口分析。考虑到研究结果的严谨性和准确性，我们选取较大的样本量，以30 个地级市和 50 个县级市为研究对象。把 1500 千米×1500 千米的矩形边长视为单位 1，将各边长 K 等分，形成 K^2 个小单元，每个单元的边长为 $r=1/K$。然后计算出被分形点占据的网格数 $N(r)$，以及第 i 行第 j 列网格中包含的分形点数目 $N_{ij}(r)$，从而得到概率 $P_{ij}(r)=N_{ij}(r)/N$，然后根据式(2-7)计算相应的 $I(r)$，得到表 4-8。

在此基础上，分别对点（$\ln K$，$\ln N(r)$）和（$\ln K$，$I(r)$）绘制散点图，并对无标度区进行线性回归，计算得到相应的容量维数和信息维数。通过计算，得到长三角城市群的容量维数为 1.2365，决定系数是 0.9759；信息维数为 1.3175，决定系数是 0.9950。容量维数与信息维数均大于 1 小于2，表明城市群空间分布正处于由沿线（如铁路、高速、河流、海岸等）分布状态向均匀分布过渡的阶段，即由轴线向均衡化发展的阶段。

就城市群空间分布的向心性而言，南京和杭州的集聚维数具有向上海的集聚维数靠拢的趋势。说明长三角城市群空间结构已逐步由以上海为单极核的空间结构过渡到以上海、南京和杭州为中心的多中心结构，城市分布的密度由中心向外围逐渐递减，但上海仍然在长三角城市群中具有核心地位。就城市群空间分布的均衡性而言，维数大于 1 小于 2，说明城市群空间结构表现出由轴线向圈层及网络化发展的趋势。归纳可知，长三角城市群空间组织的结构正处于从点轴式发展阶段向圈层式发展阶段过渡的时期。城市群内还存在着基于城市间经济联系程度的圈层结构,城市群内经济联系密切的城市有可能形成次级城市群。

表 4-8 标度 K 下的 N 值和 I 值

量	数值								
K	2	3	4	5	6	7	8	9	10
N	4	8	12	14	20	29	35	37	40
$I(r)$	1.2	1.75	2.05	2.42	2.69	2.94	3.12	3.31	3.42
K	11	12	13	14	15	16	17	18	19
N	44	46	54	55	59	61	61	66	68
$I(r)$	3.53	3.65	3.7	3.85	3.9	3.97	4.03	4.03	4.12

注:以上数据采用 Geoda 地理统计软件生成直线距离,通过网格维数计算整理得到。

3.长三角城市群空间组织的功能分工特征

利用式(4-9)测算长三角城市群的功能分工水平。考虑到数据的可获得性,以 2005—2013 年长三角城市群各城市城区租赁与商务服务业就业人员与制造业、采矿业、电力燃气及水的生产和供应业就业人员之比,占全国范围内两者之比的比重计算得到长三角城市群的功能分工水平。2005—2013 年长三角城市群功能分工演化的阶段性特征如图 4-7 所示。

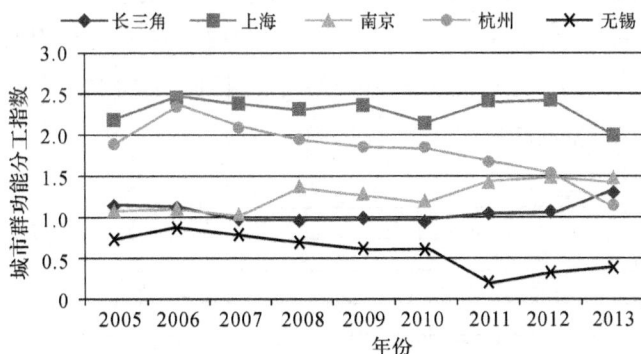

图 4-7 2005—2013 年长三角城市群功能分工趋势变动

从城市群总体看,长三角城市群对比全国的功能分工指数基本都大于 1,早些年有减小的趋势;说明在全国范围内组织、管理和控制部门在长三角城市群相对集中,表明长三角城市群的功能专业化程度较高。从城市群内部城市看,核心城市自身的管理服务功能水平总体上呈现上升趋势,外围城市自身的管理功能水平在下降。上海的功能分工指数最高,且都大于1,体现了其较强的管理层集聚和生产性服务业集聚的特征。上海的功能分工水平虽先上升后下降,但总体趋势仍上升,其中2011年上海的功能分工指数上升幅度较大,主要原因是上海在2011年的第三产业发展成效明显,并向周围区域扩散制造业等第二产业。而无锡市的功能水平小于1,表示在长三角城市群范围内生产制造部门在该城市相对集中,功能分工水平较低,且呈下降趋势。从城市群中心城市与周围城市的对比来看,总体上呈现出中心城市功能分工水平远远高于周围城市功能分工水平的态势,并且两者差距有不断扩大的趋势。这从一定程度上说明了长三角城市群的企业研发中心、管理层和服务业在向中心城市集聚,长三角城市群的功能分工水平在上升。

4. 长三角城市群空间组织结构与功能的演变趋势

为了扩大回归的样本数,在计算长三角城市群空间结构分形维数(帕累托指数)时,所采用的样本是城市群内所有县级市的非农业人口数和地级市市辖区内非农业人口数。其中,2013年有80个样本数,而由于长三角城市群区域范围的变化,2012年之前的样本数均有减少。对2005—2013年间长三角城市群的非农人口 $P(K)$ 和城市序号 K 分别取对数,得到 $\ln P(K)$ 和 $\ln K$,再用 $\ln P(K)$ 和 $\ln K$ 作线性回归,得到2005—2013年长三角城市群空间组织 Zipf 维数(见图4-8)。

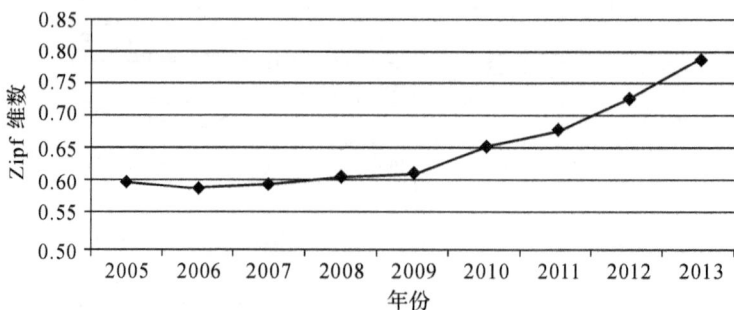

图4-8 2005—2013年长三角城市群空间组织 Zipf 维数演变

2005—2013 年的 Zipf 维数都小于 1,说明长三角城市群中城市人口比
较分散,分布在各等级城市中。即长三角城市群呈现位序-规模型空间分布
特征,人口规模分布合理,功能分工专业化程度较高。从总体趋势上看,
Zipf 维数逐年上升,说明 2005—2013 年,长三角城市群趋于集中的力量大
于分散的力量,总体上表现为从极核式空间组织向圈层式空间组织演变的
过程。从首位型向位序-规模型的演进不仅是结构和规模等级的优化,而且
是整体功能升级的过程,这与城市群功能分工测度的结果大体一致。

由于资源禀赋、区位条件、发展历史等方面的差异,城市除了拥有其
生存发展的一般性功能外,还会形成一定的优势和特殊职能,从而在城市
群内形成特定的职能分工体系。城市群职能分工体系是指城市群内各城
市通过劳动地域分工在区域内形成的职能分工,强调的是城市间的分工
协作关系和地域专业化程度。城市群职能分工体系的形成依托城市群的
空间结构。合理的规模等级结构和空间结构能保证城市的对外服务通过
一定的梯度进行转移和扩散,职能分工体系体现了区域的等级规模结构
和空间结构的总体特征与空间属性。

二、长三角城市群空间组织的规模演变及特征

本书前文从城市化进程的角度对长三角城市群的规模演变过程进行
了测算和分析,为更为全面地分析长三角城市群空间组织的规模演变过
程及特征奠定了基础。本节在掌握长三角城市群人口规模和经济规模演
变特征的前提下,运用研究城市区域规模分布更为科学和准确的方法,即
位序-规模原理对长江三角洲城市群的规模分布进行测算,并结合城市群
的结构与功能进行分析,从集成和综合的角度揭示其阶段性演变特征。

(一)长三角城市群人口和经济规模演变过程的阶段性特征

1. 人口规模演变

根据人口统计数据,利用 SPSS 19.0 统计分析软件对长三角城市群
的 30 个城市进行规模聚类分析。上海作为唯一的超大型城市,无法参与

分组,不进行聚类,自成一类。长三角城市群人口规模分组及演变特征如表 4-9。

表 4-9　长三角城市群人口规模分组及演变特征

年份	组别	城市人口规模/万人	数量/个	城市
2005	第一组	1000＞P＞900	1	徐州
	第二组	800≥P＞600	4	盐城、南通、温州、杭州
	第三组	600≥P＞500	7	苏州、南京、台州、宁波、淮安、宿迁、泰州
	第四组	500≥P＞400	7	连云港、扬州、金华、无锡、合肥、绍兴、滁州
	第五组	400≥P＞200	8	常州、嘉兴、镇江、湖州、丽水、衢州、淮南、芜湖
	第六组	P≤200	1	马鞍山
2008	第一组	1000＞P＞900	1	徐州
	第二组	900≥P＞800	1	盐城
	第三组	800≥P＞600	5	南通、温州、杭州、苏州、南京
	第四组	600≥P＞500	5	台州、宁波、淮安、宿迁、泰州
	第五组	500≥P＞400	7	连云港、合肥、无锡、扬州、金华、滁州、绍兴
	第六组	400≥P＞200	8	常州、嘉兴、镇江、湖州、丽水、衢州、淮南、芜湖
	第七组	P≤200	1	马鞍山
2011	第一组	1000＞P＞900	1	徐州
	第二组	900≥P＞800	1	盐城
	第三组	800≥P＞600	5	温州、南通、杭州、苏州、南京
	第四组	600≥P＞500	5	台州、宁波、宿迁、淮安、泰州
	第五组	500≥P＞400	7	连云港、合肥、金华、无锡、扬州、滁州、绍兴

续表

年份	组别	城市人口规模/万人	数量/个	城市
2011	第六组	400≥P>200	8	常州、嘉兴、镇江、湖州、丽水、衢州、淮南、芜湖
	第七组	P≤200	1	马鞍山
2014	第一组	1100>P>1000	1	徐州
	第二组	900≥P>800	2	盐城、温州
	第三组	800≥P>600	5	南通、合肥、杭州、苏州、南京
	第四组	600≥P>500	6	台州、宁波、宿迁、淮安、连云港、泰州
	第五组	500≥P>400	5	金华、无锡、扬州、滁州、绍兴
	第六组	400≥P>200	9	芜湖、常州、嘉兴、镇江、丽水、湖州、衢州、淮南、马鞍山

注:上海和舟山规模不成组,且分别位于规模结构最高端和最低端。2005年长三角城市群人口总量为14596.4万人,2008年长三角城市群人口总量为14912.3万人,2011年长三角城市群人口总量为15175.2万人,2014年长三角城市群人口总量为15884.3万人。

表4-9显示,长三角城市群总人口大体逐年上升,从2005年的14596.4万人上升至2014年的15884.3万人,总人口增加1287.9万人。从2005年到2014年,长三角城市群人口规模分组大体呈金字塔结构。徐州是除上海之外人口最多的城市,盐城和温州是人口增长相对较快的城市,马鞍山是除舟山之外人口最少的城市,其人口突破200万人以后不再单独成组。

2.经济规模演变

以城市的经济发展数据为依据,采用各城市GDP数据进行分组,利用SPSS 19.0统计分析软件对长三角城市群的30个城市进行经济规模聚类分析。上海作为唯一的超大型城市,无法参与分组,不进行聚类,自成一类。长三角城市群经济规模分组及演变特征如表4-10所示。

表 4-10　长三角城市群经济规模分组及演变特征

年份	组别	城市经济规模/亿元	数量/个	城市
2005	第一组	4000＞P＞2000	4	苏州、杭州、无锡、宁波
	第二组	2000≥P＞1000	8	南京、温州、绍兴、南通、台州、常州、徐州、嘉兴
	第三组	1000≥P＞700	5	金华、盐城、扬州、镇江、泰州
	第四组	600≥P＞400	4	湖州、合肥、淮安、连云港
	第五组	400≥P＞200	8	滁州、芜湖、宿迁、衢州、马鞍山、丽水、淮南、舟山
2008	第一组	6000＞P＞3000	5	苏州、杭州、无锡、宁波、南京
	第二组	3000≥P＞1000	13	温州、南通、绍兴、常州、台州、徐州、嘉兴、金华、盐城、合肥、扬州、镇江、泰州
	第三组	900≥P＞700	2	湖州、淮安
	第四组	700≥P＞400	8	连云港、芜湖、宿迁、马鞍山、衢州、滁州、丽水、舟山
	第五组	400≥P＞200	1	淮南
2011	第一组	10000＞P＞9000	1	苏州
	第二组	6000≥P＞3000	6	杭州、无锡、宁波、南京、南通、常州
	第三组	3000≥P＞2000	10	徐州、温州、绍兴、合肥、台州、盐城、嘉兴、扬州、金华、泰州
	第四组	2000≥P＞1000	6	镇江、淮安、湖州、连云港、芜湖、宿迁
	第五组	900≥P＞600	6	马鞍山、衢州、滁州、丽水、舟山、淮南

续表

年份	组别	城市经济规模/亿元	数量/个	城市
2014	第一组	14000>P>13000	1	苏州
	第二组	10000≥P>7000	4	杭州、无锡、南京、宁波
	第三组	6000≥P>3800	6	南通、合肥、徐州、常州、温州、绍兴
	第四组	3800≥P>2900	7	盐城、扬州、台州、嘉兴、金华、镇江、泰州
	第五组	2900≥P>1000	8	淮安、芜湖、湖州、连云港、宿迁、马鞍山、滁州、衢州
	第六组	1000≥P>800	3	丽水、舟山、淮南

注:上海经济规模不成组,且位于规模结构最高端。2005 年长三角城市群经济总量为 36694.7757 亿元,2008 年长三角城市群经济总量为 59602.2992 亿元,2011 年长三角城市群经济总量为 91969.9725 亿元,2014 年长三角城市群经济总量为 130292.4210 亿元。

表 4-10 显示,长三角城市群经济总量大幅度上升,从 2005 年的 36694.7757 亿元上升至 2014 年的 130292.4210 亿元。长三角城市群城市经济规模分组在 2014 年大体呈金字塔结构,苏州是除上海之外经济总量最高的城市,而丽水、舟山以及淮南三个城市则相对落后。

2005 年,长三角城市群空间组织已呈现出点轴结构的阶段性特征,但仍保留部分极化发展阶段的特征。此时,长三角城市群中除上海以外,经济规模小于 4000 亿元大于 2000 亿元的有苏州、杭州、无锡、宁波 4 个城市,表明长三角城市群从 2005 年到 2008 年已经从极化结构缓慢演变为点轴结构。极化发展阶段的特点为单个核心城市集聚发展,其余分散城市的规模等级差别较小,城市群由一个能够发挥中心集聚功能的大城市和若干中小城市组成。2005 年,虽然已经有 4 个经济规模仅次于上海的城市的集聚规模较高,但从聚类分析来看,除了上海一个中心城市和四个集聚规模相对较高的城市,剩下的 25 个城市经济规模差距较小,整体发展水平不高。由此可以推断,长三角城市群虽然步入了点轴阶段,但仍是由一个中心程度较高、集聚作用较强的中心城市上海、4个副中心城市和25个分散的等级规模差距较小的城市组成。对应于点轴结构，其功能主要以要素和产业集聚为主，对低等级城市及腹地区域的辐射和影响力还不强，整个城市群体系的功能分工与互补格局还没有形成。

2008年，长三角城市群仍处于点轴结构阶段，但极化阶段的特征已经消失。首先，2008年长三角的经济总量为59602.2992亿元，与2005年相比上升了22907.5235亿元。其中，经济规模大于1000亿元的城市增加了6个，在长三角城市群30个城市中已有19个城市经济规模大于1000亿元。其次，城市群中小于等于400亿元的小规模城市数量在减少，到2008年经济规模小于等于400亿元的仅有淮南一个城市。这足以说明长三角城市群在中心城市的辐射作用下，内部经济规模差距在逐渐缩小。苏州、杭州、无锡、宁波和南京等副中心城市也逐渐发挥了辐射作用，中心城市与周边城市之间的联系加强，中心城市、副中心城市在集聚要素和产业的同时，逐渐与低等级中心城市及腹地区域形成功能分工和互补的雏形。

2011年以来，长三角城市群空间组织的结构已进入圈层阶段。各副中心城市周围的低等级中心城市的经济规模在扩大，呈现出较小规模等级城市数量逐渐减少，中等规模城市数量不断增多的趋势。长三角城市群形成了由作为核心的上海，作为副中心的杭州、南京、宁波等，以及二级城市和更低等级中心城镇构成的空间结构，与此对应的各圈层内城市的产业结构、城市规模层级依次降低。圈层状结构有利于高等级中心城市与低等级中心城市的联系趋向紧密，使城市群的功能分工更明确，互补性更强。长三角城市群在空间规模、人口规模和经济规模上都呈现出不断上升态势，且增幅比较明显。

2014年以来，长三角城市群内各个城市的人口均超百万，其总体规模呈上升趋势，人口和GDP规模分布均呈金字塔形。但人口规模与经济规模并不匹配，即人口多的城市并不一定能创造更多的GDP，因而长三角城市群在人口规模与经济规模方面存在一定的不匹配性。从整个城市群来看，距离上海越近的城市，其GDP总量往往越高；距离三个副中心较近的城市，其GDP总量也比较高。但随着国家层面对长三角城市群在制度方面的实施,这一分布态势有所改变。这是由于城市群空间结构自身调节机制所带来的某种程度的自组织性,使得结构变化得以被限制在一定的边界以内,而一旦调节机制失控或受到外部力量的干预,则有可能导致原有内在的转化规律变更,进而改变原有空间结构及相应的功能,从而影响长三角城市群的整体规模。

(二)长三角城市群规模分布的测度

关于 Zipf 法则的理论含义与应用,我们在分析长三角城市群空间组织的结构与功能的相关内容中已有所涉及。现在,我们运用 Zipf 法则,重点分析长江三角洲城市群的城市规模等级分布,以刻画长江三角洲城市群空间组织演变的阶段性特征。考虑 2004 年以来,长三角城市群经过多次调整规划,所包含的城市有较大变化,我们选择其中 18 个具有一定代表性的城市进行分析。Zipf 法则的公式为:

$$S_i = \frac{a}{R_i}$$

其中,S_i 表示城市 i 的人口总数,R_i 表示它的位序,a 是系数。

对 Zipf 法则的公式加以修改,以因子分析法构建的长三角城市群城市化进程的绝对指标代替城市人口总数 S_i,并确定位序 R_i,得到长三角城市群城市规模分布函数 $R \cdot S^a = A$ 以及表 4-11。

表 4-11 长三角城市群城市化数值与位序

城市	2014 年		2009 年		2004 年	
	S_i	R_i	S_i	R_i	S_i	R_i
上海	15733.94	1	8868.49	1	4176.35	1
南京	6450.01	4	2659.02	4	1260.84	5
无锡	5465.80	6	2362.55	6	1271.70	4
常州	4071.39	7	1457.89	9	782.03	10
苏州	8101.23	2	3538.42	2	1690.31	2
南通	4070.11	8	1473.58	8	788.96	8
盐城	2767.00	17	910.48	16	548.11	15

续表

城市	2014 年		2009 年		2004 年	
	S_i	R_i	S_i	R_i	S_i	R_i
扬州	2979.69	14	990.96	13	547.32	16
镇江	3095.44	13	974.64	14	593.69	13
泰州	2907.55	16	932.02	15	530.46	17
杭州	7007.45	3	3079.59	3	1522.36	3
宁波	5652.55	5	2367.08	5	1240.69	6
嘉兴	3760.25	10	1244.30	11	770.89	11
湖州	2943.23	15	855.58	17	559.80	14
绍兴	4069.95	9	1484.32	7	868.64	7
金华	3632.83	11	1195.62	12	708.23	12
舟山	2740.85	18	677.89	18	435.42	18
台州	3579.87	12	1270.69	10	787.96	9

将城市规模分布函数线性化,得到:

$$\ln R_i = \ln A - \alpha \ln S + \varepsilon_i$$

式中,α 为 Pareto 指数。

对每个时期的城市采用普通最小二乘法(ordinary least squares, OLS)确定 $\ln A$ 与 α,得到表 4-12 以及图 4-9。

表 4-12 　基于 OLS 法测得的各时期城市规模分布函数系数

变量	2014 年	2009 年	2004 年
$\ln A$	16.41	11.11	11.67
α	1.72	1.23	1.42

注:每个系数都在 1% 的水平下显著。

由表 4-11 和图 4-9 可得,长三角城市群城市规模分布符合位序法则,排在前三位的依次是上海、苏州和杭州。南京、无锡和宁波市虽位序略有升降,但稳定在第 4～6 位。值得注意的是,二级城市中,绍兴作为 2004 年、2009 年的第 7 位在 2014 年下降到了第 9 位,而常州的位序不断向前靠,从 2004 年的第 10 位上升到 2014 年的第 7 位。

表 4-12 数据显示,lnA 与 Pareto 指数 α 在 2009 年出现一定程度的下降,但在 2014 年快速上升。考虑到 2009 年为 2008 年金融危机后的第一年,lnA 与 Pareto 指数 α 较 2004 年低比较符合实际。

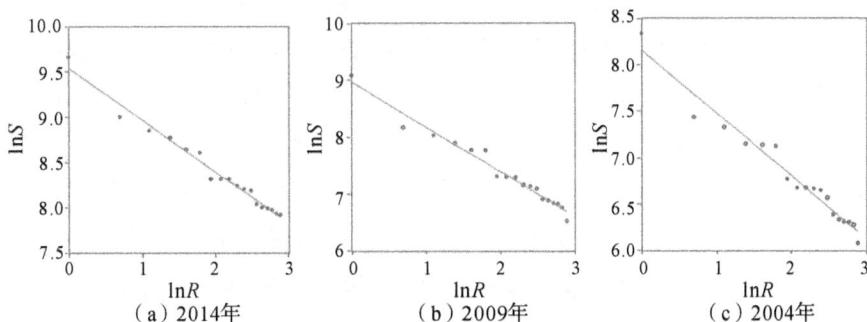

图 4-9　2014 年、2009 年、2004 年城市规模分布函数

综上所述,城市群产业空间集聚与扩散的不断增强,人口规模与经济规模的扩大,形成内生的自增强动力,导致城市群空间规模的外延与扩展。在城市群发展初期,由于城市区域内资源禀赋和区位条件存在差异,经济发展所需要素首先表现为产业组织在共同利益驱动下向资源禀赋丰富和区位发展条件优越的核心区集中,形成产业集聚区。产业组织在核心区集聚,形成规模经济,实现集聚效益,并带动相关产业的发展,城市群区域的人口与经济规模开始扩大。当产业集聚到一定阶段时,产业组织和人口的高度集中,导致集聚经济边际收益递减,部分产业组织的经济活动便会向中心城市的腹地区域扩散,通过辐射和扩散等作用对腹地区域的产业发展产生积极影响,推动腹地区域经济规模扩大,中心城市及副中心城市影响的空间范围逐渐扩展。同时,城市群规模的扩大又为中心和副中心及更低等级中心城市提供了更大范围集聚要素的空间,使城市群内的产业集聚与扩散趋向更高水平,城市群的规模等级结构得以优化。

在资源和要素不能完全自由流动的实际情况下,各个城市在经济交往中往往按照比较利益的原则,选择并发展优势产业,以提高整体经济效率,满足城市经济运行的需求,城市群区域内的产业分工就此形成。区域内的各城市在依靠产业比较优势进行生产的同时,会按照平等互换、合理分工、发挥优势的原则，积极开展城市间的分工协作，逐步建立多级区际分工体系，使城市群区域经济有机耦合成一个统一、协调的经济整体。在产业集聚与扩散的驱动下，城市群空间结构的演化从初始阶段孤立、分散的无序状态演化为结构有序、功能互补的平衡有序状态。产业集聚和产业扩散影响着城市的选址及规模。各城市在区域内的分布会表现出一定的空间形态，包括极核、轴带、圈层、网络等。在交易效率较高的条件下，极核对周边地区的辐射力以"圈"的形式向外均匀扩散，形成以极核城市为中心，半径不同的圆周上分布卫星城市群、乡镇群的圈层结构，城市的圈层划分以空间距离为依据。随着城市群经济的发展，极核之间的联系更为紧密，产业集聚、扩散的路径纵横交错，客观条件的改善（科技创新、通信技术与交通设施优化）使得极核城市的辐射能力加强，基于空间距离和经济关联度的城市圈层形态也更为显著，并趋向于网络化结构的演变。城市群发展的不同阶段可能呈现出不同的空间形态，有些发展较成熟的城市群会同时具备多种形态特征。产业对集聚经济的追求使得生产要素和经济活动不断向城市集聚，最终导致城市规模的扩大和空间范围的扩张，而城市规模的扩张又进一步增强了产业的集聚，以此推动城市区域空间结构的发展，最后达到两者的动态平衡。在产业群落的空间演化进程中，产业聚集和扩散相互依存，交替发展，并在一定条件下相互转换，形成集聚—扩散—再聚集—再扩散的产业演变过程，推动城市群经济由极化—点轴阶段（区域）向圈层—网络化阶段（区域）演变。

在城市群发展的初期阶段，各城市经济发展水平差异不大，但由于城市间资源禀赋不同，一些在空间分布上有集聚需求的经济部门或企业会根据区位条件选择城市及城市区域，由此产生了产业在城市的集聚现象。在一个城市群内会同时存在多个产业集聚点，各个点由于行业构成、资源禀赋、发展基础、区位条件等因素的差异，其集聚的路径和规模各不相同。如果某个城市的产业集聚吸引力较强，并得到了良好的发展机遇（政策的支持、交通线路的建设等），该城市就有可能成为整个城市群的增长极核。极核城市往往是城市群内经济发展速度较快，且规模等级较高的城市，具有极强的扩散能力和辐射范围。极核与周边地区、极核之间会产生多种影响:一是吸引要素在极核城市集聚;二是向周围地区输送产品和服务;三是增强经济和社会联系。这意味着极核与周边地区、极核之间形成了互补关系。在经济利益最大化的驱动下,这种互补关系通过产业集聚与扩散实现。产业的集聚与扩散会自发寻求阻力最小的路径,即通过交通、通信、动力供给等线路转移。产业的集聚与扩散优化周围的空间结构,促进产业链的延伸,逐渐形成沿产业集聚与扩散路径的轴带及相应的功能。

案例分析(1):苏锡常城市群空间组织演变特征

一、案例背景

　　苏锡常城市群是长三角城市群的组成部分,其空间组织的演变特征具有一定的典型性和代表性,对其进行研究,可以从城市群的更小尺度认识城市群空间组织的阶段性演变特征。本案例主要从空间结构和功能两个方面运用分形理论对苏锡常城市群空间组织的演变特征进行分析。通过测算苏锡常城市群的集聚维数、网格维数和关联维数,并结合 C-D 函数,分析苏州、无锡、常州三个核心城市的要素功能,我们发现苏锡常城市群空间组织的核心城市不明确,主导功能不清晰。

　　苏锡常城市群是长江三角洲城市群的组成部分,位于长江三角洲的核心区域,是江苏省对外开放的前沿与先导、先进制造业与创新基地。苏锡常城市群空间效率的提升对于长江三角洲城市群空间结构的优化和功能的增强,以及加快江苏省的城市化进程发挥着重要作用。而进一步增强苏锡常城市群的空间协调性,整合苏锡常城市群的空间资源,尤其是如何优化苏锡常城市群的网络化空间结构成为目前进一步增强其空间功能的主要问题之一(陶闽齐 等,2003)。同时,行政区划与区域经济之间的冲突是苏锡常城市群空间优化过程中须解决的关键性矛盾(顾松年,2003)。针对这些问题,我们从案例的角度分析苏锡常城市群空间组织,并进行实证研究，以准确认识其空间结构和功能的状态与演变过程。我们尝试把分形理论与 C-D 函数结合起来分析苏锡常城市群的空间结构与功能，在此基础上进一步研究该地区城市群的空间组织优化问题。我们以城市群经济功能的空间表现为分析视角，从中心城市的集聚效应、周边城市的协作效应和整体功能的放大效应三个方面考察，认为城市群空间组织是城市群各要素在空间中的相互作用及其所形成的空间集聚程度和集聚形态（城市群空间结构），以及城市群内部结构和外部形态表现出的整体功能。

二、苏锡常城市群空间结构的分形特征

苏锡常城市群位于江苏省南部，区位比较优势明显，东依上海，南临太湖，是长三角城市群重要一翼。苏锡常城市群以苏州、无锡、常州 3 个省辖市为核心，以所辖的 9 个县级市（苏州所辖的常熟市、张家港市、昆山市、吴江市、太仓市；无锡所辖的江阴市、宜兴市；常州所辖的溧阳市、金坛市）为主要经济腹地，依托沪宁铁路、沪宁高速、京杭大运河、苏嘉杭高速等促进经济要素的集聚和扩散，形成多核心的网络型城市地域系统。苏锡常城市群内部自然禀赋、地理因素都比较相似，历史文化、工业化进程、社会发展水平也都相近，从产业结构（产业集中在机械、服装、电子、制药等领域）、空间结构（三核心）和城市功能来看，苏州、无锡、常州三市差异很小。各城市之间产业结构雷同，使城市群区域难以发挥整体的比较优势和规模经济效应，导致生产能力闲置和资源浪费，城市群的空间效率和系统性降低。苏锡常城市群空间效率的提升需要优化城市地域系统的空间结构和加强中心城市的功能整合，进一步突出节点城市之间的功能异质性和联系性。因此，揭示苏锡常城市群空间组织特征，以优化其空间结构和增强空间功能，成为目前苏锡常城市群提升空间效率的主要问题。

描述分形的有效参数是分形维数，维数是反映空间现象的重要参量。在刻画城镇体系的空间结构方面，主要通过三种分形维数——集聚维数、网格维数和空间关联维数进行分析（刘继生 等，1999；刘继生 等，1995）。

我们以这三个维数为基础,结合具有分形特征的 C-D 函数,描述苏锡常城市群的空间组织特征。

(一)集聚维数:苏锡常城市群空间分布的向心性分形特征

在城镇体系中,以某一城镇为中心,半径为 r 的圆周内有 $N(r)$ 个城镇,根据分形原理,可以确定数目 $N(r)$ 与相应半径 r 的关系:

$$N(r) \propto r^{D_f} \tag{1}$$

式中,D_f 为分维,可以表征城镇围绕中心城市的集聚度。考虑到半径 r 的单位会影响分维的数值,因此将其转化为平均半径,定义平均半径为:

$$R_s = \langle \left(\frac{1}{S} \sum_{i=1}^{S} r_i^2 \right)^{\frac{1}{2}} \rangle \tag{2}$$

则一般有分维关系:

$$R_s \propto S^{1/D} \tag{3}$$

式(2)中,R_s 为平均半径,r_i 为第 i 个城镇到中心城镇的欧氏距离(即直线距离),S 为城镇个数,$\langle \rangle$ 表示取平均;式(3)中 D 为集聚维数。由于城镇体系的半径维数可以反映城镇分布从中心城市向周围腹地的密度衰减特征,因此从式(1)引出关系:

$$\rho(r) \propto r^{D_f - d} \tag{4}$$

式中,$\rho(r)$ 为城镇体系的空间分布密度;d 一般取 2。因此,当 $D_f < 2$ 时,$D_f - d < 0$,城镇的要素分布密度从中心向四周递减;当 $D_f = 2$ 时,$D_f - d = 0$,$\rho(r)$ 为常数,城镇体系的要素均匀分布;当 $D_f > 2$ 时,$D_f - d > 0$,城镇体系的要素分布呈漏斗状,即密度从中心城市向四周递增,这是一种非正常的情况。

根据上述集聚维数分形模型,分别以苏州、无锡和常州为中心城市,量取各城市到中心城市的空间距离(本案例以欧式距离,即直线距离为准),通过式(2)计算得出平均半径(见表1)。

表1　以苏州、无锡、常州为中心的集聚维数测算数据　　　单位：千米

城市	苏州	无锡	常州
苏州	0	32.21	50.24
吴江	13.72	42.42	54.09
昆山	25.15	46.07	60.47
无锡	29.57	0.00	29.57
常熟	32.44	37.70	46.46
太仓	36.75	52.35	65.46
张家港	41.72	36.29	36.75
宜兴	46.46	40.02	32.44
江阴	50.24	27.51	13.72
常州	54.09	34.65	0.00
溧阳	60.47	55.08	41.72
金坛	65.46	48.99	25.15

注：数据来自《江苏省地图册》(2009年版)，中国地图出版社。

在 Excel 中，以 $\ln S$ 为横坐标，以 $\ln R_S$ 为纵坐标绘制散点图，发现存在明显的无标度区，说明存在分形特征，再对无标度区范围进行回归，可以得到 x（也就是 $\ln S$）的系数，即为集聚维数（见图1），图1中只标识了无标度区的数据。图1显示，以苏州为中心城市，其余11个城市为腹地的集聚函数为 $\ln R_S = 0.6917\ln S + 2.411$，集聚维数 $D = 1/0.6917 = 1.4457$，测定系数 $R^2 = 0.9865$；以无锡为中心城市的城市群的集聚函数为 $\ln R_S = 0.6076\ln S + 2.4964$，集聚维数 $D = 1/0.6076 = 1.6458$，测定系数 $R^2 = 0.9959$；以常州为中心城市的城市群的集聚函数为 $\ln R_S = 0.625\ln S + 2.6434$，集聚维数 $D = 1/0.625 = 1.6$，测定系数 $R^2 = 0.9861$。三个集聚维数都小于2，说明在苏锡常城市群中，三个核心城市都具有一定的集聚性，其他城市向着三个核心城市聚集，并且从中心城市向周围地区分布的密度递减。三个集聚系数较相近，说明这三个地区的集聚能力相近，只有苏州表现得较为突出，说明苏锡常地区空间集聚的特点不明显。

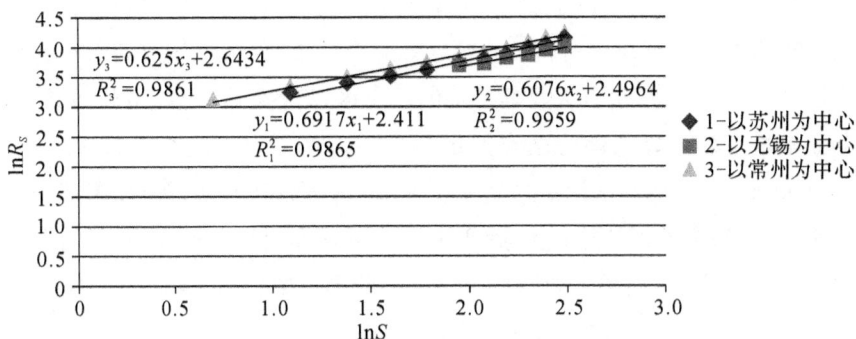

图 1　苏锡常三市随机集聚分布

(二)网格维数:苏锡常城市群空间结构的均衡性分形特征

对研究区域进行网格化处理,每个网格的边长都是 ε,考察在所有的网格中拥有城镇的网格数 $N(\varepsilon)$,$N(\varepsilon)$ 会随 ε 而变化。若城镇的分布体现无标度性,则有:

$$N(\varepsilon) \propto \varepsilon^{-\alpha} \tag{5}$$

式(5)类比于豪斯多夫维数可知,$\alpha = D_0$,为分维数(容量维数)。全区域共有 N 个城镇,在大网格中观察第 i 行、第 j 列的网格,令这一网格中的城镇数目为 N_{ij},其概率可以近似为 $P_{ij} = N_{ij}/N$,于是有信息量

$$I(\varepsilon) = -\sum_{i=1}^{K} \sum_{j=1}^{K} P_{ij}(\varepsilon) \ln P_{ij}(\varepsilon) \tag{6}$$

如果城镇体系是分形,则应有:

$$I(\varepsilon) = I_0 - D_1 \ln\varepsilon \tag{7}$$

式中,I_0 为常数,D_1 为分维数(信息维数)。容量维数 D_0 与信息维数 D_1 一般不相等,$D_1 < D_0 < d = 2$。当 $1 < D < 2$ 时,反映区域城镇空间分布的均衡性,D 越大表明分布越均衡,反之就越集中;当 $D = 0$ 时,表明所有的城镇集中于一点,这种情况在现实中一般不会出现;当 $D \to 1$ 时,表明城镇体系均匀地集中到一条线(如铁路、高速、河流、海岸等)上;当 $D = d = 2$ 时,表明区域城镇均匀分布。

在地图上对苏锡常地区选取一个矩形区域,进行窗口研究。由于苏锡常只有 12 个县级及以上城市，难以用网格维数研究。所以，把研究范围扩充为苏州市区及其所辖的 6 个区和 5 个县市，无锡市区及其所辖的 6 个区、2 个县市和常州市区及其所辖的 5 个区、2 个县市，可以清晰地看出苏锡常城市群是以太湖为基点的扇形区域。而划定的这个矩形中共有 29 个单元，即 $N=29$。设矩形边长为单位 1，将各边长 K 等分，形成 K^2 个小单元，每个单元的边长为 $\varepsilon=1/K$。然后计算出被分形点占有的网格数 $N(\varepsilon)$，以及第 i 行第 j 列网格中包含的分形点数目 $N_{ij}(\varepsilon)$，从而得到概率 $P_{ij}(\varepsilon)=N_{ij}(\varepsilon)/N$，根据式(7)计算相应的 $I(\varepsilon)$，如表 2 所示。

表 2　标度 K 下的 N 值和 I 值

量	数值								
K	2.000	3.000	4.000	5.000	6.000	7.000	8.000	9.000	10.000
N	4.000	8.000	10.000	15.000	16.000	16.000	18.000	17.000	20.000
$I(\varepsilon)$	1.240	1.917	2.091	2.348	2.576	2.546	2.689	2.674	2.815

根据所形成的 $I(\varepsilon)$-$\ln K$ 的散点图，对其无标度区进行线性回归(见图 2)，可得方程式 $I(\varepsilon)=0.9095\ln K+0.7954$，信息维 $D=0.9095$，测定系数 $R^2=0.9493$，拟合度良好，网格维数接近 1，说明苏锡常地区的城市分布较为均衡，表现出较为明显的围绕某一条线分布的特点，我们认为该"线"就是太湖的岸线。

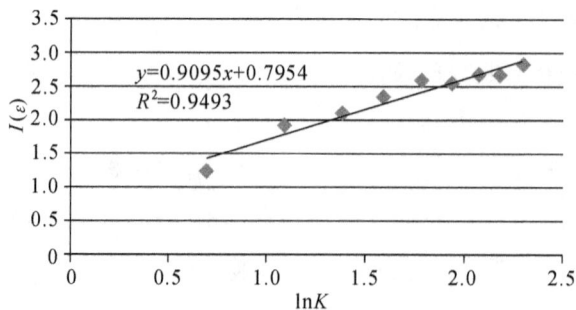

图 2　苏锡常城市群的信息维数

(三)关联维数:苏锡常城市群空间结构相关性的分形特征

一般认为,城镇体系的空间关联函数为

$$C(r) = \frac{1}{N^2} \sum_{i}^{N} \sum_{j}^{N} \theta(r - d_{ij}) \tag{8}$$

具有性质:

$$\theta(r - d_{ij}) = \begin{cases} 1 & (d_{ij} \leqslant r) \\ 0 & (d_{ij} > r) \end{cases} \tag{9}$$

式中,r 是距离标度,d_{ij} 为城市 i 和城市 j 之间的欧氏距离(即直线距离),θ 为 Heaviside 函数。

根据城镇体系空间分布的分形特征,应有:

$$C(r) \propto \lambda^a C(r) \tag{10}$$

从而有:

$$C(r) \propto \lambda^a \tag{11}$$

对比豪斯多夫维数,式(11)中的 $a = D$ 是空间关联维数,其地理意义反映了城镇间的空间关联性。与网格维数相似,其数值介于 0 到 2 之间。其值越大,表明区域内城镇空间分布越分散;其值越小,表明区域内城镇空间分布的集中度越高,空间关联越紧密。当 $D \to 0$ 时,表明城镇分布高度集中于一地;当 $D \to 2$ 时,表明城镇的空间分布较为分散。而空间关联维数的独特用途在于可以反映城镇体系各要素之间交通网络的通达性,用基于交通的乳牛距离测算得到的维数 D' 与基于直线距离求得的维数 D 之比来表征通达性的强弱。

根据地图测得苏锡常城市群区域 12 个主要城市之间的直线距离,表现为一个对称矩阵,这里只标注矩阵右上角表示城市间距离的数据,因矩阵左下角的数据与之相同,此处略掉,取千米为单位。再以 $\Delta r = 10$ 作为距离标度 r,统计出距离 r 之间的分形点数 $N(r)$,其随着 r 的变化而变化,由此得到一系列点 $(r, N(r))$,如表 3 所示。

表3 在标度 r 下的 $N(r)$ 值

量	数值														
r	20	30	40	50	60	70	80	90	100	110	120	130	140	150	160
$N(r)$	16	18	34	48	66	76	92	100	114	120	132	136	138	142	144

以 $\ln r$ 为横坐标，$\ln N(r)$ 为纵坐标绘制散点图。针对图中的无标度区进行线性回归(见图3)，得到苏锡常城市群的关联维数 $D=1.1648$，关联维数在1到2之间，说明各城市之间有较强的空间关联性，主要体现在苏锡常各地区间的紧密合作和依赖性。

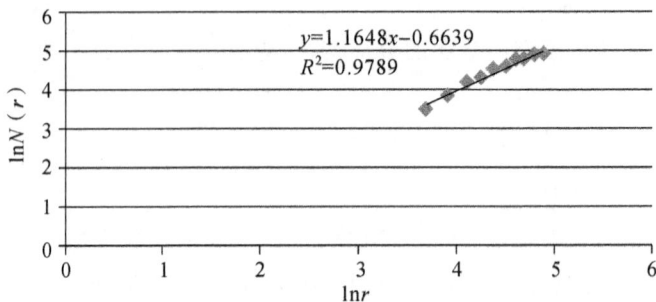

图3 苏锡常地区的空间关联维数

(四)功能模型:C-D函数及苏锡常城市群空间功能的强化

分形是大自然中的优化，分形体能够有效地利用地理空间。由于城市体系中任何要素对于该体系的输出都会有一定的贡献，可假设城市地理系统要素 p_i 的某种测度 x_i 与产出 y 之间的数理关系如下：

$$y=af(x_1,x_2,\cdots,x_n) \tag{12}$$

对上式进行全微分化解可得如下式子：

$$y=\mu\prod_{i=1}^{n}x_i^{\sigma_i} \tag{13}$$

式中，μ 为产出系数；σ_i 为弹性系数，具有分维性质，也称分维数。易看出，该式与C-D函数相似，故可将其称为C-D函数(陈彦光，2003)，且分维数 σ_i 可表征该系统要素 p_i 的功能强弱(崔大树 等，2013)。

核心城市的要素在城市群过程的不同阶段会发挥出相应的作用。通常,表示城市要素的常用变量是人口和用地。取反映要素的苏州、无锡和常州近几年的非农业人口数(P)和建设用地面积(S),以及反映产量的工业总产值(Y)作为测度,如表4所示。

表 4　苏锡常三市主要运算指标

年份	苏州			无锡			常州		
	非农人口/万人	建设用地面积/千米²	工业总产值/亿元	非农人口/万人	建设用地面积/千米²	工业总产值/亿元	非农人口/万人	建设用地面积/千米²	工业总产值/亿元
2000	89.18	86.50	934.01	99.27	75.80	715.19	81.25	68.95	406.85
2001	117.06	108.61	1039.62	124.51	151.30	1388.55	82.71	70.95	464.99
2002	121.60	129.41	1264.04	131.87	158.20	1696.78	89.19	90.50	1167.02
2003	127.08	149.06	1914.72	172.90	175.10	2153.93	107.38	92.28	1270.56
2004	134.26	177.17	2704.79	178.23	178.90	2422.96	108.69	98.50	1773.40
2005	141.62	202.16	3352.99	209.53	181.00	2879.19	110.39	104.31	2032.39
2006	150.14	214.50	3966.35	217.38	185.00	3500.11	113.43	107.58	2665.16
2007	155.30	228.31	4744.29	222.04	190.20	4422.22	117.75	112.50	3398.59
2008	158.06	317.70	5455.87	223.81	195.10	4832.18	118.28	120.51	4122.97
2009	*	324.00	5875.12	224.36	202.80	4927.40	118.55	133.90	4801.17
2010	*	329.00	7113.95	*	214.80	5865.41	*	153.05	5873.16

注:数据来源于《中国城市统计年鉴》,"＊"表示该数据在统计年鉴中没有列示。

利用统计年鉴中的非农业人口、建设用地面积和工业总产值数据,将非农业人口-工业总产值和建设用地面积-工业总产值的数据整合成幂函数曲线,可以发现苏州的人口、产值的关系为 $Y=0.0001P^{3.4279}$,$R^2=0.8452$,建设用地、产值的关系是 $Y=0.7402S^{1.5739}$,$R^2=0.9634$,综合为 $Y=0.0086\,P^{1.71395}S^{0.78685}$。所以,苏州的 $\sigma_1=1.71395$,$\sigma_2=0.78685$,即人口维数是 1.71395,土地维数是 0.78685。无锡的人口、产值的关系为 $Y=0.0659P^{2.0432}$,$R^2=0.7982$,建设用地、产值关系是 $Y=0.0856S^{2.0207}$,$R^2=0.7982$,综合为 $Y=0.000115\,P^{1.02160}S^{2.24030}$,则人口维数 $\sigma_1=1.02160$,土地维数 $\sigma_2=2.24030$。常州的人口、产值的关系为 $Y=2\times10^{-8}\,P^{5.4248}$,

109

$R^2=0.9021$，所以常州的人口维数是 $\sigma_1=2.93155$，建设用地、产值的关系是 $Y=0.0001S^{3.6119}$，$R^2=0.9683$，因此常州的土地维数是 $\sigma_2=1.80085$。

从以上数据可以看出，苏州和常州的人口维数比土地维数大，从城市经济发展的角度看，说明人口带来的经济效益比土地更大。因此，苏州和常州的人口要素相对土地要素而言功能更强，未来的规模增长可以以引进优质人才为主，而不宜过快地扩大建设用地。无锡则是土地维数大于人口维数，这说明无锡土地要素的功能强于人口要素，应该加强该市的土地规划，适当扩大建设用地，以此带动其他要素功能的发挥。

基于前述 C-D 模型，可以得出城市系统结构与功能优化的分维关系（陈彦光，2003）。该优化过程可以类比经济学中的成本最小化和利润最大化问题，即在 $x_i(i=1,2,\cdots,n)$ 一定的情况下使 y 值最大，或是在 y 值一定的情况下使 x_i 值最小。运用类似的方法可以得到方程组：

$$\max y = \mu\prod_{i=1}^{n} x_i^{\sigma_i} \tag{14}$$

$$\text{s.t. } \sum_{i=1}^{n} w_i x_i = C_0 \tag{15}$$

利用拉格朗日乘数法则，可化为：

$$L(x) = \mu\prod_{i=1}^{n} x_i^{\sigma_i} + \lambda\left(C_0 - \sum_{i=1}^{n} w_i x_i\right) \tag{16}$$

式中，w_i 为要素 p_i 的广义价格，C_0 为要素投入的最大值。

求偏导，得到结果：

$$\frac{\sigma_1}{w_1 x_1} = \frac{\sigma_2}{w_2 x_2} = \cdots = \frac{\sigma_n}{w_n x_n} \tag{17}$$

针对苏锡常城市群，只有测量值 P 和 S，即只有两个变量。就苏州而言，在已知非农业人口数 P 和建设用地面积 S 的前提下，可以通过式子 $\frac{1.71395}{w_P P} = \frac{0.78685}{w_S S}$ 确定最优条件下非农业人口和建设用地面积的广义价格之比：w_P/w_S。

三、案例启示

通过以上分析,结合长三角城市群空间组织的阶段性演变特征,可得出以下三个方面的启示(崔大树 等,2013)。

第一,从苏锡常城市群空间结构的分型特征来看,该区域有三个中心城市(苏州、无锡、常州),且集聚程度相似,不存在首位城市,没有明显的增长极。一方面,会形成过度竞争,难以发挥中心城市的集聚和辐射作用;另一方面,苏锡常城市群具有明显的自相似结构。通过对集聚维数、网格维数和关联维数的测算,我们发现,苏锡常城市群主要趋向苏州、无锡、常州三个城市集聚,分布较为均衡,形成一个以太湖为基点的扇形区域。同时,集聚密度分别从三个中心城市向四周分布递减,但相互间关联密切,其主要原因是依托便利的交通干线,形成了典型的网络型城市群空间结构。

第二,通过分形与 C-D 函数的检验,以及城市系统的多要素产出关系,分析了苏锡常城市群的要素功能强弱表现。苏州和常州的人口要素功能大于土地要素,其人口经济效益大于土地经济效益,而无锡则相反。因此,苏州和常州在经济和社会发展建设过程中,可以加大对人才的培养和利用,而无锡则应更加注重对土地利用的规划与管理,合理有效地开发利用土地资源。

第三,从江苏、无锡、常州三市的要素功能来看,苏州和常州的要素功能基本一致,表现为人口功能强于土地功能。三市的整体功能也相似,职能分工差异化较小。苏锡常具有相似的区位、资源等自然禀赋条件,皆以纺织、化学、冶金和机械电子等加工制造业为主,导致产业结构趋同。在有限的集聚空间内,产业结构趋同导致同类产品过剩和过度的市场竞争,造成各城市在同一层次上的重复建设,使整体集聚效益下降,加剧了各种资源的浪费。相似的产业结构造成了相似的城市功能,苏锡常城市群明显的主导功能不明确,限制了比较优势的发挥。针对这些问题,应进一步优化苏锡常城市群的空间结构,并在此基础上加强专业化生产和区域分工,使各城市发挥具有自己优势的特色功能,确定各自的主导功能,并通过主导功能的相互渗透进行区域合作与分工协作。同时，建立协调机构，构建苏锡常网络城市，提升苏锡常城市群国际竞争力，更好地增强整体功能，实现苏锡常城市群经济、社会和环境可持续发展。

参考文献

陈建华,2008.长江三角洲城市蔓延问题研究[C].上海:2008 年度上海市社会科学界第六届学术年会.

陈彦光,2003.城市地理系统结构与功能的分形模型——关于地理系统异速生长方程与 Cobb-Douglas 函数的理论探讨与实证分析[J].北京大学学报,39(2):229-235.

陈彦光,刘继生,1999.城镇体系空间结构的分形维数及其测算方法[J].地理研究,18(2):171-172.

崔大树,吴婷莉,2013.基于 SNA 的浙中城市群空间经济结构演变的网络特征分析[J].财经论丛(3):14-20.

顾松年,2003.苏南现代化与区域一体化——兼探苏锡常怎样"圈"起来[J].现代经济探讨(1):11-13.

刘继生,陈涛,1995.东北地区城市体系空间结构的分形研究[J].地理科学,15(2):136-143.

刘继生,陈彦光,1999.城镇体系空间结构的分形维数及其测算方法[J].地理研究,18(2):171-178.

陶闽齐,曹国华,2003.培育苏锡常都市圈网络化空间结构[J].城市规划汇刊(2):44-50.

王家庭,赵丽,2013.我国大中城市蔓延水平评估[J].中南财经政法大学学报(04):43-48,159.

张祥建,郭岚,徐晋,2003.长江三角洲城市群的空间特征、发展障碍与对策[J].上海交通大学学报,11(6):57-62.

第五章 产业集聚和扩散与城市群空间组织的相关性

城市群空间组织研究是一个复杂的问题,可能涉及不同的要素主体。城市群空间组织是群内各要素自组织和他组织耦合作用的结果,包含城市群空间形态、城市规模等级等结构的演化,以及在空间结构基础上形成的职能分工转换。从产业驱动的角度看,表现为产业集聚与扩散的运动对城市群空间结构、规模等级和职能分工体系的影响。同时,城市群空间组织的演变也会对产业的集聚与扩散产生影响。从目前的经济发展水平和城市化进程的阶段性特征来看,产业集聚对城市群空间组织的作用以驱动为主导。

第一节 长三角城市群产业结构现状特征

本节主要运用偏离-份额分析法、结构偏离度和产业结构相似系数等方法对长三角城市群的产业结构进行分析,为后续研究长三角城市群产业集聚和扩散与城市群空间组织相关性提供依据。

一、数据来源和研究方法

(一)数据来源

扩容后的长三角城市群数据具有一定的统一性,长三角城市包括浙江的地级及以上城市(杭州、绍兴、嘉兴、金华、温州、宁波、湖州、衢州、舟山、丽水、台州),江苏的地级及以上城市(南京、无锡、徐州、常州、苏州、南通、连云港、淮安、盐城、扬州、镇江、泰州、宿迁),安徽五市(合肥、滁州、淮南、马鞍山、芜湖)和上海。分析数据主要来自《2015 中国统计年鉴》《2015 上海统计年鉴》《2015 年浙江统计年鉴》《2015 江苏统计年鉴》《2015 安徽统计年鉴》。

(二)研究方法

1.偏离-份额分析法

偏离-份额分析法是把区域经济变化作为一个动态的过程,以其所在区域或整个国家的经济发展为参照系,将区域自身经济总量在某一时期的变动分解为三个分量,即份额分量、结构偏离分量和竞争力偏离分量。其中结构偏离分量(或产业结构效应)是指区域部门比重与全国(或所在大区)相应部门比重的差异引起的区域部门增长相对于全国或所在大区标准所产生的偏差,排除了区域增长速度与全国或所在区域的平均速度差异。假定两者等同,则单独分析部门结构对增长的影响和贡献。所以此值越大,说明部门结构对经济总量增长的贡献越大。

由于下文中存在结构偏离指数,故将结构偏离分量统称为产业结构效应。具体计算公式如下:

$$R_j = (B_{j,t})/B_{j,0} \tag{5-1}$$

$$b'_{ij,0} = b_{ij,0} B_{j,0}/B_0 \tag{5-2}$$

$$P_{ij} = (b_{ij,0} - b'_{ij,0})/R_j \tag{5-3}$$

式中,P_{ij} 为区域 i 产业 j 的产业结构效应,$B_{j,0}$ 和 $B_{j,t}$ 表示全国或所在区

产业 j 的基期和末期产值，$b_{ij,0}$ 表示区域 i 产业 j 的基期产值，B_0 表示全国或所在区基期总产值。

2. 结构偏离度

结构偏离度（产业结构偏离度）是指各产业增加值的比重与相应劳动力比重的差异程度。结构偏离度一般用来衡量要素投入结构和产出结构的耦合程度，从而在一定程度上度量产业结构合理化水平。公式如下：

$$E = \sum_{i=1}^{n} \frac{Y_i}{L_i} \frac{Y}{L} - 1 = \sum_{i=1}^{n} \frac{Y_i}{Y} \frac{L_i}{L} - 1 \tag{5-4}$$

式中，E 表示结构偏离度，Y_i 表示 i 产业产出，Y 表示区域总产出，L_i 表示 i 产业就业人数，L 表示区域总就业人数。从式（5-4）可以看出，E 反映产业结构和就业结构耦合程度。当经济均衡时，各个产业生产率水平相同，E 值为 0；E 值越大，表示经济越偏离均衡状态，产业结构越不合理；反之，则产业结构合理化程度提升。

3. 产业结构相似系数

产业同构是指各种产业在各地区之间或在各部门之间存在着严重雷同情况，产业同构是产业结构不合理的表现之一。而精确测量地区间产业结构的同构程度也是研究产业结构的重点之一。

产业结构相似系数是由联合国工业发展组织提出的度量方法，该系数可测定各个地区的产业结构相似度，以此可衡量产业的同构程度。王文森（2007）指出产业结构相似系数可以从考察单个地区（城市）产业结构相似程度扩展到考察整个区域的产业结构相似系数，陈建华（2007）、唐立国（2002）等就将产业结构相似系数引入对整个城市群产业结构的衡量中。产业结构相似系数公式如下：

$$S_{ij} = \sum_{i=1}^{n} \frac{X_{ik} X_{jk}}{\sqrt{\sum_{i=1}^{n} X_{ik}^2 \sum_{i=1}^{n} X_{jk}^2}} \tag{5-5}$$

式中，S_{ij} 是 i 区域和 j 区域的结构相似系数，i 和 j 是两个相比较的区域；X_{ik} 是 i 区域 k 产业占整个产业的比重；X_{jk} 是 j 区域 k 产业占整个产业的比重。S_{ij} 值在 0 到 1 之间变动，如果 S_{ij} 值为 0，则两个研究区域的产业结构完全不同；如果 S_{ij} 值为 1，则两个区域的产业结构完全相同。也就是说，S_{ij} 值越大，研究区域之间产业结构的相似程度越高。

二、测算与评估

（一）长三角城市群产业结构演变进程

分析长三角城市群产业结构的基本特征和合理化程度是分析和考察长三角城市群产业空间分异的起点及基础。我们对 2005 年至 2014 年长三角城市群组成区域及其城市的有关数据进行分析，形成关于长三角城市群产业结构演变过程中的几个初步认识。

长三角城市群产业结构近几年来逐渐向高级化演进，处于从"二、三、一"提升到目前"三、二、一"结构的发展阶段。上海市制造业技术始终保持领先优势，长江岸线城市制造业较为集中，环杭州湾岸线城市的产业多元化发展态势明显。从中心城市和副中心城市的比较来看，从制造业细分行业分析，上海与杭州的制造业结构相似程度较低，上海与南京的制造业结构相似程度过高。

由图 5-1 至 5-3 可以看出，长三角城市群第一产业趋于下降态势，浙江省第一产业比重从 2005 年的 6.7% 下降到 2014 年的 4.4%，江苏从 7.9% 下降到 5.6%。而安徽五市的第一产业没有下降，基本持平。上海第一产业本身占比低，没有明显变化。浙江、江苏和上海的第二产业比重都发生了较大的下滑。浙江从 2005 年的 53.4% 降低到 2014 年的 47.7%，下降了 5.7 百分点；上海第二产业比重从 47.4% 降到 34.7%，降幅为 12.7 百分点；江苏从 56.6% 降为 47.4%，降幅为 9.2 百分点。安徽五市第二产业比重虽然在 2011 年前处于上升阶段，但之后也趋于下滑。长三角城市群的第三产业发展加快，浙江从 2005 年至 2014 年第三产业比重上升了 8 百分点，江苏上升了 11.4 百分点，上海上升了 13.2 百分点。安徽五市的第三产业发展趋势也在 2011 年开始发生转折，第三产业比重从 2011 年的 37.5% 上升到 2014 年的 40.2%。

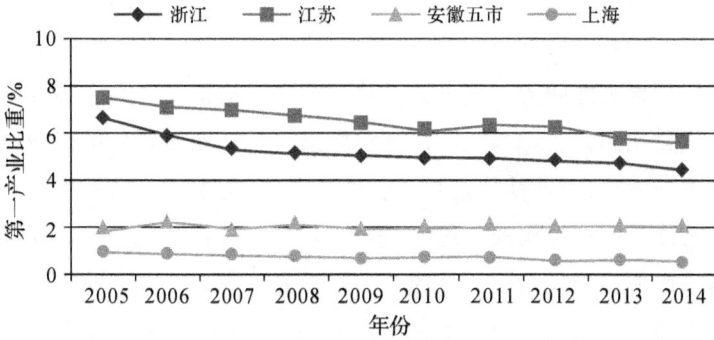

图 5-1　长三角城市群各区域第一产业比重(2005—2014 年)

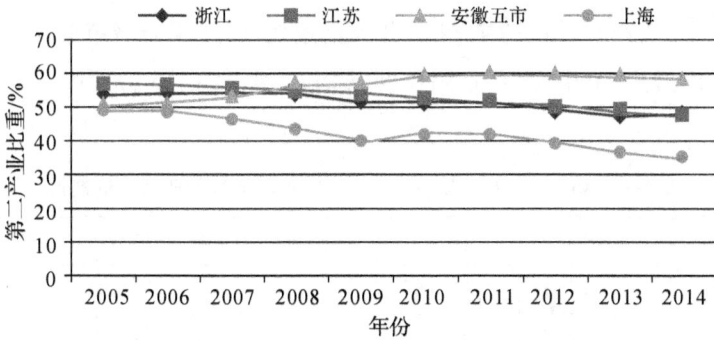

图 5-2　长三角各区域第二产业比重(2005—2014 年)

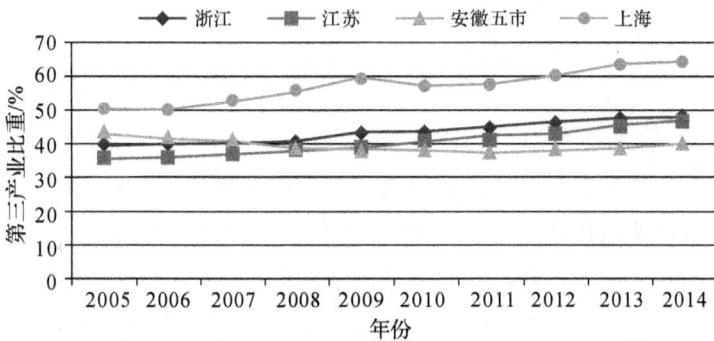

图 5-3　长三角各区域第三产业比重(2005—2014 年)

从上述数据可以看出,长三角城市群产业结构的高级化趋势在上升,从 2011 年开始,安徽五市产业结构的高级化也比较明显。但产业结构合理化与经济增长之间的关系更具有稳定性。结构偏离指数能够反映产业结构合理化状态,表 5-1 显示,长三角城市群总体及各区域的产业结构偏离度在不断下降,产业结构合理化程度在上升,但安徽五市的产业结构偏离度仍略高。产业结构的演进,会推动城市群空间结构的演变,同时形成相应的城市群功能专门化地域形态。随着高等级中心城市的第二产业向外围低等级中心及周边地区的转移与集聚,在这些区域中会形成新的集聚区和专门化功能区,使城市群中心城市的结构得到进一步优化,功能增强。而第三产业进一步向中心城市集聚,不仅使传统商贸功能日益增强,而且信息、证券、咨询等生产性服务业迅速发展,使中心城市的综合服务功能不断升级,在促进产业调整与升级的同时,也强化了产业的聚集效益。

表 5-1 2005 年、2009 年、2014 年长三角城市群产业结构偏离度

年份	浙江	江苏	上海	安徽五市	长三角
2005	1.225786	1.381407	1.20184	2.257603	1.370939
2009	1.086812	1.157711	0.90341	1.775445	1.164655
2014	1.013153	1.060199	0.895669	1.631194	1.027515

(二)长三角城市群产业结构基本评估

1.产业结构效应

长三角城市群产业结构对经济发展影响力的大小,会影响长三角城市群产业结构的优化进程。偏离-份额分析法中的产业结构效应在一定程度上解释了部门产业结构对经济总量增长的贡献。以 2005 年为基期,以 2014 年为末期,计算长江三角洲城市群产业结构效应。根据式(5-3)进行测算,形成表 5-2 的分析结果。可以看出,各区域产业结构较为合理,对经济发展的贡献较大,第三产业对经济发展贡献占比更大,浙江的第三产业占 57.57%,江苏的第三产业占 52.58%,上海的第三产业占

69.52%,安徽五市的第三产业占62.42%。而产业结构效应明显大于0的结果也反映出产业结构对长三角城市群经济发展的重要性。以全国为背景区域,计算长三角城市群的产业结构效应,得到的结果为:第一产业3659.97;第二产业25784.85;第三产业30385.82;总值59830.64。第三产业的贡献依然超过了50%。产业结构的转型和升级,会在一定程度上改变产业集聚与扩散的路径和模式,从而带动城市群空间结构的调整与优化,并加快城市化空间演变过程,促进城市群规模扩大和功能的增强。

表 5-2 长三角城市群各区域产业结构效应

统计类型	浙江	江苏	上海	安徽五市
第一产业	1079.41	1766.94	109.12	36.26
第二产业	5681.56	8436.16	3474.24	658.11
第三产业	9172.63	11315.36	8173.42	1153.18
总值	15933.60	21518.46	11756.78	1847.55

2.制造业同构现象

制造业是第二产业中的核心部分,考察其细分行业,可以从较微观的层面发现产业同构现象。参考2011年发布的国民经济行业分类标准和长三角城市群25个城市2013年制造业分行业规模以上企业工业总产值数据,我们将制造业的行业分为27个行业。即农副食品加工业,食品制造业,饮料制造业,纺织业,服装、鞋、帽制品业,皮革、毛皮、羽毛(绒)及其制品业,木材加工及木、竹、藤、棕、草制品业,家具制造业,制纸及纸制品业,印刷业和记录媒介复制业,文化体育用品制造业,石油加工、炼焦及核燃料加工业,化学原料及化学制品制造业,医药制造业,化学纤维制造业,橡胶和塑料制品业,非金属矿物制造业,黑色金属冶炼及压延加工业,有色金属冶炼及压延加工业,金属制品业,通用设备制造业,专用设备制造业,交通运输设备制造业,电器机械及器材制造业,通信设备、计算机及其他电子设备制造业,仪器仪表,文化、办公用品制造业等。测算得出制造业结构相似系数,如表5-3所示。

表 5-3　2013 年长三角部分重要城市制造业结构相似系数

城市	杭州	绍兴	宁波	温州	南京	无锡	苏州	徐州	常州	上海
杭州	1	0.7856	0.755	0.627	0.719	0.829	0.677	0.753	0.791	0.663
绍兴		1	0.531	0.439	0.377	0.589	0.367	0.574	0.557	0.363
宁波			1	0.666	0.840	0.803	0.573	0.679	0.783	0.780
温州				1	0.460	0.662	0.394	0.528	0.690	0.501
南京					1	0.760	0.763	0.618	0.687	0.953
无锡						1	0.757	0.688	0.931	0.747
苏州							1	0.453	0.594	0.644
徐州								1	0.778	0.535
常州									1	0.644
上海										1

　　绍兴的主导产业是纺织业,从表 5-3 可以看出,其制造业结构相似系数较低。长三角城市群的中心城市与副中心城市之间的结构相似程度各有差异。杭州制造业的主导行业是化学原料及化学制品制造业、纺织业和电器机械及器材制造业,上海的主导行业是交通运输设备制造业,通信设备、计算机及其他电子设备制造业,化学原料及化学制品制造业。两市的主导行业中仅有一个相同,且其他行业结构也存在较大的差异。南京和上海的制造业则呈现出较高的相似度,南京和上海两市制造业中规模以上企业工业总产值前七位的行业完全相同,如表 5-4 所示。两市制造业的支柱行业都是交通运输设备制造业,通信设备、计算机及其他电子设备制造业和化学原料及化学制品制造业。在其他行业结构上也有较高的相似度。

表 5-4　2013 年南京和上海制造业规模以上企业工业总产值排行

排名	南　京	上　海
1	通信设备、计算机及其他电子设备制造业	交通运输设备制造业
2	交通运输设备制造业	通信设备、计算机及其他电子设备制造业
3	化学原料及化学制品制造业	化学原料及化学制品制造业
4	石油加工、炼焦及燃料加工业	通用设备制造业
5	黑色金属冶炼及压延加工业	电器机械及器材制造业
6	电器机械及器材制造业	石油加工、炼焦及燃料加工业
7	通用设备制造业	黑色金属冶炼及压延加工业

3. 长三角城市群制造业空间分布

对长三角城市群各支柱行业的统计分析显示,上海充分发挥其技术优势的特色,技术密集型制造业成为支柱产业。以长江岸线为主的江苏的制造业发达,尤其是电器机械及器材制造业,通信设备、计算机及其他电子设备制造业,化学原料及化学制品制造业成为江苏大部分城市的支柱产业,其中苏州成为长三角城市群通信设备、计算机及其他电子设备制造业的重点城市。以环杭州湾沿线为主的浙江各城市制造业多元化发展现象明显,既有绍兴、杭州、金华、嘉兴等以纺织业为主导产业的城市,也有湖州、宁波等偏重重工业发展的城市。

第二节　产业集聚和扩散与长三角城市群空间组织的相关性

集聚是指资源、要素和部分经济活动等在地理空间上的集中趋向与过程,扩散是指资源、要素和部分经济活动等在地理空间上的分散趋向与过程。根据前述章节关于城市群空间组织的定义,本章从长三角城市群空间组织的结构、规模与功能三个方面分析其与产业集聚和扩散的相关性，为研究长三角城市群空间组织与产业空间分异的相互作用提供相应的理论支撑。

一、长三角城市群的产业集聚与扩散

在城市群发展与演变的进程中，由于产业的集聚与扩散，逐渐形成了产业的经济集聚的核心城市及其所辐射的产业扩散点，即各类低等级中心城市及腹地区域，成为城市群空间与产业发生各种关系和联系的纽带。这一纽带促进了规模经济和范围经济的发展。规模经济导致产业集聚的点状分布，范围经济则产生产业集聚的片状分布，即产业区。规模经济、范围经济和外部经济共同作用形成城市群经济集聚的产业核心区，从而推动城市群空间范围内产业空间分异和空间组织的演变。鉴于此，我们运用区位熵和脱钩理论，对长三角城市群的产业集聚与扩散现状进行初步分析，在掌握长三角城市群产业集聚与扩散的总体演变规律和现状特征的基础上，进一步分析产业集聚与扩散与长三角城市群空间组织演变的相关性。

(一)区位熵的测算与分析

1. 区位熵测算

区位熵测算主要用于研究某一产业在各个区域的专业化程度，以判断某一个区域的专业化部门和主导产业。运用区位熵测算长江三角洲城市群的产业集聚水平，有助于分析其对城市群空间组织的影响。区位熵公式如下：

$$LQ_{ij} = \frac{q_{ij}/q_j}{q_i/q} \tag{5-6}$$

式中，LQ_{ij} 是 j 城市 i 产业的区位熵，q_{ij} 为 j 城市 i 产业的市区就业人口，q_i 为长三角城市群 i 产业的总就业人口，q_j 为 j 城市市区的就业人口，q 为长三角城市群所有城市市区的就业人口。区位熵越大，则该城市的某产业集聚水平越高，表示该城市经济在城市群中越有优势。一般来说，区位熵大于 1 则表明该城市的产业经济在城市群中占优势,小于 1 则表明处于劣势。我们在第二和第三产业中选择四大产业测算长三角城市群 2004 年、2009 年、2014 年的区位熵。需要说明的是,2016 年颁布的《长江三角洲城市群发展规划》中,调整了长三角城市群的城市构成,明确为包含 26 个城市。本书在不影响全书整体研究一致性和分析结果科学性的前提下,试图结合最新的有关制度安排和政策的变化情况进行分析。因此,在部分章节我们也采用 26 个城市的数据进行分析,以使研究更贴近当前的现实情况。

2. 分析结果

第一,制造业。长江三角洲城市群沿长江岸线城市,如苏州、无锡和常州的区位熵一直在提升(见图 5-4),集聚水平相对较高。环杭州湾岸线城市的宁波和嘉兴的制造业区位熵也相对较高。而诸如上海、南京和杭州等规模较大城市的制造业集聚程度不高,这些城市已开始对周边城市产生扩散影响,制造业趋于向周边次级中心城市转移。

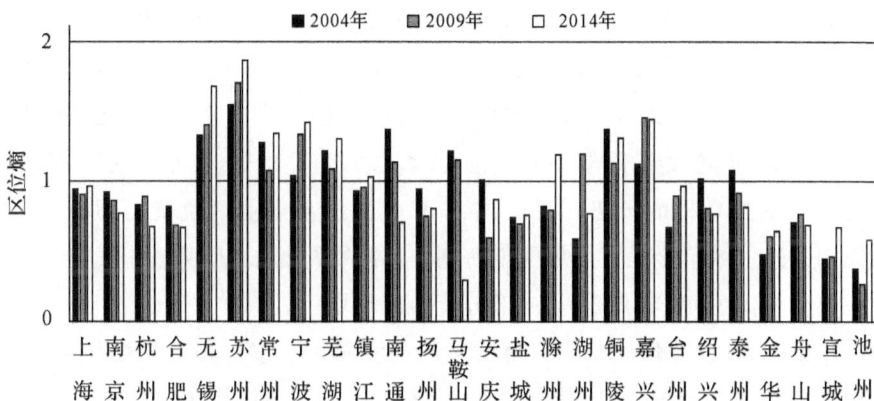

图 5-4　2004 年、2009 年、2014 年长三角城市群制造业区位熵

第二,建筑业。合肥建筑业的区位熵逐渐提升,如图 5-5 所示。这些中心城市周边的较低等级中心城市的区位熵逐渐下降,比如宁波、滁州、芜湖等。上海建筑业的区位熵不高,且逐年下降,其周边城市发展情况呈两极分化。南通的集聚水平迅速上升,而苏州与嘉兴的水平一直比较低。其原因可能是上海的建筑业服务主要由南通来提供,苏州

与嘉兴则由其他城市提供建筑业服务。

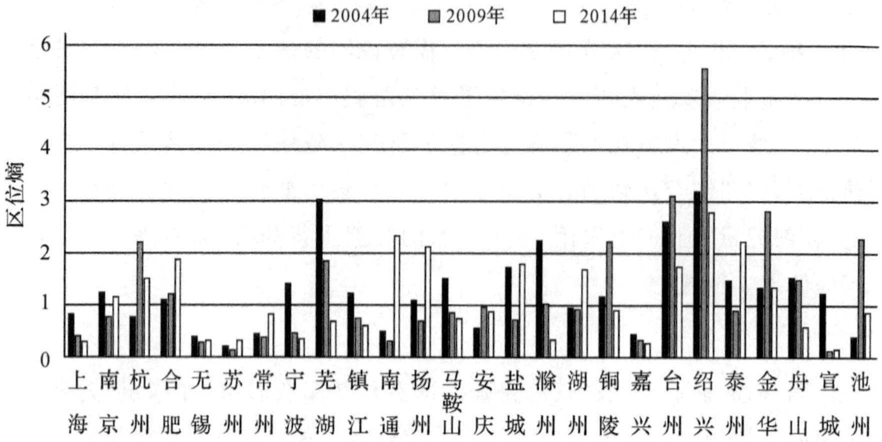

图 5-5　2004 年、2009 年、2014 年长三角城市群建筑业区位熵

　　第三，金融业。长三角城市群金融业集聚的中心是上海，这表明上海吸引了绝大多数的金融企业。如图 5-6 所示，一些规模较小城市的金融业集聚水平也比较高，例如台州、金华、滁州、池州等。主要是因为长三角城市群的金融业扩散程度较快，使本地金融业就业的增长快于其他行业或产业，造成了集聚程度极高的现象。还有一些城市的集聚水平在 2009 年至 2014 年间大幅下滑，例如南通、盐城、湖州、泰州等，其原因主要是受 2008 年金融危机的影响。南京、杭州和合肥的金融业区位熵均不高，其原因是这些城市金融业发展受上海制约，导致部分人才呈两极流失状态，一部分流向上海、宁波等，另一部分流向较小城市。

　　第四，批发零售业。长三角城市群批发零售业集聚程度的变化在四大产业中最为明显。从 2004 年的上海单一核心，到 2014 年的南京、杭州与上海三足鼎立，批发零售业的发展核心已从单一发展到多极。无论是技术、规模还是需求，物流业的发展为批发零售业奠定了基础，人民消费水平的提升是促进批发零售业发展的重要原因。从区位熵的测定来看，如图 5-7 所示，上海的集聚程度在下降，而南京、杭州、合肥的集聚程度仍在上升。这一格局带动了长三角城市群批发零售业的网络化发展，宣城、无锡、马鞍山、芜湖和嘉兴等城市的集聚水平明显上升。

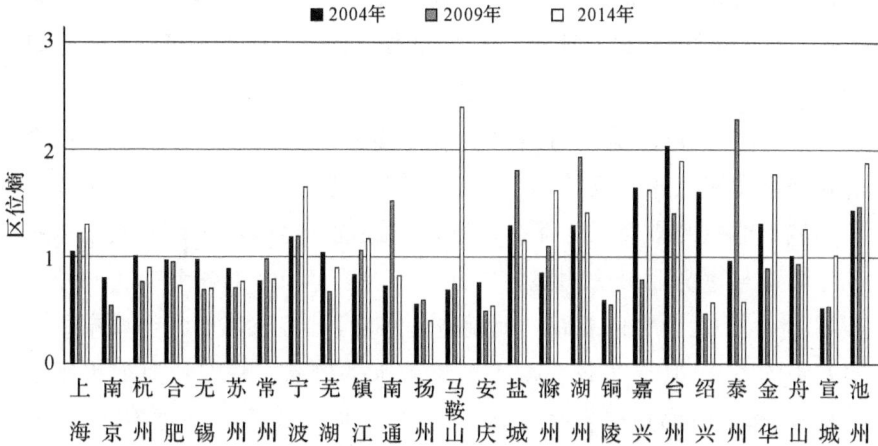

图 5-6　2004 年、2009 年、2014 年长三角城市群金融业区位熵

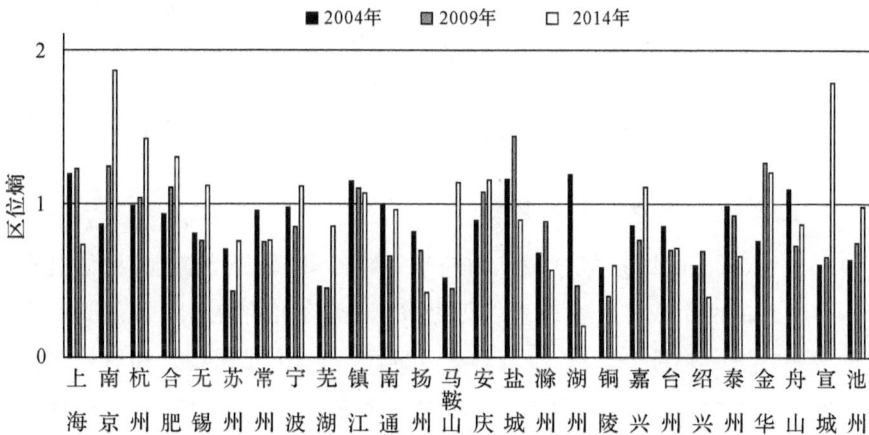

图 5-7　2004 年、2009 年、2014 年长三角城市群批发零售业区位熵

这些城市均处于各高等级中心地的地理中点,宣城和芜湖是南京与杭州的地理中点,无锡是南京与上海的地理中点,马鞍山是合肥与南京的地理中点,嘉兴是上海与杭州的地理中点。因此,这些城市多为各大城市适宜的货物集散地,批发零售业较为集聚。若出现地理中点有多个城市的状况,则基本只有一座城市可以作为集散地中心,批发零售业大幅集聚,其他地处地理中点的城市的集聚程度则下降,如处于上海与杭

州地理中点的嘉兴和湖州。若集散地中心城市功能过于弱小，则多座城市共同作为集散地，集聚批发零售业，如处于南京与杭州地理中点的芜湖与宣城。

综上所述，以制造业与建筑业为例的第二产业集聚程度小于以金融业与批发零售业为例的第三产业集聚程度，但是所有产业在长江三角洲城市群中的集聚程度都在下降，出现了多极发展的情况，其中以批发零售业与建筑业最为明显。在集聚水平方面，由于各个产业的性质不同，产生了比较大的差距。就制造业来看，上海与其他省会城市的集聚水平均不高，其周边较小城市的集聚水平较高。建筑业集聚水平呈两极分化，上海的集聚水平不高，一些较小城市集聚水平也不高，但省会城市的集聚水平较高。金融业集聚水平呈两极分化，上海的集聚水平较高，一些低等级中心城市的集聚水平也比较高，但省会城市的集聚水平较低。上海的批发零售业集聚水平呈下降态势，其他省会城市的集聚水平在上升。

（二）产业动态脱钩指数的测算与分析

1. 产业动态脱钩指数测算

脱钩（decoupling）概念源于物理学领域，一般翻译为解耦，指使具有响应关系的两个或多个物理量之间的相互关系不再存在。评价脱钩程度的常用方法是弹性分析法，因其具有分解性高、研究结果稳定和脱钩状态判定精确等优点，广泛应用于经济领域的各种相关关系分析中。计算公式为：

$$DA_{tp} = \frac{r_{tp}}{R_{tp}} = \left(\sqrt[t]{\frac{V_{ie}}{V_{is}}} - 1 \right) \Bigg/ \left(\sqrt[t]{\frac{\sum_{i=1}^{m} V_{ie}}{\sum_{i=1}^{m} V_{is}}} - 1 \right) \tag{5-7}$$

式中，r_{tp} 为 tp 时期某产业在某一地区 i 的平均发展速度；V_{is}、V_{ie} 分别为第 tp 时期开始年和结束年某产业在地区 i 的总产值；R_{tp} 为第 tp 时期该产业在全国的平均发展速度；$\sum_{i=1}^{m} V_{is}$、$\sum_{i=1}^{m} V_{ie}$ 分别为第 tp 时期开始年和结束年该产业在全国的总产值;m 为一国的地区数量;t 为第 tp 时期间隔的年数,如果间隔两年,则 $t = 2$,以此类推。根据脱钩、耦合、强脱钩和弱脱钩的概念,脱钩状态对应于产业扩散,负脱钩(耦合)状态对应于产业集聚,区域产业集聚和扩散的判断标准如表 5-5 所示(Vehmas et al.,2003;陈景新 等,2014)。

　　根据前文所述,长三角城市群的产业结构已经升级为"三、二、一"状态,第三产业的发展速度和水平都在提高,我们选择生产性服务业作为脱钩指数分析的数据来源。并把生产性服务业界定为包含交通运输、仓储和邮政业,信息传输和信息技术服务业,金融业,批发零售业,租赁和商务服务业,科学研究和技术服务业,水利、环境和公共设施管理业,居民服务、修理和其他服务业八个行业。其中,由于教育业仅有初中、高中职业教育被划为生产性服务业,占比过小,所以省略了对教育业的分析。同时,由于第三产业分行业的产出数据较难取得,很多省市在区分第三产业时,只包括交通运输、仓储和邮政业,信息传输和信息技术服务业,批发零售业、金融业等几项产业,另外几项服务业因为产值较小常常被列入其他项,这使得用产出数据来衡量生产性服务业的方法有所困难。因此,本书利用分行业就业人数进行测算,数据来源于 2005—2014 年的《中国城市统计年鉴》《上海统计年鉴》《浙江统计年鉴》《江苏统计年鉴》《安徽统计年鉴》。

　　为便于显示研究结论,我们把长三角城市群的构成从省域范围进行划分,这不影响测算和分析结果的可靠性。

表 5-5　基于脱钩理论的产业集聚和扩散判断标准

状态		判断条件			特征
产业集聚（负脱钩）	扩张集聚 Ⅰ型	$R_{tp}>0$	$r_{tp}>0$	$1\leqslant DA_{tp}\leqslant1.5$	某产业在全国和某一地区都处于成长阶段，但在该地区的发展速度超过全国平均水平，表明该产业向该地区集聚。Ⅰ型集聚程度较弱，Ⅱ型集聚程度较强。
	扩张集聚 Ⅱ型	$R_{tp}>0$	$r_{tp}>0$	$DA_{tp}>1.5$	
	强集聚	$R_{tp}<0$	$r_{tp}\geqslant0$	$DA_{tp}\leqslant0$	某产业在全国处于衰退阶段，但在某一地区却在增长，表明该产业向该地区绝对集聚。
	弱集聚	$R_{tp}<0$	$r_{tp}<0$	$0<DA_{tp}<1$	某产业在全国和某一地区都处于衰退阶段，但是在该地区衰退的速度低于全国，表明该产业向该地区相对集聚。
产业扩散（脱钩）	弱扩散 Ⅰ型	$R_{tp}>0$	$r_{tp}>0$	$0.5<DA_{tp}<1$	某产业在全国和某地区都处于成长阶段，但在该地区的增长速度低于全国，表明该产业从该地区向外相对扩散。Ⅰ型扩散程度较弱，Ⅱ型扩散程度较强。
	弱扩散 Ⅱ型	$R_{tp}>0$	$r_{tp}>0$	$0<DA_{tp}\leqslant0.5$	
	强扩散	$R_{tp}>0$	$r_{tp}\leqslant0$	$DA_{tp}\leqslant0$	某产业在全国处于成长阶段，但该产业在某地区已开始衰退，表明该产业从该地区向外部绝对扩散。
	衰退扩散	$R_{tp}<0$	$r_{tp}<0$	$DA_{tp}\geqslant1$	某产业在全国和某一地区都处于衰退阶段，但是在该地区的衰退速度高于全国，表明该产业从该地区向外扩散。

2.分析结果

从表 5-6 可以看出,2004—2013 年十年期间长三角城市群生产性服务业(除居民服务、修理和其他服务业外)主要呈集聚态势。上海的金融业,交通运输、仓储和邮政业,信息传输和信息技术服务业等知识密集型高端服务业集聚显著并不断加强,而批发零售业和居民服务、修理和其他服务业等劳动密集型产业处于扩散态势,而此类服务业则由于产业附加值低、劳动力成本上升和竞争力不足等原因出现了扩散现象。江苏的信息传输和信息技术服务业与租赁、商业服务业呈强集聚态势;交通运输、仓储和邮政业,金融业,水利、环境和公共设施管理业,居民服务、修理和其他服务业均呈弱扩散型。浙江所有的生产性服务业都呈扩张集聚状态,且大部分都为扩张集聚Ⅱ型,说明生产性服务业向浙江集聚程度较强。安徽五市总体上也呈聚集趋势,水利、环境和公共设施管理业呈弱扩散,居民服务、修理和其他服务业的指数为负数,呈强扩散状态。说明居民服务、修理和其他服务业在全国处于成长阶段,但该产业在安徽五个城市中开始衰退,从这五个城市向外部绝对扩散。从生产服务业整个行业来看,长三角城市群整体为集聚型,上海集聚程度最强。

表 5-6　2004—2013 年长三角城市群分省域各产业脱钩状态

产业	上海	江苏	浙江	安徽五市	长三角
交通运输、仓储和邮政业	扩张集聚Ⅱ型	弱扩散Ⅰ型	扩张集聚Ⅱ型	扩张集聚Ⅱ型	扩张集聚Ⅱ型
信息传输和信息技术服务业	扩张集聚Ⅱ型	扩张集聚Ⅱ型	扩张集聚Ⅰ型	扩张集聚Ⅰ型	扩张集聚Ⅱ型
批发零售业	强扩散	扩张集聚Ⅰ型	扩张集聚Ⅱ型	扩张集聚Ⅱ型	扩张集聚Ⅰ型
金融业	扩张集聚Ⅱ型	弱扩散Ⅰ型	扩张集聚Ⅱ型	扩张集聚Ⅱ型	扩张集聚Ⅰ型
租赁和商业服务业	扩张集聚Ⅱ型	扩张集聚Ⅱ型	扩张集聚Ⅱ型	扩张集聚Ⅱ型	扩张集聚Ⅱ型
科学研究和技术服务业	扩张集聚Ⅰ型	扩张集聚Ⅰ型	扩张集聚Ⅱ型	扩张集聚Ⅰ型	扩张集聚Ⅰ型

续表

产业	上海	江苏	浙江	安徽五市	长三角
水利、环境和公共设施管理业	扩张集聚I型	弱扩散I型	扩张集聚II型	弱扩散I型	扩张集聚I型
居民服务、修理和其他服务业	弱扩散II型	弱扩散I型	扩张集聚I型	强扩散	弱扩散I型
生产性服务业总和	扩张集聚II型	扩张集聚I型	扩张集聚I型	扩张集聚I型	扩张集聚I型

二、产业集聚、扩散与长三角城市群空间组织的相关性分析

产业集聚能够强化比较优势，从而增强城市对外服务能力；产业扩散则会优化城市职能体系，使之与产业比较优势相对应。在不同的时期、空间，产业的集聚与扩散程度均有差异，与城市群空间组织的相关性表现出相应的共性及个性特征。

（一）产业集聚和扩散与城市群空间结构的相关性分析

城市群空间结构是城市群产业、要素与职能分布的地域投影及空间组织形式之一。我们运用相关的计量方法，选取具有一定代表性和典型性的产业，分析其与长三角城市群空间结构的相关性。

1. 模型与测算

运用全局 Moran 指数法对长三角城市群各产业与空间结构的相关性进行实证分析，度量指标为市区就业人口。常用的全局空间自相关分析指数是 Moran 指数 I，用其可以检验整个研究区域中邻近地区间是相似（空间自相关）的、相异（空间负相关）的，还是相互独立的。具体公式为：

$$I = \frac{\sum_{i=1}^{n} \sum_{i=1}^{n} w_{ij}(x_i - \bar{x})(x_j - \bar{x})}{\sum_{i=1}^{n}(x_i - \bar{x})^2} \tag{5-8}$$

式中，w_{ij} 为 i 城市与 j 城市之间标准化后的空间权重（相邻为 1，不相邻为 0），空间权重的标准化即将所有城市之间的空间权重组成权重矩阵，再将每一行的数值除以这一行的总和形成新的权重矩阵；x_i 为 i 城市产业的市区就业人口（或综合吸引力）；$\bar{x}$ 为所有城市某产业的市区就业人口（或综合吸引力）的平均值，综合吸引力可以反映一个城市对外辐射的综合实力，其较高的空间相关性说明空间集聚性对城市具有较强的影响。

以 2004—2014 年长三角城市群制造业、建筑业、金融业、批发零售业的市区就业人口作为衡量产业集聚与空间相关性的度量指标，以各城市综合吸引力作为空间集聚发展的度量指标，运用 MATLAB 软件进行运算，结果如图 5-8 所示。

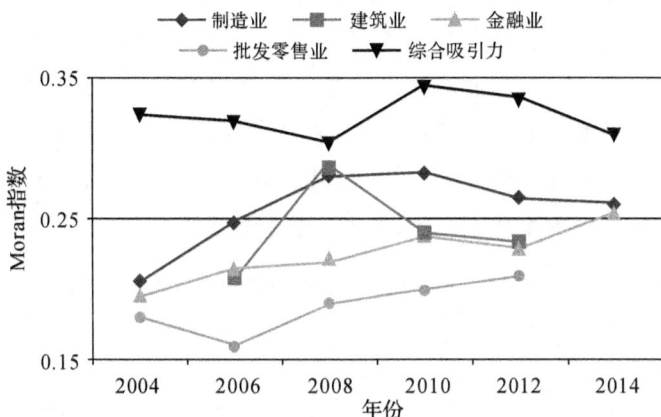

图 5-8 2004—2014 年长三角城市群四大产业、综合吸引力全局 Moran 指数

图 5-8 显示，从波动幅度来看，建筑业超过其他三个产业，其空间相关性在 2008 年达到最高（2014 年的数据未能通过显著性检验，暂不考虑在内），其他三个产业的波动相对平滑，在剔除不显著结果后，总体上所有产业均呈上升趋势。其中，金融业的上升趋势最为明显，其次是制造业，两者的空间相关性变化趋势基本一致。建筑业总体趋于上升，但是近期

131

数据表明其处于下降趋势，批发零售业近期处于上升趋势。从数值分析来看，四个产业的 Moran 指数均为正值，说明有正的相关性。除了建筑业外，历年来其他产业的 Moran 指数大小位序基本未变，从大到小为制造业、金融业、批发零售业。Moran 指数可以探测出空间集聚范围的扩展与集聚核心的增加（张松林 等，2007）。各产业 Moran 指数的趋势走向显示，除了建筑业情况不明晰外，其他产业的空间集聚范围与集聚核心都在增加。

表 5-7 显示，除了 2004 年与 2014 年的建筑业、2014 年的批发零售业、2004 年的综合吸引力，其余 Moran 指数均通过了 10% 的显著性检验。而综合吸引力 Moran 指数始终在 0.3 至 0.35 之间波动，趋势呈较为平稳状态。其指数大小始终在其余产业指数之上，说明综合吸引力与空间的相关性较强，大于产业的空间相关性。综合吸引力以城市规模（城市市区人口）作为统计口径，故其空间相关性高于各产业的主要原因是人口流动性高于产业流动性和人口流动先于产业集聚。综合吸引力的空间相关性演变趋势与各产业不一致，是因为综合吸引力是所有产业以及各种经济、文化、政治等方面的综合表现，产业推动只是其中的一部分，产业空间相关性的某些趋势与波动在综合吸引力的测算中被稀释。综合吸引力较为平缓的变化趋势表明，长三角城市群各城市的空间集聚范围及集聚核心在十年内的变化有所波动，但是趋于稳定。

表 5-7　长三角城市群四大产业、综合吸引力 Moran 指数的显著性检验

产业	2004 年	2006 年	2008 年	2010 年	2012 年	2014 年
制造业	2.3025**	2.6900**	3.0597***	3.0775***	2.8248***	2.8342***
建筑业	1.6314	2.2857**	3.0775***	2.6451**	2.5964**	1.4835
金融业	2.1968**	2.3072**	2.4729**	2.6367**	2.5477**	2.7883***
批发零售业	2.0695	1.8467*	2.1415**	2.2211**	2.2342**	1.5612
综合吸引力	3.3733***	3.3012***	3.1861***	3.6204***	3.5371***	3.1898***

注：* 表示在 10% 水平下显著，** 表示在 5% 水平下显著，*** 表示在 1% 水平下显著。

2.影响作用分析

制造业是工业化进程的最直接体现者,是其他第二产业和第三产业的生产与消费基础。制造业的集聚一是降低了交易成本,通过范围经济、规模经济以及统一管理、大宗交易等方式,制造业本身的产能上升;二是推动其他产业的生产与消费,总体上协同推动城市群空间经济的发展。制造业在长三角城市群已逐步扩散,逐渐形成多个集聚城市点,从而在空间结构上,推动长三角城市群从单一核心演变为多核心及组团式结构。

建筑业不仅是城市建设、扩张的基础,还是产业发展的基础,更是城市发展的基础。建筑业在长三角的集聚大多发生在核心城市(合肥市除外)的周边次级城市,呈包围式集聚。而这些城市兼具核心城市外围与次一级发展核心城市的特质,故建筑业的集聚一方面迎合了核心城市产能扩散的潮流,另一方面也推动了次一级城市的扩张建设,形成次一级发展核心。长三角城市群金融业的集聚有些反常,表现为金融业规模大的城市集聚程度不高,一些小型城市的金融业集聚程度却很高。主要原因为金融业扩散快,壁垒低,导致小型城市接受反应快,易形成集聚。由于资本的流动性,金融业的集聚有利于资本的统一筹划、高效利用,其影响可推动各个产业的发展。因而金融业不但本身的规模扩大,而且能带动其他产业推动城市群空间结构优化。批发零售业是终端产业,直接面向消费者,其集聚可以节省成本,促进规模经济发展。批发零售业不仅是市场需求规模的体现,而且会引领市场需求,与相关产业相互作用,改变城市群空间结构。长三角城市群的批发零售业已经明显地呈现出沪-宁-杭三核心形态,并延伸至其他城市。同时,城市群空间结构的优化也会提升物流业的运行效率,从而推动批发业的发展。

在产业集聚的推动下,区域内逐渐形成城镇密集区,在经济发展的过程中城镇之间通过产业关联或其他方式形成密切的联系和合理的劳动地域分工体系,导致城市群空间结构演化。城市群地域外延的不断扩展最终会导致形成具有网络性特征的城市经济区,这种城市经济区空间结构形成的途径有二:一是大量现代产业在一定地域空间范围内集聚。城市系统的开放性以及中心城市经济的溢出效应,使得城市与域外空间发生广泛的经济贸易联系，并不断加强产业的空间集聚。二是城市内外交通运输系统影响和改变着城市群的空间结构。

(二)产业集聚和扩散与城市群规模的相关性分析

城市群规模的大小取决于很多因素，如地理位置、交通便利程度、经济发展水平、制度安排、文化历史背景等。但产业集聚与扩散能力是决定城市群经济规模的主导力量。同时，从长期来看，城市群规模的扩大与缩小，又反过来会影响城市群的产业集聚与扩散能力。我们从 2006—2014 年的《中国城市统计年鉴》中选取长三角城市群以制造业、建筑业、金融业、批发零售业为代表的产业市区就业人口数据以及作为其城市规模指标的市区人口数据，制成面板数据，进行回归分析。由于选取的个体都是非随机的(分析个体即为长三角城市群城市而非其代表的城市)，且每个城市的固有规模(即剔除变量影响以外的城市规模)不同，故采用了固定效应模型进行计量。即

$$gm = \underset{(4.69)}{182.17} + \underset{(0.34)}{1.38} zz + \underset{(0.27)}{1.96} jz + \underset{(2.67)}{-7.32} jr + \underset{(0.57)}{-1.76} pf \qquad (5-9)$$

式中，gm 代表以城市市区人口(万人)为指标的城市规模，zz 为制造业市区就业人口(万人)，jz 为建筑业市区就业人口(万人)，jr 为金融业市区就业人口(万人)，pf 为批发零售业市区就业人口(万人)。系数下括号内数字为该系数在回归中的标准误。计量结果显示所有系数均通过 1% 显著性检验。对面板数据进行单位根检验，结果显示该数据平稳。同时，设置随机效应模型，并进行霍夫曼检验，检验结果显示 P 值为 0，故拒绝原假设(随机效应模型)，采取固定效应模型。另外，将各城市的固定效应值与原回归方程截距值相加，得出每个城市经过剔除四大产业影响处理后的城市规模。

回归统计后的方程显示，制造业、建筑业的影响均为正，金融业、批发零售业的影响为负。从系数的绝对值来看，金融业的影响大于制造业、建筑业与批发零售业的。从宏观上看，第三产业的影响为负，第二产业的影响为正。固定效应值以及加上截距项处理后的初始规模值显示，各个城市剔除四大产业影响后的初始规模各有不同，如表 5-8 所示。初始规模最大的仍为长三角城市群三大核心：上海、南京、杭州。然后是苏锡常城市群及宁波、合肥等。其中，上海、南京、杭州的初始规模与其他城市的差距相对较大。

表 5-8　四大产业对城市规模影响模型的固定效应值、初始规模

城市	固定效应值	初始规模
上海	1107.392	1289.565
南京	324.3939	506.5665
杭州	161.6311	343.8037
常州	28.64479	210.8174
无锡	25.31288	207.4855
苏州	18.59718	200.7698
宁波	10.24599	192.4186
合肥	−0.151595	182.021
盐城	−21.74724	160.4254
扬州	−41.85737	140.3152
台州	−42.04331	140.1293
南通	−48.30644	133.8662
湖州	−79.38285	102.7898
镇江	−83.5279	98.6447
芜湖	−87.31616	94.85644
金华	−93.61257	88.56003
宣城	−96.53288	85.63972
泰州	−101.3525	80.8201
嘉兴	−109.5824	72.5902
安庆	−111.7484	70.4242
舟山	−114.7037	67.4689
池州	−115.5634	66.6092
马鞍山	−121.1386	61.034
滁州	−130.519	51.6536
绍兴	−131.9236	50.249
铜陵	−145.2077	36.9649

初始规模的位序分布显示(见图 5-9),长三角城市群的初始规模呈首位分布,即排在首位的上海的初始规模远远大于第二位的南京及之后的城市。制造业的影响在于它的就业吸引力与提供生产服务的能力。目前来看,前者的吸引力越来越小,其就业热度低,甚至出现劳动力不足的情况。但是,制造业吸引本地居民就业影响为正,其原因是制造业吸引外地居民的影响有限,而本地居民参与第二产业生产的门槛较低,故制造业对本地居民的吸引力为正,对城市规模的拉动影响为正。所以,在回归方程中,制造业市区就业人口每增加 1 万人,城市规模就扩大 1.38 万人。建筑业的影响与制造业类似,其影响也为正,且系数数值比制造业更大。建筑业具有与制造业同样的工业生产缺点,即对环境的污染干扰大,占地面积大。但是,城市居民的住宿需求和产业发展需求会导致建筑业的发展,促进城市规模的扩大。另外,建筑业就业门槛相对不高,且对外地居民吸引力不高。所以,建筑业的集聚发展对城市规模的影响为正,在回归方程中,每增加 1 万个建筑业市区就业人口,则增加 1.96 万市区人口的城市规模。

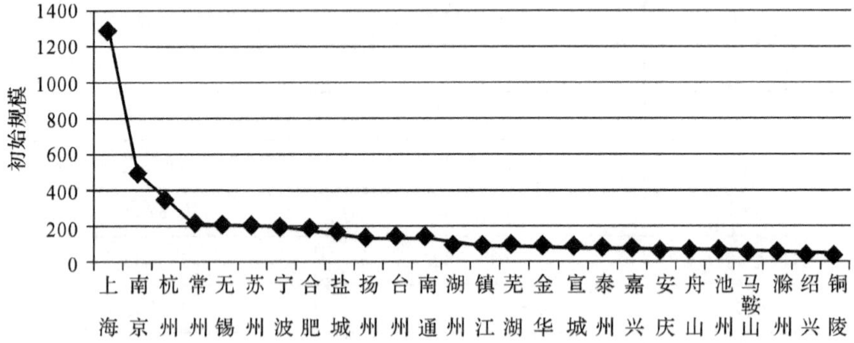

图 5-9　长三角城市群初始规模位序分布

金融业集聚对城市规模的影响最大,其影响为负。这个结果似乎与现实相悖,因为金融业吸引力很强,就业吸引力强对城市规模的扩大有明显的推进作用,如对各行业的投资等。金融业集聚较强的城市往往对外地金融人才的吸引力强,经济发达,就业竞争激烈,导致外地就业人员多。所以,金融业推进城市规模的扩大针对的是市区与外地两处的人员,而非统计口径上的市区居民。另外,外来的金融业就业人员会对本地居民形成挤出效应,比如与本地居民竞争工作岗位、生活空间等。在目前户籍制度相对严格的情况下,外地就业人员转化为城市规模统计口径中的市区居民难度大、转化效率低。鉴于此,金融业集聚对城市规模的影响为负。在回归方程中,每增加 1 万个金融业市区就业人员,则减少 7.32 万个市区居民的城市规模。

批发零售业的影响相对来说不大,其影响为负。批发零售业的就业吸引力相对较大,主要原因一是零售业工作岗位门槛低,容易应聘进入;二是随着收入的增加,人们对消费的偏好上升,批发零售业的需求大,岗位相对较多。与金融业一样,批发零售业就业吸引的不只是市区居民,更多的还是外地居民。所以,外地居民对本地居民形成挤出效应,在严格的户籍制度下,导致批发零售业对城市规模影响为负。在回归方程中,每增加 1 万个批发零售业市区就业人员,城市规模就减少 1.76 万市区人口。

从回归方程发现,第三产业集聚对城市规模的影响均为负,第二产业的影响为正,这与第三产业更能拉动就业、促进产业发展、扩大规模的事实相悖。但依前文分析,第三产业的吸引力主要面向的是外地人口而非市区人口,因为第三产业的利润率相对较高、发展潜力较大,本地居民可提供的劳动力有限,因此只有吸引外地人员与资本大批进入。大部分第二产业利润率较低,待遇环境等软性条件不如第三产业,对外地人口的吸引较小,本地市区人员就业较多。从而,大批的外地人口带来对本地市区居民的挤出效应,对以市区人口为统计口径的城市规模带来负效应。这一现象表明,外地人员数量与影响力的日益上升与户籍制度的壁垒形成冲突,城市规模的统计口径可能已经并不符合现实。

(三)对长三角城市群城市功能的影响

1.模型构建

城市功能是产业发展水平在城市化进程中所表现出的一个重要方面。城市的基础设施建设依赖建筑业与制造业的发展及金融业的投资力度。现代城市功能的强弱,更取决于第三产业的发展水平。有些产业本身就代表了某种城市功能,例如金融保险业,这些产业的集聚本身就是城市功能增强的表现。我们将 2004 年至 2014 年长三角城市群四大产业和代表城市功能的三大具体指标的相关数据作为面板数据,对其进行计量分析,得出以下多元线性回归方程。

$$dl = \underset{(162.21)}{826.10} + \underset{(12.62)}{87.16}zz + \underset{(11.10)}{-13.35}jz + \underset{(88.51)}{-633.25}jr + \underset{(51.89)}{503.18}pf \tag{5-10}$$

$$jy = \underset{(41245)}{-89653} + \underset{(3207.59)}{7604.63}zz + \underset{(2821.98)}{10031.25}jz + \underset{(22505.0)}{188856.1}jr + \underset{(13192.5)}{-67216.6}pf \tag{5-11}$$

$$fd = \underset{(12.30)}{-2.99} + \underset{(0.96)}{5.33}zz + \underset{(0.84)}{7.20}jz + \underset{(6.71)}{8.15}jr + \underset{(3.93)}{-1.83}pf \tag{5-12}$$

式中,dl 代表年末道路面积(万平方米),jy 代表教育事业费支出(万元),fd 代表房地产投资总额中的住宅投资(亿元),zz 代表制造业市区就业人口(万人),jz 代表建筑业市区就业人口(万人),jr 代表金融业市区就业人口(万人),pf 代表批发零售业市区就业人口(万人)。各变量系数下标括号内的数字为该变量回归时的标准误。

由于式(5-10)与式(5-12)的部分变量系数不显著,赋其值以 0。修正后的新方程如下:

$$dl = \underset{(157.27)}{774.99} + \underset{(12.64)}{88.20}zz + \underset{(88.92)}{-632.06}jr + \underset{(45.70)}{473.16}pf \tag{5-13}$$

$$fd = \underset{(0.30)}{6.08}zz + \underset{(0.70)}{6.94}jz \tag{5-14}$$

式(5-13)表示各产业对基础设施建设的影响。该式显示,制造业与批发零售业对道路面积的影响为正,而金融业对道路面积影响为负。且以系数绝对值来衡量,制造业的影响最小,批发零售业与金融业的影响相对更加强烈。

2.分析结论

由于制造业在道路建设中的材料加工、器材建造等环节都起了决定性作用,故制造业的集聚、扩散对道路建设呈正的影响。在回归方程中,每增加1万个市区制造业就业人员,道路面积就增加88.20万平方米。建筑业中不包括道路的建设,在道路建设的各个环节中,建筑业的影响不明显、不直接。所以,在回归方程中,其影响系数取0。

金融业的集聚对道路建设发挥的作用为负。其原因可能是金融业对道路建设的投资效果不明显,金融业的就业挤占了道路建设工作人员的名额,形成了类似挤出效应的影响。在正负两种影响下,总的影响为负。在回归方程中,每增加1万个市区金融业就业人员,道路面积就减少632.06万平方米。批发零售业的影响明显,道路建设对批发零售业具有促进作用,道路的不断开拓有利于批发零售业的运输成本下降,运输半径扩大,从而促进批发零售业的集聚。同时,批发零售业的发展推动道路建设的需求。这种相互促进的作用,使批发零售业的集聚对道路建设呈正的影响,在回归方程中,每增加1万名市区批发零售业就业人员,道路面积就增加473.16万平方米。从这个系数上看,批发零售业对道路建设的拉动作用强大。

式(5-11)表示各产业对文化建设方面的影响。该式显示,制造业、建筑业、金融业对教育事业支出的影响为正,而批发零售业对教育事业支出的影响为负。绝对值显示,金融业对教育事业支出影响最大,批发零售业次之,建筑业随后,制造业影响最小。教育事业所需教学设备、文教具、体育娱乐用品等均为制造业产品,教育事业的发展对制造业的需求显著,故制造业的集聚促进了教育事业的发展,对其呈正的影响。在回归方程中,每增加1万名制造业市区就业人员,教育事业支出就增加7604.63万元。

建筑业对教育事业建设的影响较大。教育事业建设包括校区的规划,教学楼、体育场馆、图书馆以及实验楼等建筑的建造,对于建筑业有着一定的需求,故建筑业的集聚发展对教育事业支出有着正效应。在回归方程中,每增加1万名建筑业市区就业人员,教育事业支出就增加10031.25万元。

金融业对教育事业建设的影响非常大。回归方程中，每增加 1 万名金融业市区就业人员，教育事业支出便增加 188856.1 万元。其中一个原因是部分金融业从业人员是在职业学校接受金融技能培训的，故金融业的集聚促进此类学校发展，使它们的规模扩大，经费增加。另外，教育事业支出的资本经由金融业处理、利用，故高度集聚发展的金融业也是高教育事业建设费用的必要条件之一。故综上原因，金融业对教育事业支出的影响为正，且影响程度很大。

至于批发零售业对教育事业建设的影响，其值为负，且数值不小。其原因可能是批发零售业的集聚对教育事业建设有挤出效应。校区的建设用地可能往往与批发零售点冲突，因为批发零售点要求是人流密集之地，这与某些名校或老牌学校的选址冲突，而且批发零售点与新建校区都是要求地价不高但是交通方便之地。当然，也有可能是就业人员相互冲突导致挤出效应。在回归方程中，每增加 1 万名批发零售业市区就业人员，就减少 67216.6 万元教育事业支出。

式(5-14)显示了各产业对房地产投资总额中住宅投资的影响。与其他城市功能指标不同，该指标有两个产业对其的影响不显著，可视作无影响。有影响的是制造业与建筑业，且两者的影响程度十分接近。

制造业与建筑业作为第二产业的主要组成部分，充分体现了一个城市的工业化水平与生产力水平。而作为城市功能中的"住"这个方面，两大产业的作用就尤为明显。制造业在生产环节上提供了生产原料与器材工具，建筑业则直接负责建造各类住宅房屋，两者相结合，对房地产的影响就相当显著。若制造业、建筑业的集聚程度、发展程度上升，则房地产发展的成本降低，吸引房地产投资。故在回归方程中，每增加 1 万名制造业市区就业人口，则房地产住宅投资额就上升 6.08 亿元；每增加 1 万名建筑业市区就业人口，则房地产住宅投资额就上升 6.94 亿元。

综上所述，长三角城市群的产业集聚与扩散对城市群空间组织的影响主要有以下几个方面。一是产业集聚的分布与空间结构具有正相关性。长三角城市群空间结构与产业集聚的空间分布具有相同趋势，都是从单核发展演化至点轴、组团式及网络状结构。但是，各个具体的产业因为其产业特性的不同而表现出集聚空间分布的差异。例如，制造业总体上集聚于核心城市的周围城市,而同为第二产业的建筑业则集聚于各大核心城市以及部分小型城市。但是这些产业的集聚与扩散对长三角城市群空间结构的影响结果相同。二是产业集聚与扩散对城市群规模的影响根据不同产业的特性而各不相同。总体来说,第二产业的影响为正,第三产业的影响为负,不同的产业影响程度也各不同。三是产业的集聚与扩散对城市群功能的影响根据不同的产业特性各有差异。如文化事业,除了批发零售业外,其余产业集聚的影响均为正。其中,金融业集聚的影响远远超出其他产业。

可以看出,不同类型与拥有不同特性的产业集聚与扩散,对城市群空间组织的各方面都发挥着不同的影响。在空间结构方面,产业集聚与扩散作用趋于一致。产业的集聚带动了多核心的空间发展,产业的扩散则在推动多核心发展的同时也对次级城市的发展形成促进作用,从而推动网络化发展。在城市规模与城市功能方面,不同产业的集聚与扩散会表现出差异化的结果。产业结构及其变化会优化城市群功能体系,产业结构很大程度上决定了城市功能,尤其是经济功能。城市产业的升级和发展是城市功能不断完善的基础,城市产业结构的调整和升级是改变和提升城市功能的主要因素。无论是城市的一般功能,还是城市的主导功能都需要一定的产业形态作为依托,城市功能受城市产业结构变化的影响,产业结构决定着城市的空间结构和布局,影响着城市功能的发挥。

案例分析(2):产业集聚与扩散作用推动浙中城市群空间经济结构优化

一、案例背景与方法

浙中城市群目前核心-边缘结构特征明显,整体结构趋于紧密,城市群各个行为主体的联系和互补性增强,促进城市群功能不断提升。浙中城市群空间经济结构演变,其根本动因是制度因素,产业集聚与扩散作用是主要推动力。我们运用社会网络分析方法,考察浙中城市群空间经济结构的演变特征,并在此基础上提出进一步优化浙中城市群空间经济结构的若干建议。社会网络分析方法需要对城市间的关系进行量化。由于城市群内部的关系是一种多数值、非对称的关系,需以修正后引力模型所计算的结果作为城市间关系值,得出城市群内城市间经济联系的矩阵。如果社会网络分析方法需要对称数据,那么应用原始引力模型进行计算,并把得出的浙中城市群内城市间经济关系矩阵导入 UCINET 软件,进行密度、中心度、核心-边缘结构网络分析,总结出浙中城市群空间结构整体及其内部个体间演变特征。我们主要选取四个间隔年份的截面数据,分别为 2001 年、2004 年、2007 年、2010 年的数据,时间点分布均匀。原始数据来自《金华统计年鉴》(2002 年、2005 年、2008 年、2010 年)。

1. 修正后的引力模型

引力模型广泛应用于分析城市间存在着的相互影响、相互作用关系。其原始引力模型的计算公式为:

$$P_{ij} = \frac{\sqrt{P_i G_i}\sqrt{P_j V_j}}{D_{ij}^2} \tag{1}$$

式中,P_i、P_j 为城市人口指标,我们采用城市非农人口数;G_i、G_j 为城市的经济指标,我们采用城市 GDP;D_{ij} 为两个城市的距离,使用城市间公路里程数。这一公式所计算出来的引力,没有考虑到由两个城市各自的经济功能造成的引力强度差异,考虑到这一差异的影响,通常的做法是对其进行修正,即引入参数 k。我们借鉴王欣等(2006)的研究,采用城市 GDP 占两个城市 GDP 之和的比重来对引力模型进行修正。修正后的公式为:

$$R_{ij} = k_{ij}\frac{\sqrt{P_i G_i}\sqrt{P_j G_j}}{D_{ij}^2}, \left(k_{ij} = \frac{G_i}{G_i + G_j}\right) \tag{2}$$

式中,R_{ij} 为城市 i 对城市 j 的经济联系;P_i、P_j 依然为城市人口指标,采用城市非农人口数;G_i、G_j 为两个城市的 GDP;D_{ij} 为两个城市的距离(两个城市公路里程数);k_{ij} 为城市 i 在两个城市引力中的贡献率。考虑到社会网络分析中不同指标对数据的要求,因此使用公式(1)或公式(2)的测度结果。

2. SNA 测度指标

社会网络分析中的网络密度指网络中各个点联结的紧密程度。网络密度的数值用实际存在的关系数量与理论上可能存在的最大联系数量之比衡量,取值为 0 到 1,密度越大说明网络联结越紧密。最大联系数量根据所研究的问题不同进行具体衡量。本案例中的网络密度是指城市群内城市间相互联系的紧密度,用于量化城市群整体的紧密程度。点的中心度是指该点在总体网络中的重要性。点入度与点出度是点的中心度的主要指标,分别表示该点受其他点影响的程度与影响其他点的程度。本案例中点的中心度指一个城市在整个城市群中的重要性,点入度指该城市受其他城市的影响程度,点出度指该城市影响其他城市的程度。点的中心度可以量化各个城市的影响能力和受影响程度。核心-边缘结构重点分析网络中处于核心地位的点以及处于边缘地位的点。这一方法利用社会网络分析中的模型,结合现实的数据来判断城市群中不同城市所处的位置(核心、边缘或半边缘)。

二、浙中城市群空间结构演变特征

根据引力模型及其修正模型,使用 2001 年、2004 年、2007 年、2010 年统计数据进行计算,计算结果作为城市间关系值。同比处理后,若其值大于 1,则认为两个城市间的经济联系值为 1;若其值小于 1,则认为两个城市间的经济联系值为 0。将其导入社会网络分析软件 UCINET,可以得出上述社会网络分析测度指标的结果。据此,得出浙中城市群空间经济结构演变的特征。

(一)整体结构趋于紧密

从图 1 可以看出,2001 年到 2010 年期间,浙中城市群内部的经济联系明显增强,浙中城市群的空间经济结构更趋完善。城市之间的联系由简单联系、近域间联系向网络化方向发展。

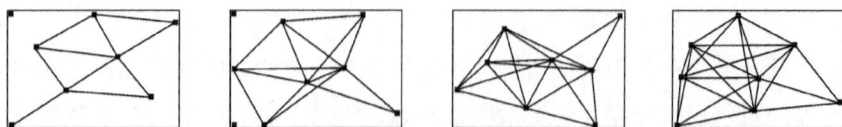

（a）2001年空间经济结构　（b）2004年空间经济结构　（c）2007年空间经济结构　（c）2010年空间经济结构

图1　浙中城市群空间经济结构变化

四个年度浙中城市群的网络密度如表1所示，网络密度越大，说明城市群内部城市间存在的联系越趋于完备（所有点之间均存在连线），图1中的图（c）即所有城市间彼此相互紧密联系的状况。从表1数据可以看出，浙中城市群的网络密度逐年增大，说明8个城市间彼此的联系愈加紧密。其中，网络密度变化幅度在2004年到2007年的增幅达45.3%，说明在这一阶段浙中城市群发展很快，城市间经济联系显著增强。到2010年，浙中城市群网络密度已经达到0.679，说明浙中城市群城市间在经济上更加紧密，城市群空间经济结构更趋复杂，空间组织功能也相应逐渐增强。

表1　浙中城市群网络密度

年份	网络密度
2001 年	0.321
2004 年	0.393
2007 年	0.571
2010 年	0.679

（二）内部个体间相互交流增多

从社会网络分析点的中心度（见表2）可以看出，浙中城市群内部8个城市相互之间的影响力逐年上升。具体来说，金华市区的点入度、点出度一直处于很高水平，这是由于金华作为浙中城市群的行政中心，与其他城市保持着紧密的联系。磐安的点入度和点出度在2001年和2004年为0，到2007年、2010年其点出度还是0，点入度有了小幅增加。磐安由于距离其他城市较远，经济发展相对缓慢，对其他城市影响接近于0。近年来,浙中城市群整体发展较快,对磐安的发展有了一定影响。义乌的点入度和点出度提升很快,2010 年义乌对其他城市的影响已经赶上金华,成为区域中心城市,对其他城市发挥吸引和辐射作用。其中 2004 年点入度与 2001 年相比有所下降,表明这一期间义乌的迅速发展使得其对其他城市的影响逐渐增加,其他城市对其的影响下降。其余 5 个城市的点入度和点出度都逐年增强。对点的中心度的研究表明,浙中城市群由于义乌的发展,集聚和辐射能力加强,使得浙中城市群作为一个整体,其功能进一步提升,内部城市间交流增多,先发展地区对后发展地区发挥明显的带动作用。

表 2　浙中城市群社会网络分析点的中心度

年份	2001 年		2004 年		2007 年		2010 年	
	点入度	点出度	点入度	点出度	点入度	点出度	点入度	点出度
金华市区	0.714	0.714	0.714	0.857	0.857	0.857	0.857	0.857
兰溪	0.286	0.143	0.286	0.143	0.571	0.429	0.714	0.857
义乌	0.429	0.571	0.286	0.857	0.714	1.000	0.714	1.000
东阳	0.429	0.429	0.419	0.571	0.571	0.857	0.714	1.000
永康	0.286	0.429	0.571	0.429	0.571	0.714	0.714	0.857
武义	0.286	0.143	0.429	0.286	0.571	0.286	0.714	0.429
浦江	0.143	0.143	0.429	0	0.429	0.429	0.571	0.429
磐安	0	0	0	0	0.286	0.000	0.429	0

(三)核心-边缘结构特征显著

根据社会网络分析结果,浙中城市群从 2001 年到 2010 年,整体联系更加紧密,呈现明显的核心-边缘结构特征。核心-边缘关联缺失模型中,核心成员之间的密度达到最大,边缘成员之间密度达到最小,而核心成员和边缘成员之间的关系密度不予考虑,将其视为缺失值。分析结果显示,浙中城市群的核心成员为金华市区、兰溪、义乌、东阳、永康、武义,边缘成员为浦江和磐安。说明浙中城市群 8 个城市,金华市区、兰溪、义乌、东阳、永康、武义 6 个城市之间联系相对紧密,而浦江和磐安处于边缘位置。

三、浙中城市群空间经济结构特征的影响因素

浙中城市群空间经济结构演变特征是制度安排、产业集聚与扩散、城市群功能提升等多种因素共同作用的结果，其过程表现为图 2。制度因素促进了浙中地区的经济发展，并由此加速了浙中地区城市化进程，是浙中城市群空间经济结构演变的根本动因。随着浙中地区经济发展的加快，逐渐形成了金华和义乌两个区域性中心城市，中心城市的辐射作用，奠定了浙中城市群空间经济结构的雏形。围绕义乌批发业的发展，浙中地区其他城市积极发展主导产业群，形成了产业协作网络，其集聚与扩散作用加强了城市群内部各城市间的相互影响，是浙中城市群空间经济结构演变的主要动力，浙中城市群的空间结构演化为双核心-多轴线结构。

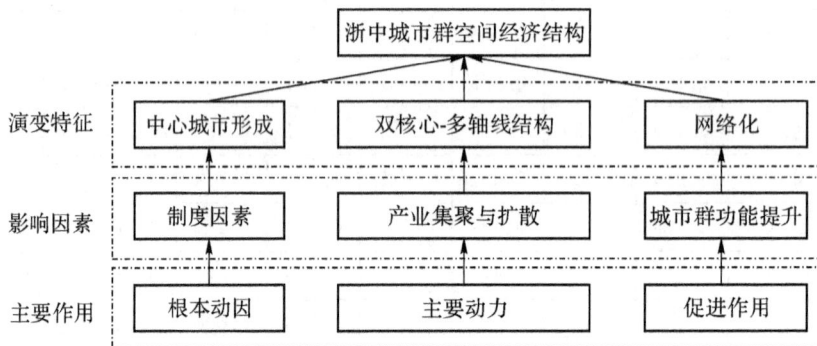

图 2　浙中城市群空间经济结构演变过程

（一）制度因素是浙中城市群空间经济结构形成发展的根本动因

在浙中城市群形成阶段，制度因素是根本动因，起到了促进作用。在浙中城市群发展初期，金华市区是必然的中心城市，各个城市都与金华市区有着密切的行政联系。由于这种行政上的隶属关系，人流、物流、信息流、技术流、资金流在金华市区与其他城市间的流动比起在其他地区间的流动更为集中，金华市区处于区域的中心地位。同时，义乌在制度方面积

极鼓励小商品市场发展。在此基础上,坚持"兴商建市"的发展战略,在制度层面支持义乌专业市场的形成,积极进行制度创新,使得义乌经济发展迅速,义乌也因而成为浙中城市群中的另一个重要的中心城市,与周边城市形成产业联系,带动了周边城市发展,这一时期,浙中城市群表现出双核心的空间结构。

"十一五"期间,金华市政府就已提出"发展城市群,共建大金华"的战略主线,对浙中城市群的产业布局、功能联系、特色产业建设进行了详细的规划,通过政策引导,推动浙中城市群一体化发展。在"十二五"规划中,政府更加重视浙中城市群的建设,提出把浙中城市群作为一个整体加快实施制度共建机制,加速浙中城市群内部城市间的融合,明确各个城市的功能目标、产业定位,从整体上布局城市群空间结构。

(二)产业集聚与扩散作用推动了浙中城市群空间经济结构优化

随着义乌小商品批发业的发展,由于空间邻近,周边城市纷纷发展产业链上下游特色产业群,周边城市的生产要素流向义乌。这种产业上的相关性,与双核心结构相联系,使得浙中城市群表现出独具特色的双核心-多轴线结构,即金华、义乌两个核心,兰溪—金华—武义、浦江—义乌—东阳、金华—义乌三条明显的轴线,形成了规模庞大、相互联合的产业协作网络。这一产业协作网络可以总结为"一轴三带":"一轴",就是金义产业主轴线,是国际化的高端产业引领区;"三带"是指金兰产业带、浦义东产业带、武永东磐产业带。金兰产业带集中发展生物医药、机械制造、电子信息、新型建材、能源原材料等产业。浦义东产业带重点发展日用小商品生产,同时发展以生物医药、磁性材料、机电电器、节能环保为主体的新兴产业。武永东磐产业带发展五金工具特色产业,同时发展以整车制造、零配件生产为主体的汽摩配产业。产业协作网络产生巨大的要素集聚作用及扩散作用,使整体功能远高于单个城市功能之和,城市间经济联系越来越密切,相互之间的影响能力增强,推动浙中城市群空间结构向网络化方向发展。产业协作网络的形成使得浙中城市群内部凝聚力增强,特色产业群的发展推动了城市群空间经济结构的优化。

（三）城市群功能提升促进浙中城市群空间结构优化

从 2001 年到 2010 年,浙中城市群经济总量增长 375%,经济的增长必然带来城市化水平的提升,使得各种要素在集聚经济和规模经济的作用下向城市集中。这种集中对城市群的空间提出了更高的要求,进而促进了城市群空间结构的优化。同时,城市群空间经济结构的优化又推动了城市群整体功能的提升和城市群中城市之间的功能分工。围绕金华市区和义乌市两个经济中心,在整个城市群范围内形成了分工明确的产业集群和专门化产业链,这一过程反过来又促进了浙中城市群空间结构的进一步优化和空间规模的扩大。

四、案例启示

通过上述案例分析,形成若干启示(崔大树 等,2013)。一是进一步完善城市群融合互动发展机制。浙中城市群功能不断完善,在一定程度上形成了相互补充的主导产业,如义乌的商品批发业、物流业,永康的五金产品等。但从浙中城市群的空间结构特征和影响因素来看,城市间的融合程度还有待提高。中心城市与次级中心城市联系紧密,但还存在发展缓慢的城市,如被边缘化的浦江、磐安两地。需要加强城市间,尤其是与边缘城市间的互动发展。完善城市群融合互动发展机制,主要体现在加强城市间产业发展、生态建设、基础设施建设、政策制定等方面的一体化,使得欠发达地区发展加快,从而促进城市群一体化程度的提高,增强其整体的竞争能力。核心是协同城市间的管理制度与政策。管理制度、政策上的不同,容易形成地区壁垒,不利于城市群内部资源流动,阻碍城市群一体化发展。同时,促进职责明确的组织结构的形成,支持城市间建立互动发展的多边平台,鼓励共同开展基础建设、生态建设方面的大型项目,推动城市间协调发展,提高整个城市群的一体化发展水平。二是促进协同型产业网络的形成。主导产业的成长是城市物质形态演变的主要原因,是城市空间布局、功能分区的基础(崔大树,2010)。协同型产业网络(郑小碧 等,2012)是与城市群耦合的产业网络,其构建与发展可以影响城市群空间经济结构的演变。目前,浙中城市群已有一定的产业网络基础,金华、义乌、永康、东阳等城市已经形成具有特色的主导产业。推动城市主导产业及其产业集群的发展,加强主导产业间的联系与互动,对于浙中城市群中各城市主体功能的增强和城市群空间效率的提升都具有明显的促进作用。

五、附录

附表 1　浙中城市群 2000—2010 年各城市名义 GDP　　单位:万元

城市	2010 年	2009 年	2008 年	2007 年	2006 年	2005 年	2004 年	2003 年	2002 年	2001 年	2000 年
金华	4030312	3405154	3254130	2857573	2426345	2063379	1802940	1463146	1229067	1065107	969025
兰溪	1803062	1474174	1423117	1271768	1029095	882892	785521	663634	590872	549703	530504
义乌	6199088	5237775	4974444	4252043	3549299	3044801	2603585	2106143	1737700	1495491	1309848
东阳	2868641	2439910	2323185	2061398	1806847	1586507	1421322	1187517	1005799	894374	820473
永康	3104806	2608736	2472623	2135373	1800451	1569284	1359233	1102466	936735	842015	752837
武义	1295999	1079969	1031813	880127	708361	596702	500649	406129	341843	302510	274971
浦江	1316311	1107712	1064237	942733	797104	672634	574281	464008	388064	346931	318200
磐安	482222	407217	387239	342485	290498	250802	208323	169991	144066	128047	117637

附表 2　浙中城市群各城市间距离矩阵　　单位:千米

城市	金华	兰溪	义乌	东阳	永康	武义	浦江	磐安
金华	0	32.9	63.2	79.8	58.4	35.9	76.2	127.9
兰溪	32.9	0	81.5	96.1	88.7	66.1	92.5	144.9
义乌	63.2	81.5	0	19.9	105.0	82.0	32.0	76.1
东阳	79.8	96.1	19.9	0	55.9	101.4	54.1	59.9
永康	58.4	88.7	105.0	55.9	0	36.6	118.8	69.5
武义	35.9	66.1	82.0	101.4	36.6	0	96.5	100.2
浦江	76.2	92.5	32.0	54.1	118.8	96.5	0	116.0
磐安	127.9	144.9	76.1	59.9	69.5	100.2	116.0	0

参考文献

陈建华,2007.长江三角洲产业同构问题再研究[J].长江论坛(5): 13-18.

陈景新,王云峰,2014.我国劳动密集型产业集聚与扩散的时空分析 [J].统计研究,31(2):34-42.

崔大树,2010.主导产业提升县域城市化水平的作用机制分析——以 浙江义乌市为例[J].经济地理,30(2):208-213.

崔大树,樊晏,2013.基于SNA的浙中城市群空间经济结构演变的网 络特征分析[J].产业经济评论,12(2):129-138.

唐立国,2002.长江三角洲地区城市产业结构的比较分析[J].上海经 济研究,(9):50-56.

王文森,2007.产业结构相似系数在统计分析中的应用[J].统计科普 (10):47-48.

王欣,吴殿廷,王红强,2006.城市间经济联系的定量计算[J].城市发 展研究,13(3):55-59.

张松林,张昆,2017.全局空间自相关Moran指数和G系数对比研究 [J].中山大学学报,46(4):93-97.

郑小碧,陆立军,2012.城市群与协同型市场产业网络的协动机理研 究——以浙中城市群与"义乌商圈"协动发展为例[J].经济地理,32(2): 71-76.

Vehmas J, Kaivo-oja J, Luukkanen J, 2003. Global trends of linking environmental stress and economic growth[R]. Turku:Tutu Publications.

第六章　城市群空间组织与产业空间分异的相互作用机制

从前述城市群空间组织演变的阶段性特征,以及产业集聚、扩散与城市群空间组织相关性的分析发现,城市群空间组织内部或城市群之间,都存在不同类型的相互作用机制,例如,城市与城市之间的相互作用,中心城市与腹地区域的相互作用。而城市群的空间组织与产业空间分异之间的相互作用在各种类型相互作用过程中占据主导位置。但是,现有理论认识和方法还不能全面、准确、系统地揭示论证城市群空间组织与产业空间分异的相互作用机制。因此,本书试图在认识城市群空间组织内部基本引力作用的基础上,以若干产业类型为分析视角,揭示城市群空间组织与产业空间分异相互作用过程中存在的耗散结构、知识溢出效应等机制。

第一节　引力作用机制

引力是大自然的一种作用力,在地球上表现为重力。在社会经济空间中,也存在若干引力作用,并形成相应的表现方式。从城市群空间属性来看,其物质空间存在着中心城市与低等级中心城市之间的引力作用,产业的集聚与扩散也表现为引力作用驱动的各种要素流动。因此,本节运用重力模型、城市流强度模型、引力模型等方法,试图从城市群总体的视角刻画长江三角洲城市群内部所具有的引力作用及其基本的表现方式。

一、引力作用及度量

重力模型是研究空间相互作用领域重要的方法之一，在交通、人口、商业等方面广泛应用。我们通过运用重力模型对长三角城市群城市之间吸引力大小的度量表现长三角城市群各城市之间的引力作用。

重力模型公式为：

$$T_{ij} = K \frac{P_i P_j}{d_{ij}^b} \tag{6-1}$$

式中，T_{ij} 为 i 城市与 j 城市之间的吸引力（即重力），K 为重力系数，P_i、P_j 分别是以市区人口为指标的 i 城市与 j 城市的规模，d_{ij} 为 i 城市与 j 城市之间的空间距离，b 为距离摩擦系数。由于我们旨在比较各城市之间吸引力的相对大小，故 K 值的大小不影响结果（须为正数）。这里重力模型中的 K 值取 1；城市规模 P_i、P_j 由市区人口定义，数据来源于 1995 年、2004 年、2015 年的《中国城市统计年鉴》；空间距离 d_{ij} 根据各个城市间的经纬度坐标计算得出，资料来源于中国城市坐标表；距离摩擦系数 b 的大小一直存在争论，而 b 值的大小实际上指示了引力作用范围的尺度差异，依据顾朝林等人（2008）的发现，b 值分别取 1 和 2 时可以近似地揭示国家尺度和省区尺度的城市体系空间联系状态，故这里 b 值取 2。

我们选取了长江三角洲城市群 26 个城市（其中 1995 年池州与宣城资料缺失）作为对象，计算得出每两个城市之间的吸引力矩阵，再针对每一个城市选择出与它吸引力最大的城市，在地图上绘制连接线，即可得出长三角城市群重力作用所表现出的城市之间的空间连接关系。结果表明，1995 年至 2014 年长三角城市群的重力核心是上海，但其吸引力有一定程度下降。随着长三角城市群的不断演变，出现了多个次一级的中心城市，如南京、杭州等。在次级中心城市的带动下，推动了次一级城市群数量与规模的增加。例如，以杭州为核心的环杭州湾城市群，吸引和影响范围逐渐扩大，从湖州、绍兴，扩展到金华、嘉兴。同时，长江岸线次级城市群增加较多，如镇江—台州—扬州、常州—无锡—苏州、南京—滁州—合肥—宣城、安庆—池州—铜陵城市群。

我们进一步把每个城市与其他城市的吸引力加总,则可知每个城市的综合吸引力强弱,以及每个城市的辐射能力与相应城市群的集聚情况。综合吸引力计算模型为:

$$T_i = \sum_{j=1}^{n} T_{ij} \tag{6-2}$$

T_{ij} 为式(6-1)中的吸引力。利用 Power Map 绘制出长三角城市群综合吸引力热力图。结果表明,长三角城市群的重力核心在不断增加,1995年重力核心是上海,2014 年新增加了苏州、无锡、杭州、扬州等城市。多个重力核心城市呈集聚状态,如上海—苏州—无锡—扬州—镇江—南京、杭州—绍兴,这也证明长三角城市群的空间结构呈多极化集聚。

二、引力作用表现

从城市群的空间属性来看,城市群响应空间的核心是城市群空间在其演变过程中,某一主体产生一定的行为效应后,另外一个主体会产生相应的反应过程及表现。引力作用导致城市群各行为主体,如城市与城市之间、城市与产业之间产生各种经济要素的不同程度的联系。这种联系会通过城市的结构与功能以及规模表现出比较明显的若干响应方式。表现方式为主要通过各种"流"引起功能、要素及产业的响应。城市流是指城市间人流、物流、信息流、资金流、技术流等在城市体系内发生的双向或者多向物质流现象。我们通过若干定量分析方法,刻画出在引力作用机制下,"流"的运动所引起的表现。

(一)研究方法

1. Ripley's K 函数

Ripley's K 函数是空间点模式分析的常用方法之一,可以按空间尺度判断城市空间分布。其公式为:

$$K(D) = \frac{A}{n^2} \sum_{i=1}^{n} \sum_{j \subseteq J_D} I_{ij} \tag{6-3}$$

式中,D 是空间尺度;A 是研究区面积;n 是研究区域内的城市数;J_D 是

以城市 i 为圆心，D 为邻域的城市集；I_{ij} 是该集合内的城市数。

为了能够较为全面地反映相互作用过程中城市群空间结构的变化，分别考察两类空间分布：城市区位和城市规模。公式（6-3）只能估计城市区位的集聚或分散程度，当考察对象是城市规模时，将上述函数形式改为：

$$K(D) = \frac{\sum_{i=1}^{n} y_i}{\sum_{i \neq j, j=1}^{n} y_j} \cdot \frac{\sum_{j \subseteq J_D} y_{ij}}{\sum_{i=1}^{n} y_i / A} \qquad (6\text{-}4)$$

式中，y_i、y_j 分别是城市 i 和 j 的人口数，y_{ij} 是 J_D 集合内的城市规模。上式由两部分组成：前半部分是以任一城市点为中心、邻域范围 D 内城市规模的期望，后半部分是城市规模的密度。

理论上，当显著性水平一定时，若 K 值显著地大于 πD^2，则表明城市在空间上呈显著集聚分布，K 值越大则空间集聚程度越高；反之，若 K 值显著小于 πD^2，则表明城市在空间上呈显著分散分布，K 值越小则空间分布越均匀；仅当 K 值接近期望值 πD^2 时，城市在空间上呈现随机分布。

2. 边界效应的引入

新经济地理学理论涉及边界对城市空间中经济行为与城市地域空间结构的影响，分为边界正效应和边界负效应。前者主要受海岸线等自然边界控制，海岸线越长，国际贸易量就越大，这与长三角城市群的产业空间分异和城市分布具有正效应作用有关。后者由省际行政边界等行政区划的刚性约束产生。自然地理屏障或省际边界往往会增加区域间贸易成本，从而使劳动力跨区域流动减少，对城市空间分布演化具有负效应作用。我们通过地理权重 w_{ij} 判别边界效应下的空间相互作用机制，公式（6-3）可重写为：

$$K(D) = \frac{A}{n^2} \sum_{i=1}^{n} \sum_{j \subseteq J_D} w_{ij} I_{ij} \qquad (6\text{-}5)$$

3. 城市群空间分布的局域估计

对城市群空间分布的局域特征进行详细分析需要对公式（6-4）进行

结构分解：

$$K_i(D) = \sum_{j \subseteq J_D} y_{ij} / (\sum_{i=1}^{n} y_i \sum_{i \neq j, j=1}^{n} y_i / A) \tag{6-6}$$

式中，$\sum_{i \neq j, j=1}^{n} y_i / A$ 表示城市规模的平均密度，$\sum_{j \subseteq J_D} y_{ij}$ 是城市 i 领域 D 范围的城市规模之和，y_i、y_j 分别为对均值和标准差的标准化变量。

4. 城市流强度模型

城市流强度反映某一城市与区域内其他城市相互作用而发生的经济社会联系的强弱，城市流强度模型主要通过分析城市群的功能联系，揭示空间相互作用及其表现。城市流强度模型的表达式为：

$$F_i = B_i E_i \tag{6-7}$$

式中，F 表示城市流强度；B 表示城市功能效益，也就是城市间单位外向功能量产生的实际影响；E 表示城市外向功能量；i 表示第 i 个城市。B 用从业人员的人均 GDP 来衡量，E 取决于该城市某部门的区位熵 LQ_{ij}，区位熵的表达式为：

$$LQ_{ij} = \frac{L_{ij}/L_i}{L_j/L} \tag{6-8}$$

式中，L_{ij} 表示 i 城市 j 部门的从业人员数量；L_i 表示 i 城市所有部门的从业人员数量；L_j 表示整个区域 j 部门的从业人员数量；L 表示整个区域所有部门的从业人员数量。

若 $LQ_{ij} < 1$，则 $E_{ij} = 0$，因为在区位熵小于 1 的情况下，该城市没有外向功能，根据城市流强度的定义，E 表示的是城市外向功能量；若 $LQ_{ij} > 1$，则说明 i 城市 j 部门存在外向功能，且外向功能表示为：

$$E_{ij} = L_{ij} - L_i \frac{L_j}{L} \tag{6-9}$$

i 城市 n 个部门的总的外向功能 E_i 可表示为：

$$E_i = \sum_{j=1}^{n} E_{ij} \tag{6-10}$$

综合以上表达式，推得 i 城市的城市流强度 F_i 的表达式为：

$$F_i = B_i E_i = \frac{GDP_i}{L_i} E_i = GDP_i \frac{E_i}{L_i} = GDP_i K_i \tag{6-11}$$

式中，K_i 表示单位从业人员提供的外向功能量，能够反映 i 城市总功能量的外向程度，称为城市流倾向度。城市流倾向度高，则表明城市的总功能量的外向程度高，即表明该城市在整个区域的经济中处于中心地位。

5.中心城市能级指数

城市能级指数反映一个城市的某种功能对该城市以外地区的辐射影响程度，城市经济能级则主要反映城市经济的影响和辐射空间。我们主要以 GDP 能级、三次产业能级和综合能级三个指标来反映长三角城市群一、二级中心城市的能级指数相对比较度，其中计算所得能级均为相对能级指数。单指标能级指数和总能级指数分别根据公式(6-12)和公式(6-13)计算。

$$E_{ei} = F_i \Big/ \Big(\frac{1}{n} \sum_{i=1}^{n} F_i \Big) \tag{6-12}$$

式中，E_{ei} 为单指标能级指数，包括 GDP 能级、第一产业能级、第二产业能级和第三产业能级；F_i 为 i 城市相应指标的值；n 为长三角城市群城市数量。

$$E = \sum_{i=1}^{n} \lambda_i E_{ei} \tag{6-13}$$

式中，E 为总能级指数；λ_i 为指标权重；E_{ei} 为由公式(6-12)计算所得的各指标能级指数。基于城市经济能级指标选择的非固定性和无前期指标权重，假定所选择指标的权重相同，将各指标能级指数的平均值作为城市经济总能级指数。

（二）分析结果

2013 年 4 月长三角城市群扩容之后，涵盖的地级市个数总量为 30 个。本书在这里选择长三角城市群 2005—2015 年地级及以上城市。运用 GIS 软件从国家测绘地理信息局公布的 1：100 万中国地形数据库中获取城市间距离，以及城市与边界、海岸线的距离数据，单位为米；人口数据取自《新浙江五十年统计资料汇编》及浙江省、江苏省、安徽省、上海市统计局网站等，统计口径为总人口数（万人）；经济数据为 2010 年和 2015 年城镇居民人均可支配收入（元）。

1.空间结构的响应及表现

通过测算长三角城市群30个城市7个外向部门行业的区位熵，并结合前述给出的城市流强度定义以及公式(6-5)、公式(6-6)和公式(6-7)测算出 i 城市 j 行业的外向功能量 E_{ij} 以及各城市的外向功能量 E_i。结果表明，上海的外向功能量在长三角城市群中最高，达到 21.9561，是居于第二位的杭州的将近3倍。说明上海在整个城市群联系中具有核心地位。杭州之后分别为南京(7.5116)、苏州(5.8336)、宁波(5.8164)和合肥(4.5397)。

根据2014年长三角城市群各城市的 GDP_i 和 L_i，求出各城市的 F_i 和 K_i。根据城市流强度值的大小可把长三角城市群划分为：高城市流强度城市，即一级中心城市；较高城市流强度城市，即次级中心城市；低城市流强度城市，即一般城市。其中，具有最高城市流辐射能力的城市为上海，达到了708.39，表明其为长三角城市群一级中心城市。较高城市流辐射能力的城市为南京、杭州、苏州、宁波和合肥(F_i 值均在200以上)，南京、杭州和合肥的城市流强度与上海相比有一定差距，但对周边城市具有一定的辐射作用。宁波城市流强度达到257.79，也具有较强的经济辐射能力；苏州因为毗邻上海，相对于嘉兴，其更好地承接了上海的产业转移，成为长三角城市群第二大经济体，具有较强的经济辐射能力。因此，我们把上述城市归类为次级中心城市，其余城市则为一般城市。通过对城市流强度的测度可知，长三角城市群中心城市已具备较强的外向能力，城市流的主要表现形式也已经由集聚向扩散转化，一、二级中心城市的功能相对完善。根据长三角城市群一、二级中心城市的城市流强度，我们绘制了长三角城市群中心城市的城市流强度图，如图6-1所示。

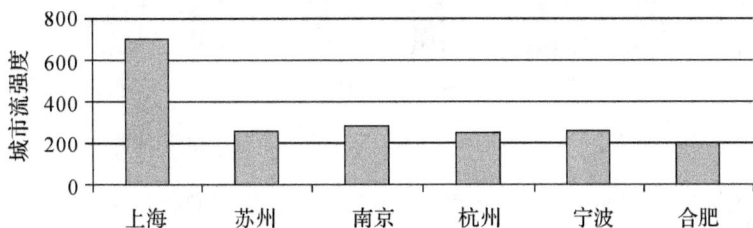

图6-1　长三角城市群一、二级中心城市的城市流强度

2. 中心城市能级指数

为了进一步分析长三角城市群一、二级中心城市的城市流强度结构，对上海、苏州、南京、杭州、宁波、合肥六个中心城市的 GDP_i 和 K_i 的值作标准化处理。由城市流强度的公式

$$F_i = GDP_i K_i \tag{6-14}$$

可知，城市流强度的影响因素可以分为城市总体经济实力和城市流倾向度两个方面，两者的相对比例关系直接影响城市流强度的大小。其公式为：

$$GDP'_i = \frac{GDP_i}{maxGDP_i} \tag{6-15}$$

$$K'_i = \frac{K_i}{maxK_i} \tag{6-16}$$

式中，GDP'_i 和 K'_i 分别表示长三角城市群一、二级中心城市的地区生产总值和城市流倾向度的标准化值，$maxGDP_i$ 和 $maxK_i$ 分别表示长三角城市群一、二级中心城市的地区生产总值和城市流倾向度的最大值。利用上述公式，对长三角城市群 2014 年各中心城市的 GDP_i 和 K_i 作归一化处理，形成长三角城市群中心城市的城市流强度结构图，如图 6-2 所示。

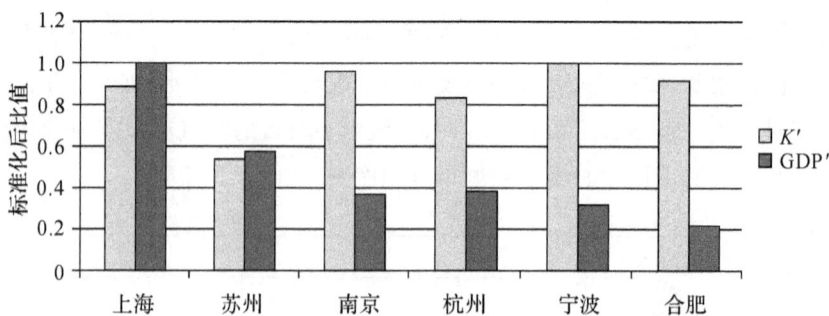

图 6-2　长三角城市群一、二级中心城市的城市流强度

测算结果显示，长三角城市群一、二级中心城市总体实力和城市流倾向度的区域对比关系为：一级中心城市上海因其强大的整体经济实力和较高的城市流强度值成为长三角城市群经济空间联系的中心，并且其标

准化 GDP 值和标准化倾向度值 K 相对比较协调,说明上海是长三角城市群集聚与辐射的绝对中心。对于二级中心城市,苏州的城市流强度相对于上海来说整体偏弱,但是城市综合实力和城市流倾向度的协调性较好。杭州、南京、宁波和合肥的城市流强度的总体实力低于城市流倾向度,其中合肥差异明显。南京、杭州和宁波表现出一定的相似性,它们在综合服务功能方面已具备了一定的实力。

根据上述计算公式和 2014 年长三角城市群一、二级中心城市的 GDP 总量,以及第一产业增加值、第二产业增加值和第三产业增加值,可分析中心城市的能级指数。上海的能级指数达到 4.99,是位于第二的苏州的 1.7 倍。在二级中心城市中,苏州的辐射影响力相对比较突出,高于其他二级中心城市;合肥在二级中心城市中处于相对较弱的地位,南京、杭州和宁波的 GDP 能级指数相当。

从第一产业能级指数看,辐射影响较大的城市为宁波、杭州和合肥。第二产业能级指数显示,辐射影响大的城市为上海和苏州,是其余四个城市的将近两倍。第三产业能级指数表明,辐射影响能力最大的城市为上海,并且遥遥领先于其余二级中心城市,是排名第二的苏州的两倍多,凸显了其服务业在长三角城市群中的地位和其强大的辐射能力。南京、苏州、杭州和宁波处于第二梯队,合肥在第三产业能级上的表现相对较弱。总能级指数综合单指标能级指数后测算得出。总能级指数显示,辐射影响能力最大的城市为上海市,总能级指数达到 3.97,其次为苏州、杭州、南京、宁波和合肥,合肥整体在二级中心城市中处于最弱的地位。

3. 长三角城市群边界效应的影响

根据所测算的长三角城市群各省际边界效应的 K 值,分析结果可概括为以下三个方面。

第一,浙江和江苏的边界效应影响较为复杂。当尺度小于 30 千米时,K 值为负,说明省际边界存在负效应,主要是边界抑制了人口跨区域流动,使省际边界邻近城市的规模扩展幅度降低。当尺度在 40 至 90 千米之间时,K 值为正且呈上升趋势,意味着随着省内贸易强度的加强,省际边界邻近城市逐步克服了边界效应带来的负面影响,于是城市规模再次增加。当尺度大于 100 千米时,城市规模分布趋于稳定,又回到分散状态。

第二,浙江和上海的边界效应作用比较简单。在任一空间尺度上,K 值均为负且下降,说明上海对浙江城市规模的增加具有一定的负作用,且随着空间尺度增加,浙江的城市区位的空间分散程度单边上升。

第三,浙江与安徽、浙江与江西、浙江与福建的边界效应归于一类。在任一空间尺度上,K 值全部为负,且逐渐下降。产生这三种边界效应的原因主要是自然地理屏障和区域经济发展水平存在差异。跨边界丘陵、山脉增加了两地间的运输成本,降低了省际的经济联系密度。

(三)主要结论

第一,通过对城市流强度的测度,我们对长三角城市群中的一级中心城市和二级中心城市进行了界定。上海为一级中心城市,南京、杭州、苏州、宁波和合肥为二级中心城市,长三角其余城市为一般城市。长三角城市群形成了以一、二级中心城市为主体的城镇体系,这是引力作用下的基本表现及载体。

第二,中心城市能级指数的测算显示,上海与江苏的二级中心城市和一般城市的经济联系较强,与浙江二级中心城市和一般城市的经济联系强度相对较弱,各省域二级中心城市与其位于同一省区的一般城市之间的经济联系强度高于与其位于不同省区的一般城市之间的经济联系强度。所以,长江三角洲城市群应根据城市的比较优势,充分发展具有优势的产业,协调处理好上海与次级城市、沿海沿江城市和周围城市,以及中小城市的关系,形成优势互补、各具特色的协同发展格局。

第三,通过城市区位与规模联立估计、地理权重引入、全局函数分解等方法分析表明,总体上,长三角城市群中的城市区位与城市规模的空间分布格局完全不同,并且随着空间尺度的增加,城市区位呈现均匀分布的趋势,而城市规模呈现集聚分布的趋势。尽管这种趋势有所减缓,但变动幅度较小。边界效应对长三角城市群城市空间分布具有负面影响,即无论是行政边界还是海岸线,都会导致长三角城市群城市区位和规模在空间上呈分散分布的态势,且这种态势随着空间尺度的增加有扩大的趋势。

第四,长三角城市群城市规模的空间分布格局受市场潜力的影响很明显,市场潜力与城市规模正相关,市场潜力的增加有利于城市规模的扩大,前者变化程度明显强于后者,但随着空间尺度的增加,两者之间的相关程度明显减弱。鉴于长三角城市群各城市经济能级及城市间经济联系的现状,长三角城市群逐渐从单一中心向多中心结构转变,基本形成以上海为核心,以苏州、杭州、南京、宁波和合肥为次核心的多核心圈层结构。

需要说明的是,关于 Ripley's K 函数的统计推断会受到蒙特卡罗检验次数的影响,试验次数不同会得出不同的显著性检验值,所以蒙特卡罗检验次数的选择成为 Ripley's K 函数估计的关键。尽管我们初步解决了 Ripley's K 函数的分解问题,但对于该函数局部估计的显著性检验还需要进一步完善。

三、引力作用表现特征

掌握引力作用的表现特征有助于进一步认识城市群空间组织与产业空间分异相互作用的机制。一般来说,学术界大多参考牛顿的万有引力公式并进行一定的修正:

$$R_{ij} = \frac{\sqrt{P_i G_i} \sqrt{P_j G_j}}{D_{ij}^2} \tag{6-17}$$

式中,P_i、P_j 为人口指标;G_i、G_j 为经济指标,一般选用城市或市区(不包含下辖县市)的 GDP 或工业总产值;D_{ij} 为两个城市间距离。但是,如果仅通过上述公式计算,那么两个城市的经济联系值是相同的,如 A 对 B 的经济联系值等于 B 对 A 的经济联系值,也就是说两个城市之间的经济联系或者说相互贡献相同。因此,还需要对上述模型进行修正,即采用一对象城市 GDP 占两个城市 GDP 之和的比重作为参数 k 来对引力模型进行修正,修正模型如下:

$$R_{ij} = k_{ij} \frac{\sqrt{P_i G_i} \sqrt{P_j G_j}}{D_{ij}^2}, k_{ij} = \frac{G_i}{G_i + G_j} \tag{6-18}$$

式中,R_{ij} 为城市 i 对城市 j 的引力值;P_i、P_j 为人口指标,用城市市区所辖总人口数计算;G_i、G_j 为两城市的三大产业增加值总量;D_{ij} 为两个城市的直线距离，距离数据使用 ArcGIS 软件测算；k_{ij} 为城市 i 在两个城市引力中的贡献率。通过计算，可以得到长三角城市群 30×30 矩阵的产业空间联系网络矩阵。依托 UCINET 软件，以及复杂网络构建方法与步骤，依次模拟 2005 年、2008 年、2011 年和 2014 年长三角城市群空间组织产业空间复杂网络。在此基础上，对长三角城市群空间组织的产业空间关联关系进行整体和个体特征揭示以及演变模式模拟。

（一）网络密度特征

网络密度，指社会网络分析方法中衡量成员之间联系的紧密程度，网络密度越大说明成员间联系越紧密，网络结构越明显。

根据图 6-3 和表 6-1，长三角城市群 30 个城市的产业联系网络密度呈逐渐增大的趋势，说明城市间产业联系更加密切，联系渠道逐渐增多。其中，2005—2008 年的网络密度值不足 0.5，说明整个区域的联系程度较弱。而 2011 年之后网络密度值都在 0.5 以上，意味着长三角城市群随着城市化水平的提升，产业空间分异趋向网络化，城市群空间组织进一步优化。2014 年长三角城市群空间组织网络密度相较于 2011 年有非常显著的提升，说明长三角城市群扩容后，产业的集聚与扩散作用对各城市的带动作用十分明显。数据显示，在一定程度上这一时期城市群内中心城市对整个区域的扩散效应增强，同时城市群的集聚优势和规模效应得到充分发挥。长三角城市群中有更多城市的城市化进程加速，其中心性或者说可连接性不断增强，城市功能多元化并发挥着一定的集聚、扩散作用。

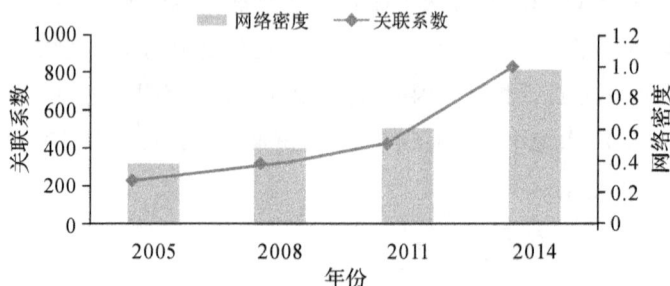

图 6-3　长三角城市群空间组织产业联系的关联系数与网络密度

表 6-1 长三角城市群空间组织产业联系的网络密度

量	2005 年	2008 年	2011 年	2014 年
网络密度	0.3747	0.4793	0.6057	0.9759
标准偏差	0.4840	0.4996	0.4887	0.1535

(二)网络关联特征

利用复杂网络分析中的网络关联度、网络等级度和网络效率等指标衡量长三角城市群产业空间关联的网络关联性。

1. 网络关联度

网络关联度反映了城市群产业空间关联网络自身的稳健性和脆弱性。如果网络中很多条线与某一个城市相连,那么产业空间关联对该城市的依赖性就很高。长三角城市群产业空间组织产业关联测度结果如表 6-2 所示,网络关联度与网络密度有着较一致的发展趋势,且数值大小也趋于一致。

表 6-2 长三角城市群空间组织产业联系网络关联度

量	2005 年	2008 年	2011 年	2014 年
网络关联度	0.2552	0.3540	0.4828	0.9563

由图 6-4 可以看出,网络关联度和网络密度无论是数值的大小还是发展趋势都较为一致,呈现出逐渐增大的态势。而且,2014 年增大的程度非常高,主要是因为 2013 年长三角城市群正式吸收徐州、芜湖、滁州、淮南、丽水、温州、宿迁、连云港等 8 座城市成为长三角城市群成员。同时,"互联网＋"时代的到来,大大拓宽了城市群内各城市之间的联系方式,提高了联系速度,使信息网络有效地带动了经济网络、产业网络的迅速发展。

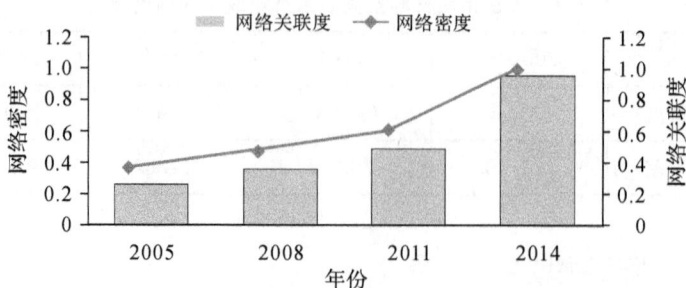

图 6-4　长三角城市群空间组织产业联系的网络关联度与网络密度

2. 网络等级度

在社会网络分析领域,节点的支配性或等级性是反映网络整体特征的重要指标。运用 UCINET 软件的 NetWork—Cohesion—Reachability 路径,计算网络内部节点之间的对称可达点对数,对称可达点对数越少,等级度越高,表明网络越具有等级结构,产业发展空间越不平衡。

由表 6-3 可知,长三角城市群产业空间复杂网络的等级度呈现出逐年下降的趋势。根据计算可得出,随着等级度的下降,长三角城市群的等级结构在逐年减弱,产业空间分异的程度在不断缩小。说明中心性强的城市在不断发展的同时,也带动了次级城市的发展,且次级城市的发展加快,使城市之间的等级差异不断缩小,等级结构越来越不显著,产业发展越来越趋向于平衡。

表 6-3　长三角城市群空间组织的产业联系网络等级度

量	2005 年	2008 年	2011 年	2014 年
网络等级度	0.1651	0.1562	0.1344	0.1196

3. 网络效率

网络效率的测度结果显示,样本考察期内,长三角城市群产业空间关联的网络效率呈逐年下降趋势,如表 6-4 和图 6-5 所示。网络效率从 2005 年的 0.6232 下降至 2014 年的 0.1946,这说明产业空间关联网络中的连线在不断增多,网络的稳定性得以逐步提升,城市之间的联系越来越密切,形成复杂的多方向联系网络。

表 6-4　长三角城市群空间组织的产业联系网络效率

量	2005 年	2008 年	2011 年	2014 年
网络效率	0.6232	0.5345	0.3966	0.1946

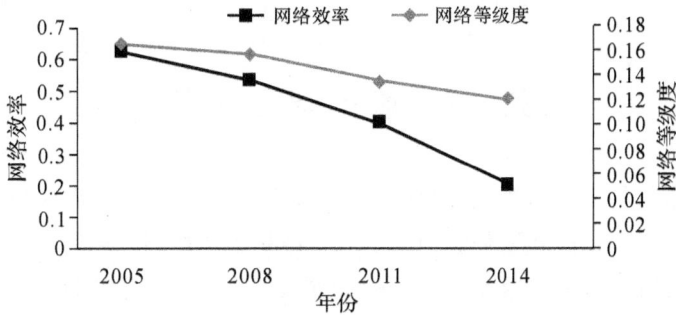

图 6-5　长三角城市群产业空间组织的产业关联网络效率与网络等级度

不难看出,长三角城市群产业空间关联复杂网络的网络效率与网络等级度也存在着较强的一致性,都呈现出逐年下降的趋势。这说明长三角城市群产业空间复杂网络联系不断增强,稳定性越来越高,联系越来越紧密,形成良性互动。

综上所述,城市群区域引力作用及其表现的基本逻辑是:引力作用促进了要素向具有比较优势的中心城市流动,并形成产业集聚。在这一过程中,加强了中心城市与各类低等级中心城市的联系,由此增强了城市群内交通的可达性,进而优化整个城市群的空间结构,城市群功能随之增强,规模扩大,要素和产业的扩散作用开始发挥。可以说,引力作用是城市群空间组织与产业空间分异相互作用的源动力机制。这一源动力机制作用下,城市群空间组织演变与产业空间分异过程相结合,产生共生模式,推动城市群空间过程向更高阶段迈进。

在城市群空间结构演化过程中,城市经济与乡村经济的比较经济利益会随着时间不断扩大,这种比较利益源于城市群的外部经济、规模经济以及范围经济,会不断地把乡村人口、资金等生产要素吸引到城市,这促进了城市群经济的发展,进一步扩大城市经济与乡村经济的差距,从而吸引更多的生产要素转移到城市中来。同时,由于城市群内产业的发展,一些衰落或技术含量低的产业会因为在城市内集聚的不经济而向周边地区转移，从而实现产业集聚的优化升级。所以，城市群空间结构的演化不仅可以为产业集聚带来生产要素的持续不断的流入，而且促进了城市群内产业集聚的优化和升级。

第二节　熵机制及其表现

耗散结构理论认为，生物体是一个物质能量信息的开放系统。机体成长过程中的新陈代谢使其内部的有序结构不断遭到破坏时，熵（指系统内部的混乱程度）就增加了，当熵增加到某一阈值时，系统将自动走向无序，由此系统成为开放系统，从而与外界不断进行物质能量和信息的交换。在物质能量和信息的交换过程中，系统会接收到负熵流，因此总熵减少，从而熵被降低，这样机体才能保持一定的稳定有序状态。负熵流是建立稳定有序结构的必要条件。开放系统通过获得负熵流，使系统"巨涨落"而产生突变，进而形成一种有序的稳定结构。开放系统只有不断从外界吸收信息获得负熵流，才能抵消内部的熵增加，进而维持和增加系统的有序性。Allen 等（1979，1997）最早结合耗散结构理论分析城市空间问题，并发展了城市空间结构的自组织模型，他们认为城市空间集聚的核心可由平衡态随机涨落而产生，且初期集聚为未来的城市结构奠定了基础。城市群是一个开放的动态环境，一方面与外界进行人流、物流、资本流和信息流等的交换（集聚与扩散）；另一方面，城市群内城市之间也进行着资源优化配置等自组织活动，城市群空间组织在集散与自组织共同作用下发生变化。因此，熵运动过程及机理，可以解释和发现城市群空间组织与产业空间分异的相互作用机制，为寻找城市群空间组织的合理模式提供依据。

一、熵及耗散结构

熵理论认为开放系统的熵变分为两部分，一部分是系统自身的不可逆演化过程(例如热传导、扩散、化学反应等)引起的熵变,称为内部熵增 d_iS,且始终为正;另一部分是系统与外界交换物质和能量引起的熵变,称为外部交换熵 d_eS,可正也可负。系统熵的变化就是这两项之和:

$$dS = d_iS + d_eS \qquad\qquad (6\text{-}19)$$

当 $d_eS < 0$,且足够小时,即从外界流入的净负熵流足够大时,其抵消了系统产生的内熵 d_iS,系统的总熵减少。系统在多因素非线性作用下,将逐步从无序向有序发展,形成远离平衡态、时空与功能有序的耗散结构。从式(6-19)可知,系统总熵减少存在两种可能性:第一种情况是从外界引入尽可能多的负熵,第二种为减少内部熵的增加。关于第一种情况,程开明(2009)、匡远配(2010)等结合耗散结构熵原理分析认为,城市空间与外界交换中引入更多的负熵,耗散出更多正熵,有利于城市形成复杂的动态耗散结构。关于第二种情况,有学者开始重视对城市动态自适应控制的研究。Helbing 等(2008)分析了城市人流的时空有序特征和潜在优化方法,认为需结合要素流自组织特征实现交通自适应控制。其实质为通过降低城市内部空间的熵增率,促进城市空间形成动态有序的耗散结构。

城市群是一个开放复杂的系统,具有耗散结构特征。城市群空间组织在其演变过程中,也会由于系统内部的运动,其有序结构不断遭到破坏,这样熵就增加了(见图 6-6)。与此同时,城市群又不断地从外界接收物质和能量而获得负熵流,当来自外界的负熵流的绝对值大于熵时,就会促成系统内部合成高度的有序结构,随着内部熵的进一步降低,城市群就逐渐形成了非平衡态的稳定有序结构。城市群的可持续发展需要持续地从外界获得物质能量信息的负熵流,否则城市群的空间过程就会陷入混乱无序的状态。因此,城市群有序发展的关键在于寻找引起巨涨落发生突变的负熵流。

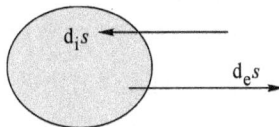

图 6-6 熵交换过程

从城市群空间组织与产业空间分异相互作用的角度看，熵机制在耗散结构中的运行过程可模拟为图 6-7。即城市群空间组织与产业空间分异相互作用过程可分解为集聚和自重组、扩散和自稳定。其机制为集聚与自组织过程、扩散与自稳定过程。

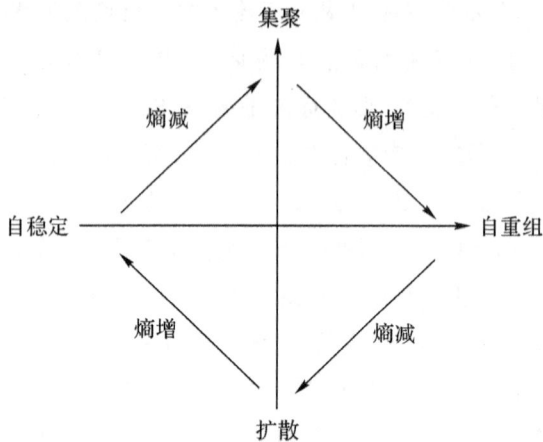

图 6-7　熵机制在耗散结构中的运行

二、城市群空间组织与产业空间分异相互作用过程中的熵

根据熵的含义和熵值降低的两种可能性，城市群空间实际存在要素流和商品服务流的循环。如果以完成一笔交易的实际现金流量类比热力学系统中的能量流 dQ，那么降低城市空间范围内的交易费用，即一笔交易现金流的损失值 C，就会减少城市空间上的熵值增加 d_eS。同时，城市群空间对外输出商品和服务总流量 dQ 越大，就意味着城市空间负熵 d_eS 增加越多，城市群空间就更容易形成有序的耗散结构。因此，城市群空间中低的交易费用或高的交易效率，与城市群空间的低熵耗散结构具有内在一致性。即低熵耗散结构更优，可以通过降低广义交易费用，或提高整体交易效率水平，促使城市群空间组织与产业空间分异的相互作用形成具有有序特征的空间耗散结构。

假定交易具有同质性,则交易效率在宏观上可以表示为单位时间内完成的同质交易活动的次数或频率,交易效率与这种次数或频率成正相关。在微观层面上,交易效率表现为在特定范围的时期内,完成同质交易所需的时间或物质等投入程度,交易效率与这种时间或物质等投入成反相关。如果将交易效率表达为数理关系,假设微观层面的平均交易效率水平为 k,一次交易完成现金流为 I,实际投入的交易费用为 C,就可以用式(6-20)表示其交易效率水平:

$$k=(I-C)/I \quad (0<k<1) \tag{6-20}$$

若交易涉及的商品数量为 n,商品平均价格指数和广义交易费用指数分别为 p、c,则 $I=np$,$C=nc$。由式(6-20)整理得:

$$k=(p-c)/p \tag{6-21}$$

交易效率在宏观层次上体现,以单位时间 T 内完成的交易次数表示,即交易频率:

$$m=M/T \tag{6-22}$$

当开放系统的控制参量达到一定阈值时,涨落将在多因素非线性作用下,导致系统状态突变,形成耗散结构,降低城市空间熵值。当城市空间熵值降低到一定程度时,在多因素非线性作用下,系统将突变为耗散结构或进化为更高级的耗散结构。为阐明这种关系,需要先分析城市整体交易效率的改进与城市空间总熵值的关系。

(一)交易效率与城市空间单笔交易时的熵变

假设城市群空间某区位 A 与外部某区位 B 之间存在一笔交易(A 为输出,B 为输入),交易额为 I,涉及某一种商品。首先考虑第一种情况,即从外界引入负熵或对外输出正熵,结合熵定义,一次交易过程中区位 A 的熵变量 $\mathrm{d}_i S$ 为:

$$\mathrm{d}_i S=-\frac{\mathrm{d}I}{\eta_1} \tag{6-23}$$

对于商品的输出地来说,熵值减少;对于商品的输入地来说,熵值增加。这里 $\mathrm{d}I$ 代表一次交易的涉及交易额;η_1 为某状态参数(与热力学系统温度 T 类似),即可假设:

$$\eta_1 = p_1/(p_1 - c_1 - f_1) \quad (p_1 - c_1 - f_1 > 0) \tag{6-24}$$

式中，η_1 参数表示交易地 A 的制造和销售某商品的综合相对比较优势水平，p_1、c_1、f_1 分别表示交易双方各地达成交易的单位商品平均价格水平、广义平均交易成本、制造成本。

式(6-23)意味着：一种商品将由综合其交易费用和制造成本的存在相对比较优势的区位流出，流入相对比较劣势的区位。即存在交易的对手方 B 地，其 $\eta_2 = p_2/(p_2 - c_2 - f_2)$（式中 p_2、c_2、f_2 分别表示交易 B 地达成交易的单位商品平均价格水平、广义平均交易成本、制造成本）。此时需满足 $\eta_1 > \eta_2$，表示商品由 A 地流向 B 地；如果 $\eta_1 < \eta_2$，则表示商品由 B 地流向 A 地。

整理式(6-20)、式(6-23)和式(6-24)可得：

$$d_i S = -dI(k_1 - f_1/p_1) \quad (k_1 - f_1/p_1 > 0) \tag{6-25}$$

式(6-25)表示一笔交易输出地的熵值变化，与制造成本成正比，与交易价格、交易量和交易效率成反比。即一笔交易对于输出地而言其熵值将随交易效率的提高、制造成本的降低、流量的增大、卖出价格的升高而显著降低。

再考虑第二种情况，即在一次交易过程中，由广义的交易费用 C 引起熵变量：

$$d_e S = \frac{dC}{\eta_1} \tag{6-26}$$

式(6-26)表示一次交易中广义交易费用 dC 引起的熵值变化，η_1 的意义同前。

整理式(6-20)、式(6-21)、式(6-26)得：

$$d_e S = (k_1 - f_1/p_1)[dI(1 - k_1) - Idk_1] \quad (k_1 - f_1/p_1 > 0) \tag{6-27}$$

因此，对于一笔固定流量 I 的交易，$dI = 0$ 时，$\dfrac{d_e S}{dk_1} < 0$，即区位 A 内部熵增 $d_e S$ 随交易效率的提高而不断降低。

整理式(6-26)、式(6-27)，可得区位 A 达成一笔交易（对外输出商品）全过程中的熵值的变化：

$$dS = d_i S + d_e S = -(k_1 - f_1/p_1)(k_1 dI + I dk_1) \tag{6-28}$$

式(6-28)给出一笔交易的过程中,输出地 A 的熵值,将随城市空间功能对外商品和服务流量的增加及交易效率的提升而降低。

(二)交易效率与城市空间的总熵变

上一部分讨论了一次交易过程中,交易效率的提升与城市空间总熵值的关系,这部分我们进一步考查城市空间所有笔交易进行时的情况。采用城市空间整体交易效率概念(赵璟 等,2007),表示某个特定城市中所有交易活动(与商业活动相联系)或业务活动(与行政活动相联系)进行的速度或效率高低。运行速度的高低用交易频率表示,参考式(6-20)、式(6-21)、式(6-22),构建式(6-29)、式(6-30)、式(6-31)、式(6-32)。

单位时间内商品流造成城市空间所有交易涉及的货币净流量,可以用下式表示:

$$I=R-C \tag{6-29}$$

式中,R、C 分别为某一段时间内城市空间所有功能单位提供的商品服务收入、广义交易费用。

$$R=\bar{p}M \tag{6-30}$$

$$C=\bar{\vartheta}M \tag{6-31}$$

$$\bar{k}=1-\bar{\vartheta}/\bar{p} \tag{6-32}$$

式中,$\bar{p}$ 表示 t 时期内所有商品和服务的平均价格指数;$\bar{\vartheta}$ 表示所有商品和服务的平均交易成本指数;M 表示所有商品的总成交量;$\bar{k}$ 表示城市空间整体交易效率的平均水平,用功能单位的平均交易成本指数和平均物价指数来衡量。

由式(6-29)至式(6-32)得:

$$I=R-C=\bar{p}\bar{k}mT \tag{6-33}$$

谷国锋等(2005)认为,在区域经济耗散结构系统演化过程中,散度(空间流强度)的变化对推进区域经济一体化进程有重要影响。式(6-33)给出了单位 T 时间内城市空间对外提供商品和服务的总现金流量(可以看成城市空间对外提供商品服务总量)。为分析方便,可固定时间 T,假设交易频率 m 是变动的,整体物价水平不变($\bar{p}$ 不变),整理式(6-28)和式(6-33)得城市空间 T 时间内的总熵变:

$$dS = d_i S + d_e S = -\bar{p}\,\bar{k}\,T(\bar{k}-\bar{f}/\bar{p})(\bar{k}\,dm+2m\,dk) \quad (k_1 - f_1/p_1 > 0)$$

$$(6\text{-}34)$$

式中，$\bar{f}$ 表示城市空间所有商品的生产成本指数。

式(6-34)表示城市空间熵值与城市整体交易效率的宏观交易效率和微观平均交易水平的联系。从宏观层面来看，当城市空间单位时间内交易频率 m 显著提升时($dm>0$)，总熵值必然降低；从微观层面来看，当城市空间平均交易效率水平 k 显著提升时($dk>0$)，总熵值必然降低。这也证明了前文提出的城市空间交易效率提升和城市空间低熵结构具有内部一致性的假设。同时，还可以得出城市空间生产制造成本降低能够减弱城市空间总体熵水平，即当生产成本指数与物价指数的比值 $\bar{f}/\bar{p}$ 降低时，将导致城市空间整体熵值降低。

(三)城市空间耗散结构演变过程中的熵机制

耗散结构理论将系统失稳跃迁到新的耗散结构分支称为突变(非平衡相变)。城市空间由无序到有序或由低级有序演化为高级有序过程中不断经历着状态突变。克里斯泰勒中心地理论给出了 $k=3,4,7$ 时的城市空间层级结构；而廖仕认为 k 值并不固定，即不存在固定的层级结构。克鲁格曼的 C-P 模型认为，两个区域的广义交易费用降低，即交易效率提升，到某阈值时，会出现突发性集聚，从而形成中心-外围格局。上述理论模型中的最终稳定状态，实质是由城市空间功能之间的相互作用，通过城市流相联系，而呈现出来的稳定空间组织结构。这种结构需要不断耗散物质和能量以维持其动态平衡的状态，即城市空间耗散结构。

城市空间耗散结构意味着城市空间总熵值将不增。由式(6-34)可知，城市空间整体交易效率水平的提升与城市空间低熵结构存在内在一致性。随着熵值的持续降低，城市空间"分岔"将演化为更加高级的耗散结构，表现为城市空间创生出更加高级的功能，提供更高等级的商品和服务。这一过程与古典和新兴古典经济学所描述的分工深化过程具有内在一致性。阿林·杨格(1996)认为递增报酬的实现依赖于劳动分工的演进，分工水平取决于分工，市场的大小决定分工程度，同时市场大小受分工演进的制约。杨小凯等(2000)认为交易效率的高低决定着分工水平，随交易效率的改进,一般均衡将由自给自足过渡到不完全分工,并最终形成完全分工的状态。所谓完全分工状态——一种稳定的组织结构,与贝纳德对流现象具有形成机理上的一致性,都是在控制参量影响下,多个序参量相互协同和竞争的结果,从而形成城市区域有序的耗散结构。

　　以上分析表明,城市空间交易效率的提升与城市空间低熵结构具有一致性。随着城市空间熵值的降低,在多因素非线性作用下,城市空间不断演化出新功能,带动物流、要素流和信息流的循环流动,演化为更高等级的耗散结构。

三、城市群空间组织与物流业空间分异相互作用过程中的熵机制

　　城市群物流产业的空间分异具有耗散结构的开放性、非平衡性、非线性、涨落四个基本条件,是一个典型的耗散结构系统。城市群物流产业系统的演变就是空间物流受内外因素影响而产生涨落,从而打破了系统原有的稳定性。其中,对于小幅度涨落,系统能够通过自组织性恢复到稳定状态;对于巨幅度涨落,系统无法恢复到稳定状态,从而导致整个空间物流的产业分异发生变化。

(一)城市群物流产业的空间分异过程模拟

　　根据耗散结构理论建立城市群物流产业系统的布鲁塞尔模型(李双艳 等,2008;王孟钧 等,2001):

$$
\begin{cases}
A \underset{K_{-1}}{\overset{K_1}{\rightleftharpoons}} X \\[4pt]
B + X \underset{K_{-2}}{\overset{K_2}{\rightleftharpoons}} Y + D \\[4pt]
2X + Y \underset{K_{-3}}{\overset{K_3}{\rightleftharpoons}} 3X \\[4pt]
X \underset{K_{-4}}{\overset{K_4}{\rightleftharpoons}} E
\end{cases}
\tag{6-35}
$$

式中,A、B分别是主、客观控制因素,在物流产业发展中不断消耗,但是

可以不断得到外界的补充；D、E 是物流生成物，一经生成即可被取走，且保持不变；X、Y 是反应因子，且只有 X、Y 在反应过程中浓度才可以变化；K_i 表示催化剂，代表正向反应作用速率，K_{-i} 代表逆向反应作用速率。各组分的扩散过程彼此独立，扩散系数为常数。

该模型表示城市群物流产业系统的演化是在内外因素共同驱动下，通过系统自适应机制和中间因素的相互作用，促进专业化分工合作和生产要素的优化配置，将区域内各个物流节点、物流通道、物流主体的优势资源更好地组织起来，推动巨幅涨落和"分岔"向城市群物流网络这一更高层次的有序结构演进，形成更加完整的物流产业链和更具规模的物流产业空间集聚。在初期阶段，受到城市群空间发展规划的差异、产业空间布局和要素配置不合理，物流产业发展政策不一致，物流产业同质竞争激烈，现代物流技术应用层次与信息共享水平低，高端物流业态发展滞后等因素的影响，城市群物流产业系统整体运行效率低下。但是，城市群物流产业系统是一个复杂的自适应系统，包含物流供给、物流需求、政府管理、行业协会、中介组织等，多种自适应、自诊断、自组织的微观主体，具有复杂自适应的特性。物流产业系统的复杂适应性行为是建立在其标识机制、内部模型机制和积木机制基础之上的，而城市群物流产业空间分异过程中，微观主体学习性是影响这些机制适应能力的主要因素，这些主体的适应性是整个系统适应性的重要来源。因此，在内外影响因素和自适应机制的推动下，城市群物流产业的微观主体产生协同行为，并不断进行自我调节，通过区域物流产业系统与经济、资源、环境系统不断进行交流及相互影响，保持稳态和对环境的适应性。因此，在非平衡开放条件下，由涨落激发内部特定的反馈和自适应机制，推动城市群物流产业系统由旧稳态变成不稳定，再过渡到非平衡动态稳定。根据上述分析和假设，建立城市群物流产业系统扩散方程（动力学方程）：

$$
\begin{cases}
\dfrac{\partial \overline{X}}{\partial t} = k_1 \overline{A} - k_2 \overline{B}\,\overline{X} + k_3 \overline{X}^2 \overline{Y} - k_4 \overline{X} + M_1 \nabla^2 \overline{X} \\[2mm]
\dfrac{\partial \overline{Y}}{\partial t} = k_2 \overline{B}\,\overline{X} - k_3 \overline{X}^2 \overline{Y} + M_2 \nabla^2 \overline{Y}
\end{cases}
\tag{6-36}
$$

式中，$\bar{X}$，$\bar{Y}$，$\bar{A}$，$\bar{B}$ 分别代表实际的数量或浓度，$\bar{t}$ 代表实际的时间，M_1 和 M_2 代表实际的扩散系数。

（二）城市群物流产业系统的熵变

由耗散结构理论可知：一方面，在城市群物流产业系统中，由于熵增效应而存在整体效率递减的趋势，这一趋势理论上可以论证城市群物流产业系统可从有序发展到无序最终走向衰退的现象；另一方面，城市群物流产业系统通过对外交换信息、物质、能量获得负熵，当达到一定条件时，城市群物流产业系统将形成耗散结构，实现组织从无序到有序的变化。这一现象说明了城市群物流产业系统可通过吸收新的信息、物质、能量来实现组织的不断成长和发展。城市群物流产业系统的形成和发展正是上述两种规律在复杂条件下交互影响、共同作用的结果。当城市群物流基础设施建成或优化、物流技术推广及应用、制度安排有效干预时，城市群物流产业系统处于有序状态，整体效率提升，物流产业从兴起走向繁荣。但在不断的物流运动中系统整体熵逐渐增加，整体效率递减，城市群物流产业系统从繁荣走向停滞。此时，如果城市群物流产业系统继续处于相对封闭的状态，不及时进行文化、技术、制度、管理等方面的创新，不与环境进行必要的物质、能量和信息的交换，城市群物流产业系统必将从停滞走向衰亡。相反，如果城市群物流产业系统能够从环境中摄取大量的物质、能量和信息，推行新的物流技术、管理模式和发展政策，那么在一定条件下，城市群物流产业系统将通过突变形成新的耗散结构，从而实现组织从无序到新的有序的变革，系统效率将迅速提高，城市群物流产业又趋向新的发展阶段。

（三）长三角区域物流业系统耗散结构模型

根据长三角城市群物流产业系统的发展现状，运用耗散结构理论分析其熵变特征。为便于分析，取 $K_{-i} = 0$，建立一个简单的布鲁塞尔模型，即

$$\begin{cases} A \xrightarrow{K_1} X \\ B + Y \xrightarrow{K_2} Y + D \\ 2X + Y \xrightarrow{K_3} 3X \\ X \xrightarrow{K_4} E \end{cases} \tag{6-37}$$

式中，A 表示长三角城市群物流产业发展的主观调控因素（如区域物流一体化规划、区域物流产业结构调整政策、区域物流管理制度等）；B 表示长三角城市群物流产业发展的客观环境因素（如经济发展、贸易发展、产业空间分异状况、区位条件、物流节点布局、物流通道建设等）；D、E 表示长三角城市群物流产业系统达到新的有序态的最终结果，其中 D 表示长三角城市群物流企业群落，E 表示物流产业集群；X、Y 表示长三角城市群物流产业系统相互作用的中间因素，其中 X 可理解为长三角城市群物流货运量，Y 表示长三角城市群物流投资额。

上述演化模型表示，长三角城市群物流产业系统的稳定性一是取决于长三角城市群的物流发展政策和城市群的空间经济发展水平；二是取决于城市群的产业空间分异的状况，以及物流基础设施建设水平等物流业发展的客观环境。在上述两大类因素的作用下，经过物流产业系统中间因素的相互作用，形成有序的物流产业空间分异。根据动力学方程特征的定态解分析可以看出，长三角城市群物流产业系统要形成耗散结构，取决于定态解能失稳。也就是说，在长三角城市群空间组织的演变过程中，当有效的区域物流发展政策和合理的管理调控能够实施并发挥相应的作用时，长三角区域物流产业系统呈现明显的有序变化。

1. 长三角城市群物流业系统演化的阶段性特征

在初期阶段，由于长三角城市群物流产业的网络体系建设标准及政策存在差异，各地物流公共信息平台隔离，物流产业空间布局和要素配置不合理，没有建立起物流产业关联和分工协作关系，使得物流产业聚集效应不明显，对长三角城市群的物流资源利用率不高，物流产业系统耗散结构表现为物流企业群落特征，总体呈现低度有序发展形态。

随着长三角城市群城市化进程的加快，城镇内部以及城镇与外部之间的物资交换频繁,区域物流规划与管理调控加强,长三角城市群内主要城市之间的交通线逐渐完善,运输的可达性提高,形成了多种形式的物流通道。这些物流通道将两端的城镇以及中间若干城镇串联起来,通过点点协同促使物流主体在物流通道的线状区域进一步集聚发展,进而形成明显的线状发展特征和突出的交通廊道效应,如沪宁交通轴线、杭甬交通轴线、长江内河航运轴线等。这一时期,物流产业的空间分异以集聚为主,长三角城市群物流产业进入中期阶段。

长三角城市群经济和社会发展水平进一步被提升,产业分工合作正在形成,经济发展各行为主体的跨地区经营行为更加频繁,催生了长三角城市群物流产业合作的更多需求。政府通过规划、政策等措施积极推动长三角城市群各区域间的物流合作,区域物流调控进一步深化,区划界限和条块分割进一步打破。长三角城市群各地港口、公路、内河及信息平台等物流基础设施建设呈快速融合发展态势,运输路网较为密集,覆盖率高,物流专业化分工也进一步细化,主要交通轴线的货运量不断增长,上海港、宁波港、连云港港、太仓港、张家港港等物流节点吞吐量的增长,促进了更多运输企业、仓储企业、快递企业、第三方物流企业、第四方物流企业等物流业态的形成及在交通轴线上的集聚,逐渐形成物流产业的带状集聚。这一时期,物流产业的核引力作用不断增强,集聚作用越来越强烈,物流主体分工也更加细化,各物流主体之间的联系更加密切,物流联动效应突显,物流主体间既竞争又合作,最终形成一个完整的物流产业价值体系,即区域物流产业集群,这是区域物流快速发展时期。长三角城市群物流产业依托物流节点、物流通道和物流经济带不断地聚集和扩散,并通过点-点协同、线-线协同、点-线协同,推动物流主体集聚,并逐渐连接成为一体,促进区域内物流主体资源的高度集聚、专业化分工和有效配置,加剧整个城市群物流网络的集聚、吸引和辐射效应的发挥,使长三角城市群物流网络体系逐渐演变形成三大物流圈。即上海物流圈,包括苏州、无锡、南通、嘉兴和湖州等城市;南京物流圈,包括镇江、扬州、常州和泰兴等城市;杭甬物流圈,包括宁波、杭州、绍兴、舟山等城市。长三角城市群物流产业系统逐渐远离平衡状态,达到新一轮的耗散结构形态,实现物流资源的整合,并形成长三角城市群物流合作经济圈,长三角城市群物流产业的发展迈进高级阶段。

2. 负熵流的引入

长三角城市群物流产业的空间分异与城市群空间组织的相互作用，主要体现在物流产业系统熵值的增加与减少。只有加强与外部环境能量、物质和信息的交换，通过调控不断引入足够大的负熵流，才能保持物流主体活力，促进系统总熵减少，推动系统向更加有序的结构演化。总体来看，相关举措可以引入负熵流。一是通过产业发展的制度安排提供负熵流。包括物流体制改革创新，建立长三角城市群物流合作联系制度，签署长三角城市群道路运输合作和一体化协议和长三角区域大通关建设协作备忘录等，制定港口、通关、车辆通行、集装箱运输等方面的配套政策。二是通过实施物流宏观调控措施提供负熵流。包括物流发展战略调整、区域经济与物流产业的结构调整、物流空间布局调整等，如实施以上海为中心、浙江和江苏为两翼的组合港发展战略，经济结构调整和总量提升引发更多物流需求，优化"一心、两极、多点"物流空间布局，推行异地区港联动、无障碍物流和无缝隙物流等。三是加速物流技术进步。技术进步是促进城市群物流各子系统紧密联系、保持区域物流产业系统有序发展的负熵流，包括综合运输技术、现代化仓储技术、物流信息监控技术、物流配送技术、物流优化技术等。通过完善连接海关、检验检疫、运输公司等的长三角城市群现代物流公共电子信息平台，建立长三角城市群内河集装箱运输体系，构建"属地报关、口岸验放"的区域通关新模式等，实现区域内物流信息的资源共享，合理调整物流资源。四是模式优化。包括物流外包模式、供应链管理模式和现代物流管理模式等。

对熵机制的分析表明，城市群空间组织与产业空间相互作用的机制具有耗散结构的特征。一方面，产业的集聚、扩散和网络化演变到一定程度，对城市群的规模、结构和功能产生熵流增加或减少的影响。政府通过优化产业规划、空间布局、产业结构等制度干预举措，增加负熵流，从而促进产业空间分异与城市群空间组织相互作用呈现出良性演变趋势。另一方面，城市群中的功能强弱的变化、规模大小的演变和结构的调整，也会影响产业空间分异的路径和模式，对总熵产生一定程度的控制作用。从城市群空间组织与产业空间分异相互作用过程的阶段性来看,熵机制的作用主要在中期阶段发挥。需要选择科学合理的协同模式,使城市群空间组织与产业空间的相互作用能够不断引入负熵流,以提高城市群的空间效率。

第三节　知识溢出效应及其表现

部分先进制造业和生产性服务业在学习、共享、匹配等方面,会产生规模收益递增的集聚机制。这种机制在知识溢出等扩散因素的作用下,使先进制造业和生产性服务业等产业在城市群有限空间范围内形成分异,并影响城市群空间的结构、功能,从而影响城市群的规模。

一、知识空间溢出效应:局域与全域溢出

Audretsch 和 Feldman(1986)把产业活动的地理集群与知识溢出联系起来进行研究,发现新知识投入越重的行业,其企业为获取正外部性利润而集聚的倾向性越强。先进制造业和生产性服务业以知识及人力资本为主要投入品及产出的性质决定了其空间溢出主要表现为知识溢出。按照 Kubo(1995)等人的观点,经济行为的地理溢出效应是指企业对周围其他企业的知识正外部效应,分为局域和全域知识溢出。正是局域与全域知识的溢出效应,导致了城市群空间组织演变与产业空间分异相互作用出现新的表现方式,城市群空间组织向更高水平迈进。

局域空间溢出指隐性知识在特定区域内的有限外部性,即区域内的企业易于利用周边的知识及技术。由于隐性知识难以通过语言和文字等外在形式表达,并高度个人化且难以相互传授,这部分知识只能通过个人学习获取,这些知识的产生、扩散和积累构成了产业集聚重要的微观基础,即学习机制。理论与实证研究都证明了知识溢出具有显著的地理有界性和距离衰减效应(吴玉鸣,2007);企业面对面的交流需要在空间上临近,以提高供需双方匹配成功的质量和机会,并共享不可分设施和多样化

收益及市场的不确定风险。这一过程强化了要素和产业在该地区的集聚，出现经济发展的空间不均衡分布及地区间经济增长的趋异。全域地理溢出指一个企业产生的知识将提高所有企业的生产力，这种影响对空间距离不敏感，一般对应于显性知识。由于显性知识可通过语言和文字等外在形式表达，易于存储、传输、供人学习，全域地理溢出显示出明显的空间扩散效应，与空间有限性一起构成产业扩散的动力。

新增长理论认为地区间知识积累、人力资本的差异，导致地区间知识生产、应用和扩散的差异。我们认为，形成城市群空间组织与产业空间分异相互作用的推动力在于知识积累和人力资本的差异性与空间的有限性。而部分先进制造业和生产性服务业在知识学习、匹配与共享等规模递增收益机制上的集聚力量和知识外溢与空间有限性的扩散因素，构成了这些产业的空间分异。在特定地区形成集聚或者扩散的现状特征，在区域形成了一定的产业空间结构，导致了产业发展的空间不均衡和差异化。

二、知识溢出的动力作用

在知识溢出效应的动力作用下，产业空间分异主要趋向两个方向：集聚与扩散。表现在与城市群空间组织的相互作用，主要沿着产业在空间层面的集聚与扩散。其中，生产性服务业的集聚和扩散与城市群空间组织的相互作用受知识溢出效应的影响更为明显。

（一）生产性服务业在城市中心地带和区域中心城市的高度集聚

随着经济全球化进程的加快和信息化的深入发展，生产性服务业已成为世界经济中发展最快的行业之一。2010年，欧洲、美国及高收入国家的服务业比重分别达到72%、79%、75%，服务业在份额上超越制造业，其中以知识和人力资本投入为特征的生产性服务业更成为推动经济增长和城市化进程的主要力量之一。赫尔普曼（2007）的研究认为，现代经济增长至少60%要归因于全要素生产率的提升，而生产性服务业的一种定义便是：从制造业中分离出来为促进制造业技术进步与应用创新、提高生产率的一类行业总称。这说明生产性服务业能从根本上提高其他产业的技术水平和市场竞争力，支撑和推动国民财富的长期增长。在当前中国经济转型时期，生产性服务业快速发展并形成合理的空间结构，对产业结构转型升级、提高劳动生产率有重大现实意义。

目前世界上几乎所有大城市的中心区都已经由过去的工业中心转型为生产性服务业中心，城市中心区和中央商务区（central business district，CBD）已成为生产性服务业的主要集聚地。知识的溢出效应使以知识为主要产品的生产性服务业表现出强正外部性，决定了其集聚发展的优势。Hutton 和 Ley(1987)通过研究温哥华的生产性服务类企业发现，这些企业主要集中在 CBD 地区。Coffey 等(1996)认为，在全球范围内，国际大都市的市中心已经成为生产性服务业的主要集聚地，金融和商务服务业等构成了城市中心的核心产业。赵群毅等(2007)基于 228 个街区空间单元的数据和两次经济普查数据，利用空间自相关和因子分析等定量方法的研究发现，北京市生产性服务业具有明显的集聚现象。刘惠敏(2007)用 EG 指数方法、邱灵等(2008)用变异系数和空间自相关模型等对空间分布及空间集聚进行研究，都得到了类似的结论。

生产性服务业在空间上的集聚主要是以减少面对面接触的成本和交通联系带来的时间成本，以及贴近高度熟练的劳动力市场，与其他的生产者建立稳定的联系来降低需求市场的不确定性和不稳定性的。在发达国家，大部分生产性服务类企业集中在大都市地区，由此大都市成为生产性服务业发展的高地和就业比重最高的地区。大部分生产性服务类公司都以国际性城市为区位选择的理想地，纽约、伦敦、巴黎、东京、香港、上海等国际性城市集中了全球大部分的大型生产性服务公司(张茉楠，2009)。Naresh 和 Gary(2001)分析了金融服务产业集聚的机理，认为从供应的角度看，集聚有利于获得专业化劳动力、同类企业之间的支持性服务。从需求的角度看，他们选址在著名的服务业集群区，有利于提高企业的声誉，降低企业与客户之间的信息不对称性，最终有益于维持长期客户关系。张三峰(2010)发现国内生产性服务业呈现明显的城市集聚现象。沈玉芳等(2011)认为，近 10 年来上海国际金融中心的地位在不断加强，南京、杭州作为区域金融中心的地位也在不断提升。

虽然当前针对生产性服务业集聚的研究较为丰富，但多是以研究制造业集聚的分析视角展开，没有充分考虑到生产性服务业以知识和人力资本为主要投入品的中间行业特性。对生产性服务业集聚及影响因素的研究多是遵循古典经济学的思路，研究企业活动在"点"上的规律，缺乏对空间因素的考虑。但企业不可能脱离空间载体，否则知识无法溢出。同时，当前的集聚研究多是针对集聚地区本身的影响，缺乏对集聚地与周边地区相互影响的实证研究。

(二)生产性服务业由集聚区向外围的扩散

1. 生产性服务业由城市核心地区向外围地区的扩散

学者发现，生产性服务业趋向都市核心区集聚并不是单向的不可逆行为。Nelson(1986)对旧金山的研究认为，公司总部具有一种郊区化趋势，原因在于郊区拥有更低的租金、良好的环境、条件完备的办公设施、优越的交通通达性和停车场等。陈前虎等(2008)对杭州主城区十类生产性服务业空间演化过程的研究，李普峰等(2009)对西安生产性服务业区位熵以及密度的计算都发现，生产性服务业的集聚与扩散过程并存。交通和信息通信的改善显著降低了郊区生产性服务类企业的成本，随着公司总部尤其是高科技公司总部在郊区布局的增多、郊区居住的大量增加，核心区的扩散逐渐在边缘地带形成新的集聚区。Fujii and Hartshorn (1995)通过对亚特兰大的实证研究认为，郊区核心正在超越CBD成为新的生产者服务业集聚中心。邱灵等(2008)对北京的研究、申玉铭等(2009)对京沪两市进行的对比研究也证明了这种向外围地区扩散的现象。

2. 生产性服务业各细分行业扩散特征的差异

由于生产性服务业提供产品和服务的特性决定了其呈现空间可分性，而且不同的行业呈现不同特征。Hessels(1989)对阿姆斯特丹、海牙、鹿特丹、乌得勒支四个城市的737家商务服务企业的研究发现，有57%的企业有过迁移，这些企业认为不需要和客户保持密切联系，这些"后方办公活动"主要迁往郊区。Stanback(1991)则认为,具有金融保险、房地产等"前方办公活动"的生产性服务业也存在新郊区化现象。夏巍等(2009)发现,武汉市生产性服务业呈多点扩散态势,武汉市五大生产性服务业在产值、就业人数、集聚程度、行业地位和功能等方面的空间差异很大。

3.生产性服务业由区域中心城市向次级中心城市扩散

在交通、信息和通信发展的背景下,核心城市的良好基础设施、充裕的工作机会、完善的配套设置等优势可复制,而空间有限、经营成本高、环境质量差等矛盾不可协调。生产性服务业是与制造业直接相关的配套服务业,随着制造业往非核心城市的转移,生产性服务类企业提供的产品和服务多依赖面对面交流,生产性服务业表现出由核心城市向非核心城市扩散的态势。吴智刚等(2003)从产值及比重、就业人数及比重、不同行业差异、市场化程度等方面研究了广东省的生产性服务业,发现其空间差异明显,区域集聚与扩散并存。沈玉芳等(2011)对长三角地区金融业布局的研究认为,上海、南京、杭州金融业存在往周边地区扩散的现象,带动了轴线及两侧腹地区域的金融业发展。李伟军等(2011)的研究也认为,金融业在空间分布上是不均匀的,由于核心城市成本高涨,部分产业跟随制造业往生产中心扩散。推动生产服务业扩散的因素除了产业关联、空间有限性和运输成本降低外,最重要的原因便是知识溢出。

三、知识溢出效应的基本表现

从前述研究内容来看,知识溢出效应在城市群空间组织与产业空间分异相互作用过程中的基本表现可以概括为具有动态演变特征的空间结构、城市体系成为产业空间分异的主要载体、生产性服务业空间分异与制造业空间分异呈现共同作用态势三个方面。

(一)形成具有动态演变特征的空间结构

产业空间结构一般指区域内各单位相互联系以及由此形成的集聚程

度和形态,是产业在不同地区集聚和扩散的结果。生产性服务业在城市中心的集聚和制造业在城市外围的扩散,形成最初的核心-外围结构。随着城市化的快速发展,核心区的产业趋向外围扩散,在郊区中心和边缘区域重新聚集,形成新的次级中心及空间结构。如亚特兰大的生产性服务业的分散化和多核心两种过程并存,逐渐形成了多核心-外围的空间结构;上海的生产性服务业呈现核心-次级核心-外围区域多层次空间布局体系。赵群毅、周一星(2007)对北京的研究发现,核心区内围绕峰值点呈圈层分布特征,远郊区的广大地域呈点状集中分布特征。张凤杰、张立、陈继祥(2008)对上海和北京的生产性服务业集群进行了调研,认为生产性服务业的网络结构是最佳状态。

　　生产性服务业通过人力资本和知识资本的积累提高了专业化效率,进而极大地提高了劳动生产率和增长率,并扩大了市场的网络效用。随着产业横向纵向联系的加强,不同区域间经济联系更加紧密,信息化快速发展,要素交流趋向频繁,在空间上逐步形成相互联系更为紧密、连接水平更高的生产性服务业空间结构。彭宝玉、李小建(2009)认为,当前全球金融空间系统呈现出显著的空间等级特征,这种特征与全球城市体系有较强关联。相关研究证实,长三角城市群金融业的信息中心和生产中心的分离会导致多中心的出现,信息中心最终会成为核心的金融中心。对此,沈玉芳、刘曙华(2011)则得出,长三角城市群金融业的空间结构从"一心、两极、多点"向"一心、两极、两轴、多点"演进,在空间分布上表现出依附模式、中心地等级模式和中心-外围模式三种结构表现形式,并朝多极化网络发展过渡。空间结构的形成原因是各地区在集聚与扩散力量均衡中形成产业的集聚与非集聚区,由于学习机制和知识溢出都具有空间有限性,在一定地区中会形成多个具有高增长速度的集聚区并共同呈现出相应的空间结构特征。对这种空间结构中各种空间主体相互作用的分析往往通过各种流量资料进行,而生产性服务业交易的产生大多依赖于面对面或通信类信息的交流,这种交流很难通过具体的流量指标反映,需要更为精确的定性描述及相应的表示方法。

（二）城市体系成为产业空间分异的主要载体

制造业的空间扩散是推动城市空间结构多极化、形成多中心地域系统的主要驱动力，对制造业区位变迁及影响因素的研究是认识城市群空间重构机制的微观基础。而生产性服务业以知识和人力资本为基本生产要素的性质决定了地区间知识积累和人力资本的差异是生产性服务业空间分异的主要因素，各细分行业对知识和人力资本要素敏感性的不同决定了其地区间发展的差异。经济全球化和网络化背景下，先进制造业和生产性服务类企业依托现有城市体系集聚在大都市，进入全球经济网络。Keeble 和 Nacham（2001）发现生产性服务企业对全球城市体系有依赖性，生产性服务企业集聚在国际性大都市便于进入全球经济网络。吕征（2006）认为，我国生产性服务业没有形成有效集聚，缺乏有效的区域分工和协作机制，生产性服务业的空间分布结构与城市体系的规模和结构有较高的相关性。许媛、李靖华、盛亚（2009）基于利益均衡和演进的视角研究了长三角城市群的软件产业，强调生产性服务业布局应考虑城市等级体系，根据自身特色承担不同职能分工形成网络化发展。赵渺希、陈展（2011）按照 GAWC 方法计算了中国 55 个城市的生产性服务业空间集聚程度与航空运输的结节性，并作了对比分析，认为在作用于生产性服务业发展的因素中，城市自身资源的作用将让位于城市外部的区域网络。陈建军、陈国亮、黄洁（2009）对中国 222 个城市进行实证研究，认为政府与城市规模等因素对中国生产性服务业分布起决定性作用。城市是区域经济活动的中心，高等级的中心城市除了拥有更广阔的供需和劳动力市场外，还在知识积累和平均人力资本水平等方面占有优势。

（三）生产性服务业空间分异与制造业空间分异呈现共同作用态势

Markusen（1989）的模型推理证明，随着市场的扩张，厂商数目及生产规模的扩大，专业分工会更加细化，这将使生产性服务业与制造业不断分离，从而促进生产性服务业持续发展。路江涌和陶志刚（2006）借鉴 Ellison 和 Glaeser 的方法用中国 1997 年的投入产出表计算了投入产出关系最强的 100 个行业的共同集聚程度,研究表明,投入产出关系是影响行业共同集聚的关键,而生产性服务业本身就是制造业的中间投入行业。顾乃华、毕斗斗和任伍兵(2006)认为制造业与生产性服务业之间存在良性互动,制造企业将生产性服务环节外包会极大促进生产性服务企业的发展。高觉民、李晓慧(2011)构建了生产性服务业与制造业互动的机理模型,通过建立联立方程对 2000—2007 年省际面板数据进行分析,发现生产性服务业及其各细分行业与制造业之间呈现相互依赖、共同发展的互动关系。

在生产性服务业与制造业相互影响、共同作用的过程中,两者的互动不是平衡对等的。如 Martin Andersson(2006)构建联立方程,发现生产性服务业促进制造业发展这一说法通过检验,但是相反则没有。顾乃华(2006)用随机前沿生产函数发现服务业对工业的外溢效果要比制造业与服务业正向外溢效果强得多。江静和刘志彪(2009)对长三角地区的研究发现,服务业对制造业的带动作用明显,反过来则不显著,这在长三角层面验证了 Martin Andersson 的结论。

在生产性服务业与制造业集聚区位选择及空间分异等方面,国内学者存在一定争议。如王晓娟和陈建军(2006)认为,多地域产业集群网络下,产业集群间的分工有利于产业集群的转型和升级,所以生产性服务业与制造业集群间分离可能有益于集群竞争力的提升。陈建军、陈菁菁(2011)对生产性服务业与制造业协同定位的研究发现,生产性服务业与制造业的区位决定是互相影响的,他们发现了制造业扩散与生产性服务业集聚的现象,并认为城市规模与两者之间的相互影响有关。在省域层面上,生产性服务业与制造业呈现较强的一致性,互补性明显。罗勇、曹丽莉(2005)的研究表明,中国制造业主要集中在江苏、广东、山东、浙江、上海等地。陈建军、陈国亮、黄洁(2009)研究认为,中国服务业主要集中在北京、上海、广东、浙江、江苏等地,但是市域层面的研究却呈现离散性。江静、刘志彪(2010)则认为,中国生产性服务业发展的滞后,是由于中国当前以加工生产、代工贸易为主的世界工厂的定位,让中国生产性服务业发展缺乏有效市场需求的支撑,代工制造业会与生产性服务业形成资源竞争,加工贸易会抑制当地生产性服务业的发展,而且这种情况以东部地区更为显著。李博和韩增林(2012)发现,资源型制造业、低技术型制造业与生产性服务业之间存在负反馈机制。谭洪波和郑江淮(2012)发现,中国生产性服务业的全要素生产率增长接近零,而美国、印度等国的生产性服务业的全要素生产率的增长则与制造业相当,他们认为这是因为中国的制造业与生产性服务业没有实现大规模主辅分离和没有融入全球化分工体系,而且国内市场还受到发达国家生产性服务业的排挤。

四、知识溢出效应在城市群空间组织演变过程中的作用

知识的非竞争性和部分非排他性使得知识产生了外溢(Romer,1986),知识溢出效应随着距离的增加而衰减,从新经济地理学的视角来看是"冰山成本"的存在所致。一方面,初始知识积累和人力资本占优势的地方更有利于新知识的生产、吸收和扩散,新知识创造成本低、速度快,所产生的高利润吸引更多外地资本。同类企业可以分享设施、有经验的劳动力市场、市场不确定性等,高质量人才在此寻找合适工作机会的概率和质量能得到提高。同时,资本、企业、人才的集中又加剧了产业集中(Kolko,2007),产业集中能加速产业发展速度,本地政府也有动力出台更有利的政策,形成本地市场放大效应和累计循环因果效应,成为促进产业集聚的最主要动力。另一方面,生产性服务业集聚区域的周边地区可以获取公共知识外溢和部分本地知识外溢,这种低成本高收益的技术进步会加快周边地区生产性服务业的快速增长。同时,生产性服务业集聚的地区随着进入企业的增多,本地市场竞争加剧,产生市场拥挤效应,形成对周边地区的转移。极端情况下生产性服务业集聚地区与周边地区间要素完全自由流动,吸收能力极强且交易成本极低,由此周边地区生产性服务业会快速发展并逐渐缩小与中心区的差距,所以这种全域知识溢出又是一种促进生产性服务业扩散的力量。

生产性服务业集聚的地区一般都要具有知识积累、人力资本、基础设施、地理位置等优势,而这些条件是随着城市规模的扩大、等级的提升而改善的。同时,生产性服务企业为了融入经济网络,其在各个城市的集聚

程度会与城市在区域乃至全球城市层级体系中的地位相一致。尽管全球化和信息技术飞速发展，但大多数的生产性服务还是需要人们进行面对面的交流，而人员流动所需成本比货物成本高得多。另外，当地政府的地位越高、自主性越强，意味着越有能力出台恰当的政策，所以城市规模和在区域城市层级体系中的地位对生产性服务业空间分异有着全面且重大影响。考虑到生产性服务业本质上是为制造业服务的产业，制造业的发展对生产性服务业的发展有极大的促进作用，所以区域制造业布局是研究生产性服务业空间分异不可或缺的内容。生产性服务业从制造业分离后由于挤出效应等，制造业集聚区开始与生产性服务业集聚区分离。但是，由于生产性服务业集聚在核心区，扩散距离有限，服务成本也随距离的增加而迅速增加。所以，生产性服务业集聚区与制造业集聚区倾向于同在一个城市的市区和郊区或者相邻城市。所以，一定距离范围内的制造业发展促进生产性服务业发展这一认识更为合理，而本地制造业与生产性服务业发展之间的关系更为复杂，要具体分析。所以，我们认为依托新经济地理学理论，基于知识空间溢出分析视角，可以简单地把产业空间分异与城市群空间组织相互作用过程模拟为图 6-8。

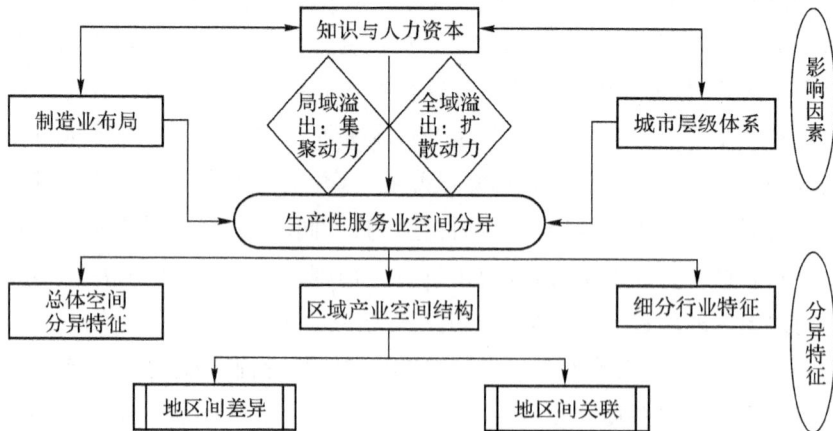

图 6-8　知识溢出效应模拟

城市群空间结构的表现依托于产业在空间的分布与运动。产业集聚促进极核城市的产生，极核城市之间的经济往来以及产业沿交通、通信、动力供给路线的扩散使得轴线周边城市得以发展,形成城市群轴带结构、圈层结构。知识溢出效应和便捷的通信使得城市群内产业的发展对区位的依赖性减弱,极核城市之间联系日益紧密,轴带纵横交错,圈层凸显,在空间上呈现出网络形态。产业聚集能细化分工,促进协作,节约成本,获取外部经济效益,并推动知识溢出效应作用的发挥。集聚发展到一定阶段,集聚规模超过环境容量和资源承受能力时,固定性要素(基础设施等公共品)对流动性要素的限制将减少要素报酬,形成集聚不经济。部分知识溢出明显的企业便会通过对周边地区购买、投资、协作、技术转让等形式,使集聚区资金、技术等生产要素向城市群外围地区扩散。

　　产业集聚、产业扩散影响空间结构演化的同时,也会对职能分工体系的形成和转换发挥作用。产业集聚、扩散对城市群职能分工的影响机制发挥作用的路径为:城市基于其自然条件、知识集聚和制度安排会对相应的要素产生吸引力,从而在城市群内形成特定产业的比较优势。具有比较优势的产业会在该城市集聚,形成区域内该产业的专业化生产。同时,不仅与之相对应的城市功能能满足城市内部需求,而且这些城市在城市群内承担相应的职能分工,产业会发生扩散和再集聚以优化城市群职能分工体系。这种比较优势在知识溢出效应的作用下会产生集聚动力,使得部分产业成为优势产业,并在该城市集聚。当产业集聚到一定程度,除了能满足本地区的需求还有超额供给时,该产业会通过城市群的轴带、圈层向周边地区乃至整个城市群扩散,如生产的物资、服务的输出,继而会出现企业的位移。但知识溢出效应所引起的专业化分工,会演变为城市群的功能增强和功能分工。另外,产业集聚过度会引发产业扩散,并促进产业内生产部门的重新选址。而知识溢出强烈的研发部门往往集中于原集聚地,从而形成产业内跨区域的协作分工(崔大树 等,2014)。

案例分析(3)：长三角城市群空间组织与生产性服务业空间分异机制

一、案例背景

欧美国家的发展经验表明，以知识和人力资本为主要投入的生产性服务业已经成为现代经济增长的引擎，并在经济转型和增长中发挥越来越重要的作用。关于生产性服务业空间差异化发展的研究，对于理解地区间经济增长和收入差异，揭示城市群产业体系转型升级的基本路径，凝练城市群空间组织模式等都具有一定理论意义。本案例以长三角城市群地级市数据为样本进行空间计量经济学检验，揭示长江三角洲城市群空间组织与生产性服务业空间分异的相互作用机制。

国内外研究证明，生产性服务业集聚于城市中心和区域核心城市，生产性服务业从城市核心区向外围扩散与集聚，这种扩散和新的集聚促进了郊区城市化。同时，李伟军和孙彦骊(2011)、沈玉芳和刘曙华(2011)发现生产性服务业表现出从全球和区域城市向次级中心城市扩散的现象，Shearmur 和 Doloreux(2008)、Wall 等(2011)发现生产性服务业越来越依赖于城市等级序列。但上述认识缺乏相应的实证分析作支持，使研究结论的科学性不够显著。因此，我们运用探索性空间数据分析方法，从整体和时序过程、空间关联和等级结构等方面研究 2003—2010 年长三角城市群空间组织与生产性服务业空间分异的相互作用机制。

二、长三角城市群生产性服务业空间分异的动因

(一)研究方法

1. 空间分异指数

分异指数 D 可以对 20 多个度量空间分异的社会经济指标从均衡性、接触性、集中性、向心化、簇状等 5 个维度进行分类研究,比基尼系数等指标衡量空间分异科学性更强,基尼系数仅考虑产值或从业人员的地区分布不均,但服务业与居民生活和工作息息相关,人口聚集的地方必然从业人口多,所以用基尼系数分析服务业分异可能会有较大偏差。产业空间分异指数的实质是计算行业就业人数在区域内不同地区分布的比例不均程度,当某一产业就业人口与其他产业就业人口在整个区域不同地区拥有相同的比例时,产业空间的均等化程度最高,分异指数最小,分异指数的取值范围是 0~1。把整个区域分为 n 个地区,t_i 是单位地区 i 总人口,P_i 是单位地区 i 分异成员的比例,T 是整个区域的总人口,P 是整个区域分异成员比例,区域产业空间分异指数为:

$$D = \sum_{i=1}^{n} \frac{|P_i - P| t_i}{2TP(1-P)}$$

2. 空间自相关分析

真实经济数据并不是普遍服从独立性和同质性假设,经济要素的流动、增长的溢出等,是空间经济差异化发展过程中真实存在的现象。所以,采用空间数据分析的方法更符合实际。吴玉鸣(2007)、潘文卿(2012)和覃成林等(2012)用空间自相关方法分别对中国区域知识溢出、中国区域经济发展的溢出效应,以及长三角地区经济增长趋同等问题进行了研究,认为空间经济数据存在空间相关性,研究空间经济问题需要对空间相关性进行检验,如果存在显著的相关性则必须考虑采用空间计量模型。空间数据分析将空间统计学和现代图形计算技术结合,用直观的方式展现空间数据中隐含的空间分布、空间模式以及空间相互作用过程,一般常

用全局空间自相关和局域空间自相关进行研究。全局 Moran 指数 I 用来分析空间数据在整个区域内表现出的分布特征，即全局空间相关性，可以检验整个研究地区中临近地区间是相似的、相异的，还是互相独立的。其计算公式如下：

$$I = \frac{n \sum\limits_{i=1}^{n} \sum\limits_{j=1}^{n} w_{ij}(x_i - \bar{x})(x_j - \bar{x})}{\sum\limits_{i=1}^{n} \sum\limits_{j=1}^{n} w_{ij} \sum\limits_{i=1}^{n}(x_i - \bar{x})^2} = \frac{n \sum\limits_{i=1}^{n} \sum\limits_{j=1}^{n} w_{ij}(x_i - \bar{x})(x_j - \bar{x})}{S^2 \sum\limits_{i=1}^{n} \sum\limits_{j=1}^{n} w_{ij}}$$

式中，n 是空间内地区总数，w_{ij} 是空间权重，x_i、x_j 分别是地区 i 和 j 的属性，$\bar{x} = \frac{1}{n} \sum\limits_{i=1}^{n} x_i$，$S^2 = \sum\limits_{i=1}^{n}(x_i - \bar{x})^2$。Moran 指数 I 可看作是观测值与它空间滞后项之间的相关系数，取值范围为 $(-1, 1)$，大于 0、小于 0、等于 0 分别表示正相关、负相关、随机分布，即具有相似、相异属性的地区集聚在一起或随机分布。

局部 Moran 指数是 Anselin(1995)提出的，用来检验局部地区是否存在相似或相异观察值集聚现象，一般用 Moran 散点图和 LISA(local indicators of spatial association)测度。地区 i 的局部 Moran 指数用来度量地区 i 和其临近区域之间的关联程度，定义为：

$$I_i = \frac{(x_i - \bar{x})}{S^2} \sum_{i=1}^{n} w_{ij}(x_j - \bar{x})$$

式中，I_i 值为正，则表示一个高值被高值包围或者低值被低值包围；I_i 为负，则表示一个低值被高值包围或高值被低值包围。局部 Moran 指数能对局部与周围地区的相互关联进行显著性检验，并可发现异常区域和识别跨区域界线的集群模式以及这种地区关联的显著性，也可以发现热点和盲点地区。

(二)长三角城市群生产性服务业空间分异总体特征

1.时空分异特征

从表 1 可以看出，2003—2010 年长三角城市群生产性服务业空间分异指数 D 处于 0.25～0.31 区间，表明该区域生产性服务业总体呈空间分异状态,但还未达到严重分异程度,分异指数以 2.5％ 的年均增速增加,分异程度逐渐加强。从全局自相关 Moran 指数逐年增加可以看出,城市群内部不同区域间生产性服务业发展存在显著的正相关关系,表现为较高发展水平的地区趋于与较高发展水平地区相邻,较低发展水平地区趋于与较低发展水平地区靠近的空间关联结构,总体分异特征逐渐明显,同类集聚现象显著。

表 1　生产性服务业空间分异指数和空间自相关系数

量	2003 年	2004 年	2005 年	2006 年	2007 年	2008 年	2009 年	2010 年
D	0.2655	0.249	0.291	0.2611	0.2753	0.2857	0.2949	0.3063
I	0.0897	0.0903	0.0582	0.0777	0.0627	0.0812	0.1489*	0.1629*

注:* 表示通过 9999 次 Permutation 检验,在 10％ 下显著。

2. 细分行业特征

从表 2 可以看出,从细分行业来看,居民服务、修理和其他服务业(ROS)的分异值一直在 0.6 左右,已经属于严重空间分异,但没有进一步加剧趋势。从空间自相关数据看,居民服务、修理和其他服务业未出现显著的地区关联和负相关扩散现象,这可能与居民服务业服务距离有限及产业关联性弱有关。房地产业(EST)分异值在 0.35～0.45 区间内,说明已经存在明显的空间分异,并呈加剧趋势。同时,从自相关数据可以看出地区间关联性显著,发展程度相同地区趋向于聚集在一起。租赁和商务服务业(LBS)的分异数值在 0.41～0.47 区间内,说明这些行业已经存在明显的空间分异,但是没有进一步加剧趋势,同时存在显著的地区间关联性,发展程度相似地区趋向于聚集在一起。科学研究和技术服务业(STG)的分异指数值在 0.43～0.56 区间内,表明存在明显的空间分异,而且分异加剧趋势非常明显,地区间关联性弱。说明科研院所和大学等机构集中在核心城市,导致研究和科技类服务业发展具有很强的路径依赖。金融业(FIN)的分异程度较低,甚至低于平均水平,但发展水平类似的城市区域在空间上相邻,反映出金融业集中在少数几个城市区域,其他地区分布较为平均。信息传输和信息技术服务业(ICS)的分异值在 0.25～0.4 区间内,尚不存在严重的空间分异,但是分异加剧趋势比较明显,从地区关联性上看,则由显著的正相关变成独立分布。交通运输、仓储和邮政业(TWS)不存在严重的空间分异,也是唯一分异状况减弱的行业,并出现显著的正空间自相关,表明这些原本主要为工业服务的产业与居民生活结合得更为紧密。教育业(EDU)分异值最低,分异状况最为微弱且数值比较稳定,地区聚集现象逐渐明显,核心城市周围教育业明显更为发达。

上述研究结果说明,生产性服务业及其各细分行业在地区分布上存在一定程度的空间差异性,而且大多数行业的空间不均衡现象非常显著,总体趋向于同类集聚。

表2 各细分行业分异指数和空间自相关系数

行业	量	2003 年	2004 年	2005 年	2006 年	2007 年	2008 年	2009 年	2010 年
TWS	D	0.4623	0.3659	0.3797	0.3612	0.3713	0.3793	0.3982	0.3981
	I	0.060	0.062	0.063	0.080	0.089	0.088	0.140*	0.136*
ICS	D	0.2826	0.2549	0.3375	0.2949	0.3333	0.3383	0.3602	0.3913
	I	0.249**	0.183*	0.041	0.022	0.004	0.002	0.047	0.020
FIN	D	0.2335	0.2118	0.2292	0.2379	0.2512	0.2529	0.2503	0.2625
	I	0.270**	0.302**	0.262**	0.247**	0.224**	0.163*	0.229**	0.254**
EST	D	0.3789	0.3576	0.4278	0.388	0.4203	0.4432	0.4488	0.4412
	I	0.060	0.073	0.128*	0.188*	0.104	0.141*	0.127	0.232*
LBS	D	0.4259	0.4101	0.5060	0.4685	0.4634	0.4528	0.4520	0.4569
	I	0.129*	0.113*	−0.009	0.112	0.045	0.124*	0.339**	0.393***
STG	D	0.4363	0.4385	0.4599	0.4726	0.4885	0.5129	0.5288	0.5520
	I	−0.019	−0.028	−0.039	0.050	−0.046	−0.043	−0.049	−0.038
ROS	D	0.5348	0.5430	0.7569	0.5647	0.5842	0.5943	0.5771	0.5561
	I	0.036	−0.013	−0.052	−0.032	−0.069	−0.106	−0.085	−0.037
EDU	D	0.1106	0.1098	0.1048	0.1036	0.1049	0.1122	0.1105	0.1107
	I	0.086	0.062	0.052	0.036	0.042	0.106	0.154*	0.174*

注:* 表示通过 9999 次 Permutation 检验,在 10% 下显著;** 表示在 5% 下显著;*** 表示在 1% 下显著。

3.空间分异特征

为对生产性服务业空间分异有更直观的认识,我们分别制作了 2003 年和 2010 年的六分位图。为了在分类的过程中凸显空间分异的特征,我们选择了 25 个典型性较为明显的城市进行分析。2003—2010 年,上海、杭州、南京、宁波、舟山等地生产性服务业高度发达,生产性服务业集中在以上海为中心的长三角核心区。我们将 2003 年和 2010 年两个图进行对比后发现,浙江南部和江苏北部的落后地区相对更加落后。运用 LISA 方法,将 25 个城市分为四类,并检验分类的显著性,如表 3、表 4 所示。

表 3　2003 年 LISA 分类

类别	城市
离心区	南通、常州、扬州、嘉兴、湖州、金华
低速区	徐州**、淮安**、连云港**、泰州、宿迁、丽水、盐城、台州、温州、绍兴、衢州
扩散区	苏州、镇江、舟山*、(上海)
极化区	杭州、南京、无锡、宁波、(上海)

注:括号内城市表现出两种特征;* 表示在 10% 下显著,** 表示在 5% 下显著。

表 4　2010 年 LISA 分类

类别	城市
离心区	南通、苏州、台州、湖州、绍兴、金华
低速区	宿迁**、淮安**、连云港**、徐州、常州、扬州、泰州、盐城、镇江、丽水、温州、衢州、(无锡)
扩散区	上海、嘉兴、宁波、舟山*
极化区	杭州、南京、(无锡)

注:括号内城市表现出两种特征;* 表示在 10% 下显著,** 表示在 5% 下显著。

南通、湖州、金华等地属于离心区,即本地生产性服务业发展水平不高,但是被发展水平高的地区环绕。杭州、无锡一直处于极化区,核心城市拥有很高的生产性服务业发展水平,却普遍被一些生产性服务业发展水平较低的地区包围。因为南京特殊的地理位置，可以看出其周边地区生产性服务业水平有不同程度提高，在此归类为极化区。舟山处于扩散区，上海对舟山的扩散效应明显，可以认为能够带动周边地区发展。宿迁、淮安、连云港、徐州等地是低速区的代表，不仅本地发展水平低，周边地区也少有发展程度高的地区。另外，还可以看出长三角城市群生产性服务业呈现出以上海、南京、杭州为核心的三核心-外围空间结构，上海、南京、杭州周围都是较高发展水平地区，宁波的中心作用正逐渐加强。生产性服务业发展水平最低的地区一般都是远离这些核心城市的地区，长三角城市群生产性服务业空间分异正在向四核心-外围空间结构以及网络化发展演进。

（三）长三角城市群生产性服务业空间分异动因

新经济地理学揭示了交易成本、要素流动和集聚之间的关系，重新研究了区位选择和区际贸易问题，认为空间距离的不可灭性导致所有经济行为在空间上都是非均匀分布的。对工资成本敏感、消费指向性强的产业最先从区域和城市中心转移出去，知识密集型、产业关联性强的产业集中在核心城市和城市核心区。隐性知识溢出随距离的增加而迅速衰减，这是引发产业集聚的主要力量，特别是知识密集型产业，正是知识与人力资本初始分布的不均和局域地理溢出导致经济行为的不平衡空间分布及增长的趋异。我们认为，生产性服务业空间分异是在初始禀赋下多种原因共同影响的结果，出现前述生产性服务业空间分异特征的原因主要有以下几个方面。

1.知识局域溢出是生产性服务业空间分异的根本原因

生产性服务类企业是以知识和人力资本为主要投入要素的知识密集型企业，高质量的密集要素可以降低搜寻成本和不确定性。知识溢出具有显著的地理有界性和距离衰减效应，生产性服务业提供服务需要面对面交流，而人员流动成本远高于货物流动成本。所以，空间知识积累和人力资本状况的差异导致地区间知识生产、应用和扩散的差异，是生产性服务业空间分异的主要原因。新经济地理学认为，知识和人力资本集聚的地方会形成产业及创新的核心区,这种强的知识溢出会降低创新成本,并持续推动生产性服务业集聚区保持知识垄断优势、吸引资本和同类企业在本地集聚,保持本地生产性服务业竞争优势。

生产性服务业对知识要素的供给敏感,更容易在有充沛知识要素的地方发展,更倾向于集聚在高校及科研机构等密集的城市,并会形成路径依赖以保持竞争优势。前述研究可以看出,上海、南京、杭州、宁波等城市在知识积累和人力资本方面明显是长三角城市群最强的四个城市,是长三角城市群甚至全国的高等院校和科研院所聚集地,与生产性服务业落后的宿迁、淮安、连云港、丽水等地形成了强烈对比。生产性服务业集聚的城市具有较高的社会平均知识水平,高素质劳动力充沛,生产性服务业空间分异状况的决定因素是人力资本的分布不均。STG 行业分异严重,LBS 行业分异明显,科学研究、技术服务业对知识精英的大量吸收,表现为知识密集水平越高服务行业空间不均衡性越强。FIN、LBS 等具有显著正空间自相关性的行业对知识与人力资本都比较敏感,反映了知识外溢作用明显。从产业投入产出角度来看,农业的生产成本投入与产出基本呈线性关系,这种简单线性关系虽然在制造行业不成立,但是有形商品的原材料成本、劳动力成本等仍然占据商品价格相当大比例。对于生产性服务业来说,具有一次投入长期获取垄断收益的特征,其无形产品的复制成本极低,产出价值不依赖于投入多少或劳动时间,而是由从业者人力资本所决定。

据此,形成假说 1:高人力资本水平促进生产性服务业发展。

2.城市等级体系演变推动生产性服务业的空间分异

生产性服务业集聚的基础是本地知识和人力资本的积累,而知识和人力资本的积累是随着城市规模扩大、等级提升而增加的。随着城市规模的扩大,城市经济的主导产业会从制造业转移到生产性服务业,因为只有生产性服务业单位面积的高增加值才能支付得起高地租,从而使制造业向郊区、中小城市扩散,生产性服务类企业逐渐向城市核心地区和城市群的中心城市集聚。同时,从企业工作人员角度来看,生产性服务企业的从业者多受过良好的教育,对工作环境和居住环境,以及交通、通信等其他服务业配套设施的要求较高。对公共服务、居住和文化娱乐活动的选择权增多，导致中间投入性强的生产性服务业倾向于集中。而这一过程依赖于城市等级体系的形成和演变，城市区域的等级体系推动生产性服务业的空间分异形成与区域乃至全球城市层级体系地位一致的空间结构。从要素供给的角度看，创造知识的研发机构和高校一般在中心城市，陆铭和向宽虎（2012）发现，区域性大城市对第三产业劳动生产率的影响最为显著。前述关于时空分异特征的分析表明，生产性服务业发达的上海、杭州、南京、宁波等都是区域性中心城市，而发展落后的浙南、苏北地区不仅本身在城市等级体系中靠后，而且周边没有核心城市带动。

根据以上分析，形成假说2：城市规模的扩大及在区域城市等级体系中排名的提升，对中心城市及周边地区生产性服务业的空间分异具有推动作用。

3. 生产性服务业与制造业互动促进生产性服务业的空间分异

生产性服务业与制造业具有很强的产业关联性。生产性服务业为制造业提供服务多需要面对面交流，而且这个交流成本随着距离增加而迅速攀升，制造业集聚区与生产性服务业集聚区之间的关系是非线性的，可能存在一个最优距离。Markusen（1989）证明了随着市场的扩张、厂商数目及生产规模的扩大、专业分工的细化，生产性服务业将与制造业不断分离，并促进生产性服务业持续发展。Desmet 和 Fafchamps（2005）、王晓娟和陈建军（2006）等研究了生产性服务业集聚区与制造业集聚区的可分性，认为这种相互竞合的结果有助于提升集群竞争力。陈建军和陈菁菁（2011）认为，生产性服务之间存在促进和挤出效应，所以应该存在一个最优距离。为了更直观地表明长三角城市群制造业空间布局对生产性服务业空间分异的影响，我们运用 ESDA 方法对 2010 年长三角城市群制造业空间分异作了六分位图。

结果表明，生产性服务业集聚中心上海、南京、宁波等城市的制造业规模比其他城市高。从工业总产值与经济总量的比重分位图与生产性服务业发展图的对比可以看出，如果某地区以工业为主导，则一般生产性服务业发展属于中等水平。而且这些制造业集聚区总是在生产性服务业集聚中心周围,如扬州、常州与南京相邻,苏州、嘉兴与上海相邻,绍兴、嘉兴都与杭州和宁波相邻。制造业落后的几个地区及周围区域一般都没有制造业集聚区,如丽水、宿迁、连云港、淮安等城市,同时这几个地区生产性服务业集聚度最低。

综上所述,制造业发展对生产性服务业发展有极大促进作用,生产性服务业从制造业分离出来以后,两者的集聚区开始分离。但由于生产性服务业集聚在核心区,服务成本随距离增加而迅速增加,所以生产性服务业集聚区与制造业集聚区倾向于在一个城市或者相邻城市,制造业发展促进生产性服务业发展过程局限在一定的空间范围。长三角城市群制造业具有明显的加工生产、代工贸易特征,江静和刘志彪(2010)、谭洪波和郑江淮(2012)等的研究表明,这种代工生产制造业的发展对本地生产性服务业的带动作用有限。代工生产只是需要本地提供低端劳动服务,所需的生产性服务业来自国外,本地制造业与生产性服务业之间的产业关联被扭曲和割裂,代工制造业反而会与生产性服务业形成竞争,在这种背景下本地制造业的发展并不一定会促进本地生产性服务业的发展。所以,当前长三角城市群制造业已经发展到较高水平,而生产性服务业发展滞后,本地制造业不会因技术进步而重复扩张,不会对本地生产性服务业发展产生良好带动作用,反而可能会对其发展产生一种负面的挤出效应。

假说3:如果无技术进步,制造业规模的纯粹扩张会对该区域生产性服务业产生净负面影响。

三、长三角城市群空间组织与生产性服务业空间分异相互作用机制

在前述研究中,我们在分析长三角城市群生产性服务业空间分异动因的基础上,提出了三个假说。根据这三个假说,我们进一步运用空间计量经济学方法,检验空间自相关性,以揭示长三角城市群空间组织与生产性服务业空间分异的相互作用机制。

（一）空间回归模型的构建

1. 空间滞后模型

不同空间生产性服务业的相互影响是研究生产性服务业空间分异的重要因素，被解释变量生产性服务业的发展受周边地区的空间外部性作用，即为空间滞后回归模型（spatial lag model，SLM）：

$$\text{service}_i = \beta_0 + \rho \sum_{j=1}^{n} w_{ij}\, \text{service}_j + \beta_1 \text{knowledge}_i + \beta_2 \text{citysize}_i \\ + \beta_3 \text{manufacture}_i + \varepsilon_i$$

式中，描述区域 i 和区域 j 之间相互联系的 w_{ij} 为空间权值矩阵 w 中的元素；ρ 为空间滞后自回归系数，用来度量邻近地区生产性服务业发展的空间外部溢出效应。这表明本地区生产性服务业发展还受其他区域的影响，空间经济系统中的每个区域与其他区域之间存在空间相关性，给定特定的空间权值矩阵，区域之间空间依赖性的大小随着区际距离的增加而递减。

2. 空间误差模型

若考虑到本地区生产性服务业的发展还取决于经济系统中其他局域特征的影响，以及建模过程中忽略掉的在地理空间上相关的一些重要变量，则可得空间误差模型（spatial error model，SEM）：

$$\text{service}_i = \beta_0 + \beta_1 \text{knowledge}_i + \beta_2 \text{citysize}_i + \beta_3 \text{manufacture}_i + \theta_i$$

$$\theta_i = \lambda \sum_{j=1}^{n} w_{ij} \theta_j + \varepsilon_i$$

式中，θ_i 表示空间自相关的误差项；λ 为空间误差项自回归系数，用来衡量样本观察值的误差项对地区生产性服务业发展的空间误差溢出效应。SEM 模型反映区域生产性服务业增长受其他地区相互依赖的随机误差冲击影响。

3. 空间滞后误差模型

除了考虑邻近地区生产性服务业的空间溢出效应外，还分析被忽略的在地理空间上相关的一些重要变量对生产性服务业发展的影响，可得

空间滞后误差模型(spatial lag and error model,SLEM):

$$service_i = \beta_0 + \rho \sum_{j=1}^{n} w_{ij} \, service_j + \beta_1 \, knowledge_i + \beta_2 \, citysize_i$$
$$+ \beta_3 \, manufacture_i + \theta_i$$

$$\theta_i = \lambda \sum_{j=1}^{n} w_{ij} \theta_j + \varepsilon_i$$

4.空间杜宾模型

在 SLM 模型中,除了考虑邻近地区生产性服务业发展的空间溢出效应外,还考虑邻近区域的城市规模、知识积累和制造业中的部分或者全部因素对本区域生产性服务业发展的影响,则将所有解释变量的空间滞后项均作为解释变量,可得空间杜宾模型(spatial Durbin model,SDM):

$$service_i = \beta_0 + \rho \sum_{j=1}^{n} w_{ij} \, service_j + \beta_1 \, knowledge_i + \beta_2 \, citysize_i$$
$$+ \beta_3 \, manufacture_i + \lambda_k \sum_{j=1}^{n} w_{ij} \, knoledge_j$$
$$+ \lambda_c \sum_{j=1}^{n} w_{ij} \, citysize_j + \lambda_m \sum_{j=1}^{n} w_{ij} \, manufacture_j + \varepsilon_i$$

由于空间回归模型中存在空间滞后,我们以 OLS 和空间广义矩估计(spatial autoregressive generalized method of moments,SPGMM)作为对比。主要根据 OLS 回归时进行的空间自相关检验结果进行判断,即比较 LMlag 与 LMerr 的显著性,同时对比回归结果,拟合优度 R^2 大、自然对数似然函数值(lnL)大、似然比(LR)小、赤池信息准则(AIC)小的模型一般更加合适。为了避免和减少内生性的影响,首先,从基本经济理论出发尽量选取内生性不强的变量。其次,国内外已有研究证明,如果样本数量少,截面空间计量数据模型使用 IV(instrumental variables,工具变量法)估计会造成较大偏差,本案例采用推荐的最大似然估计(maximum likelihood estimate)。同时,空间计量纳入了普通计量忽视的地区关联性,一定程度上降低了内生性问题的影响,如有许多研究将距离作为理想的工具变量。

(二)数据来源与变量的选取

通过对服务业年度数据的对比发现,在第六次人口普查前后数据缺口很大,考虑到数据的一致性和可得性,本案例采用截面数据模型(使用截面数据模型首先是因为服务业数据历年可比性差;其次,为了更好地衡量人力资本,本案例使用各地级市人均受教育年限数据,该数据最准确的基础数据目前只能从 2010 年第六次人口普查公告获得,这也限制了本案例进行面板分析,而截面分析基本上能反映当前状况),选取长三角城市群 25 个城市作为样本,数据主要来自《2011 年中国城市统计年鉴》和各地级市 2010 年第六次人口普查公告。

(1)service 表示城市的生产性服务业发展水平。服务业统计困难,遗漏因素多,生产性服务业产值数据难以收集,常规统计中低估了服务业的产值和比重,因此,采用城市单位行业从业人口指标进行研究更为科学。生产性服务业从业人口的多少并不能代表本城市生产性服务业的发展水平,城市人口数量差别巨大不能直接对比。所以,利用城市 i 人均生产性服务业从业人数与区域平均水平的对比表示城市 i 的生产性服务业发展水平。

(2)citysize 代表城市的相对规模。大部分研究都用人口指标表示城市规模,但生产性服务业具有为制造业提供服务的行业属性,其大多数业务与制造业发展紧密相连。经济地理学界对于区域城市等级的计算虽然涉及许多指标,但多以经济总量为主要指标之一。随着城市经济规模的扩大,城市在区域经济中所处的功能与地位能为生产性服务业发展提供更大的空间,所以使用城市经济总量与区域平均水平的比值来衡量城市相对规模更具有科学性。

(3)knowledge 代表该地区的平均人力资本水平。生产性服务业以知识为主要生产要素,其知识外溢明显高于制造业。人均受教育程度较能科学合理地代表区域人力资本情况,表明劳动力的质量和充裕情况。如顾乃华等(2006)也使用了平均受教育年限来检验教育对产业竞争力提升的影响。尽管人力资本是比教育更宽泛的概念,但是绝大多数实证研究都用教育测度人力资本,衡量人力资本对生产性服务业技术进步的影响,认为人均受教育年限是衡量人力资本最为理想的指标。我们采用Barro(1991)的教育年限法,城市人均受教育年限结果按照第六次人口普查公报公布的数据计算而得,计算方法为:人均受教育年限＝总受教育年限÷6岁以上人口总数。其中,总受教育年限＝大专及以上学历人口总数×16＋高中学历人口总数×12＋初中学历人口总数×9＋小学学历人口总数×6,所涉及人数均为本地区常住人口,计算结果如表5所示。

表5　长三角地区2010年人均受教育年限

城市	人均受教育年限	城市	人均受教育年限
上海	9.939484276	宿迁	8.180764924
南京	10.68603767	杭州	9.746321859
无锡	9.509818677	宁波	8.777807656
徐州	8.382824425	温州	7.943346938
常州	9.263529248	嘉兴	8.199462669
苏州	9.556001986	湖州	8.60296584
南通	8.691516276	绍兴	8.311549678
连云港	8.584410366	金华	8.883949081
淮安	8.627287135	衢州	8.592843563
盐城	8.631393641	舟山	8.902337127
扬州	8.907182272	台州	7.964030651
镇江	9.396941782	丽水	8.086631487
泰州	8.514615122		

注:本表所使用基础数据为第六次人口普查数据,计算所得数据与部分学者前些年根据统计局人口变动抽样调查数据计算结果有少许出入,例如他们计算上海2003年以后人均受教育年限即超过10,我们认为这是由所使用基础数据有较大出入所致,比如《2010年上海统计年鉴》里2009年上海常住人口有1921.32万人,但是第六次人口普查数据显示上海常住人口为2301.92万人,后来在《2011年上海统计年鉴》里把2009年上海常住人口更正为2210.28万人,说明第六次人口普查数据与以前统计局抽样调查数据有较大出入。

为了考察知识溢出的显著性，我们对长三角城市群人力资本空间分布现状进行空间自相关检验，结果表明长三角各城市人力资本现状存在显著的空间关联性，即存在强知识溢出效应。针对 Moran 指数 0.3242 的显著性检验结果表明，检验在 1% 显著性下通过。

（4）manufacture 代表城市制造业相对规模。通过分析长三角城市群制造业规模扩张对生产性服务业发展的影响，研究目前长三角城市群制造业发展程度和生产性服务业发展所处阶段。本案例使用当地制造业产值与平均值的比值来表示城市的制造业相对规模。

（三）模型的估计与检验

由 OLS 估计结果可知，城市等级规模和区域平均知识水平对生产性服务业发展有显著的促进作用，而制造业规模扩张对生产性服务业产生了挤出效应。OLS 估计虽然拟合优度达到 68.78%，模型整体通过了 1% 水平的显著性检验，但是由于空间自相关 Moran 检验不能通过，表明存在显著的空间依赖性和空间异质性，遗漏了可能的重要变量导致模型设定有误。表 6 中 LMlag、R-LMalg 值均通过了 5% 显著性检验。而且 AIC、Log liglikeihood 及对应约束 Wald 检验均表明，两种空间计量模型中空间滞后模型（SLM）比空间误差模型（SEM）更合适，空间滞后回归系数显著，可以认为生产性服务业在发展过程中对临近地区产生溢出效应。在对知识水平的空间相关检验中我们发现了自相关，而在城市规模和制造业相对规模中并没有发现，结合解释变量空间滞后变量系数的显著性，确定空间杜宾模型（SDM）为被解释变量和地区知识水平的空间滞后效应。从 SDM 的回归结果中发现，显著表明生产性服务业发展的空间溢出效应进一步得到验证，并且地区知识水平也存在显著的空间溢出效应，对整个区域生产性服务业发展起到显著促进作用。空间滞后误差模型（SLEM）估计的拟合度不高，空间广义矩估计（SPGMM）的结果与空间杜宾模型（SDM）非常吻合。通过对各模型回归系数和相关检验的对比，可以认为 SDM 是最合适的选择，同时回归结果稳健。同时，我们对 SDM 模型分别进行了 Ramsey、DeBenedictis-Giles 和 White 的模型误设检验（regression specification error test，RESET），相对 OLS 下的受约束 Wald 检验等均能通过。可以认为,基于 SDM 的估计结果具有科学性。尽管采用最大似然估计法估计参数导致拟合优度检验意义不大,但依然有充分证据表明普通计量方法下的 OLS 回归忽略了空间相关性导致设定的模型不够恰当,通过引入空间相关性模型对其起到了相应的修正效果。

表 6　模型的回归结果

变量	OLS	SLM	SEM	SDM	SLEM	SPGMM
Citysize	1.048***	1.146**	0.969***	1.057***	1.099***	0.959***
	(0.105)	(0.117)	(0.272)	(0.143)	(0.262)	(0.247)
Knowledge	0.306**	0.287	0.333***	0.354**	0.340***	0.386***
	(0.129)	(0.138)	(0.122)	(0.158)	(0.114)	(0.123)
manufacture	−0.787***	−0.890***	−0.709	−0.808***	−0.856***	−0.746***
	(0.136)	(0.124)	(0.271)	(0.139)	(0.264)	(0.250)
lag_knowledge				−0.599		
				(0.368)		
Constant	−2.139*	−2.428**	−5.757	−2.428	−25.047	−2.746**
	(1.071)	(1.084)	(0.720)	(1.084)	(.)	(0.989)
Adj-R2	0.727	0.913	0.699	0.908	−0.09	0.684
		1.721*		5.112*	3.354	
Morgan's I	0.163*	0.205**	0.0763*	0.072***	0.095***	0.098***
AIC	16.61	0.1133	15.786	0.117	1932.815	0.120
Log likeihood	−4.305	−4.304	−4.168	−3.237	−3.451	−5.018
LMlag	5.580**					
R-LMlag	5.601**					
LMerr	0.824					
R-LMerr	0.846					

注:1. *** 代表显著性水平为 1%,** 代表显著性水平为 5%,* 代表显著性水平为 10%;
2.括号里均为稳健标准误。

(四)实证分析结果

上述实证分析结果表明,各变量对生产性服务业发展水平空间分异具有比较强的解释力。同时,我们以 SDM 模型论证了所提出的三个假说,从而揭示了长三角城市群空间组织与生产性服务业空间分异的相互作用机制。

第一,代表区域平均人力资本状况的人均受教育年限与生产性服务业发展程度正相关,考虑空间相关性后人力资本的作用更加明显和增强,人均受教育年限增长 1 单位能带动生产性服务业发展 0.354 个单位的提升。人力资本越丰富的区域越容易形成生产性服务业的空间集聚。知识与人力资本作为重要的投入要素驱动了生产性服务业的发展,知识密集度高、人力资本充裕的地方为生产性服务业发展提供了良好的发展基础,知识和人力资本最初的集中加快了生产性服务业发展速度,吸引同类企业集聚和资本进入。循环累积因果关系和区位黏性的存在,巩固了生产性服务业的领先地位。知识密集、人力资本水平高的地方生产性服务类企业发展的成本低、收益高,生产性服务企业的集聚又产生了对人才的进一步需求,企业可以发挥知识和高人力资本的优势,创造更多价值给予人才更高的回报,所以生产性服务类企业倾向于在人力资本总水平高的地方集聚。提高人均教育水平可以从根本上推动生产性服务业发展,社会平均人力资本的提高有利于技术扩散和应用创新,进而推动全要素生产率的提升,从而摆脱经济增长严重依靠廉价劳动力、低价环境和资源成本的状况,实现可持续的内生经济增长。所以,应推动有利于知识溢出政策的出台,保护知识产权,接收发达国家高新技术扩散。

第二,城市规模与生产性服务业发展正相关,城市规模的扩大、等级的提升是生产性服务业快速发展的保障,该研究结果验证了前述生产性服务业的集聚总是依赖核心城市和城市核心区。从系数上看,城市规模对生产性服务业发展具有极强的促进作用。目前长三角城市群中大城市规模的增长速度低于总体水平,平均城市规模小、城市化率低,生产性服务业集聚力度不够。因此,有利于城市化快速推进的政策可以有效提升城市群生产性服务业的发展水平和速度。为了发挥集聚经济的优势,未来长三角城市群要形成若干核心大城市集聚生产性服务业以发挥极化作用。在此基础上,加快推进城市化进程,提升城市群的整体空间效率,培育若干区域性核心城市,形成城市网络,促进城市群空间组织的优化。

第三,代表区域制造业相对规模的工业增加值相对比值与生产性服务业发展程度负相关,这表明从总体上看当前长三角城市群的制造业规模扩张会在一定程度上抑制本地生产性服务业发展。目前长三角城市群制造业发展水平较高,核心城市的制造业已经开始向周边中小城市扩散转移,以形成更具竞争力的生产性服务业集群。关于城市规模对生产性服务业发展起促进作用假说的验证说明,城市化水平提升能为制造业和生产性服务业发展提供稳定劳动力与产品需求市场,降低异地交易成本进而促进本地制造业和生产性服务业发展。而城市规模扩大的同时,伴随着郊区城市化过程,制造业在不远离城市的前提下可以有更广阔的转移空间,这样本地制造业与生产性服务业间挤出效应减弱而互补效应增强。

四、案例启示

通过对长三角城市群空间组织与生产性服务业空间分异相互作用机制的案例分析,可以形成以下几个方面的启示(崔大树 等,2016)。

社会总人力资本的提升是生产性服务业快速发展、经济转型升级,以及可持续发展的基础和关键。生产性服务业将会成为主导和支柱产业,而知识和人力资本是生产性服务业重要的资源要素。长三角城市群应借鉴欧美国家建立多层次人才培训体系和科学的人力资源开发利用体系,把生产性服务业作为拉动经济增长的引擎,从长期来看这是经济转型与发展方式转变的必然。同时,产业集聚由于存在局域溢出效应,导致规模收益递增提升了本地产业发展速度,而知识溢出本身具有强扩散效应,在产业适度集聚基础上推动科技平台建设和开放共享。因此,促进知识溢出的政策能在保证核心区经济增长速度的同时缩小周边地区与核心区的差距,积极承接国际生产性服务业转移与提升本地区知识溢出吸收能力并重。同时,重视对知识产权的保护和对知识产权交易市场的完善。

在制度与政策方面，通过城市群空间效率的提升推进城市化，以城市化过程的近域推进扩大二级城市的城市规模，从而为各个行业带来更广阔的需求市场、劳动力市场。特大城市和核心城市的近域推进可以推动制造业转移到不远离核心地区的地方集聚，在避免挤出效应的同时保持互补效应最大化，进而促进制造业与生产性服务业共同发展。城市规模扩大及大城市增多，可以在保持制造业与生产性服务业间产业关联所形成的互补效应基础上降低产业间挤出效应，为生产性服务业集聚区与制造业集聚区间相互促进共同繁荣奠定基础。长三角城市群生产性服务业集聚区的形成是工业化后期和城市化过程的必然结果，而目前长三角城市群大城市过少、规模不足，应侧重发展大城市，形成各城市间有机结合、具有网络化功能与结构的城市群。

政府在引导制造业转移、扶持生产性服务业发展过程中应尽量出台因地制宜，适应不同地区不同行业的政策。连云港、宿迁、淮安、徐州等城市制造业和生产性服务业一直相对落后，所以目前这些地方应该主动承接核心区产业转移，加快战略新兴产业的发展。并促进生产性服务业与制造业形成有效集聚，从而在保持各行业均衡发展的基础上实现规模经济的集聚优势和集群发展，推动区域专业分工与协调发展。由于该区域整体还处于工业化中期发展阶段，不能片面追求高端服务业而完全放弃制造业，促进生产性服务业与制造业融合发展能使长三角城市群发展成为生产性服务业与先进制造业共同高度发达的世界级城市群。

参考文献

陈建军,陈国亮,黄洁,2009.新经济地理学视角下的生产性服务业集聚及其影响因素研究——来自中国 222 个城市的经验证据[J].管理世界(04):83-95.

陈建军,陈菁菁,2011.生产性服务业与制造业的协同定位研究:以浙江省 69 个城市和地区为例[J].中国工业经济(6):141-150.

陈前虎,徐鑫帅,慧敏,2008.杭州城市生产性服务业空间演化研究

[J].城市规划(8):48-52.

程开明,2009.城市自组织理论与模型研究新进展[J].经济地理,29(04):540-544

崔大树,杨永亮,2014.生产性服务业空间分异的动因与表现:一个理论分析框架的提出[J].学术月刊,3:94-102.

崔大树,杨永亮,2016.长三角城市群生产性服务业空间分异机理研究[J].特区经济(1):38-41.

高觉民,李晓慧,2011.生产性服务业与制造业的互动机理:理论与实证[J].中国工业经济(6):151-160.

谷国锋,张秀英,2005.区域经济系统耗散结构的形成与演化机制研究[J].东北师大学报,37(3):119-124.

顾朝林,庞海峰,2008.基于重力模型的中国城市体系空间联系与层域划分[J].地理研究,27(1):1-12.

顾乃华,2006.我国服务业、工业增长效率对比及其政策内涵[J].财贸经济(7):3-9.

顾乃华,毕斗斗,任伍兵,2006.中国转型期生产性服务业发展与制造业竞争力关系研究——基于面板数据的实证分析[J].中国工业经济(9):14-21.

赫尔普曼,2007.经济增长的秘密[M].王世华,吴筱,译.北京:中国人民大学出版社.

江静,刘志彪,2010.世界工厂的定位能促进中国生产性服务业发展吗?[J].经济理论与经济管理,V(3):62-68.

江静,刘志彪,2009.生产性服务发展与制造业在全球价值链中的升级——以长三角地区为例[J].南方经济(11):36-44.

匡远配,2010.长株潭城市群"两型农业"建设中的边缘效应研究[J].农业现代化研究,31(02):142-146.

李博,韩增林,2012.基于投入产出法的大连市生产性服务业与制造业互动研究[J].地理科学,32(2):169-175.

李普峰,李同升,2009.西安市生产性服务业空间格局及其机制分析[J].城市发展研究,16(3):87-91.

李双艳,陈治亚,张得志,2008.物流节点系统演化机理研究[J].铁道科学与工程学报,5(1):81-86.

李伟军,孙彦骊,2011.城市群内金融集聚及其空间演进:以长三角为例[J].经济经纬(6):42-46.

刘惠敏,2007.基于 EG 模型的北京都市区生产性服务业地理集中研究[J].地理与地理信息科学,23(2):56-60.

陆铭,向宽虎,2012.地理与服务业——内需是否会使城市体系分散化?[J].经济学,11(3):1079-1096.

路江涌,陶志刚,2006.中国制造业区域聚集及国际比较[J].经济研究,41(3):103-114.

罗勇,曹丽莉,2005.中国制造业集聚程度变动趋势实证研究[J].经济研究,40(08):106-115.

吕征,刘勇,王钦,2006.中国生产性服务业发展的战略选择——基于产业互动的研究视角[J].中国工业经济(8):5-12.

潘文卿,2012.中国的区域关联与经济增长的空间溢出效应[J].经济研究(1):54-65.

彭宝玉,李小建,2009.新经济背景下金融空间系统演化[J].地理科学进展(6):970-976.

邱灵,申玉铭,任旺兵,2008.北京生产性服务业与制造业的关联及空间分布[J].地理学报,63(12):1299-1310.

申玉铭,邱灵,尚余力,等,2009.京沪生产性服务业比较研究[J].地理研究,28(2):441-450.

沈玉芳,刘曙华,2011.长三角地区生产性服务业布局的结构与趋势分析[J].城市发展研究(4):57-64.

沈玉芳,张婧,王能洲,等,2011.长三角城市群金融业演进的空间结构特征[J].地域研究与开发,30(2):86-90.

覃成林,刘迎霞,李超,2012.空间外溢与区域经济增长趋同——基于长江三角洲的案例分析[J],中国社会科学,05:76-94.

谭洪波,郑江淮,2012.中国经济高速增长与服务业滞后并存之谜:基于部门全要素生产率的研究[J],中国工业经济(9):5-17.

王孟钧,邓铁军,朱高明,2001.建筑市场管理的自组织理论及其实现[J].湖南大学学报,28(4):12-126.

王晓娟,陈建军,2006.企业跨区域发展视角下的产业集群转型[J].学术月刊,38(10):82-88.

吴玉鸣,2007.中国区域研发、知识溢出与创新的空间计量经济研究[M].北京:人民出版社.

吴智刚,段杰,阎小培,2003.广东省生产性服务业的发展与空间差异研究[J].华南师范大学学报,35(3):131-139.

夏巍,邓化媛,2009.武汉市生产性服务业空间布局特征及规划对策研究[J].城市规划学刊(s1):37-41.

许媛,李靖华,盛亚,2009.长江三角洲生产性服务业分工布局研究:以软件产业为例[J].科技进步与对策(7):54-58.

杨格,1996.报酬递增与经济进步[J].贾根良,译.经济社会体制比较(2):52-57.

杨小凯,张永生,2000.新兴古典经济学与超边际分析[M].北京:中国人民大学出版社.

张凤杰,张立,陈继祥,2008.生产性服务业集群化发展动因研究[J].科技进步与对策(12):82-85.

张茉楠,2009.创业型经济论[M].北京:人民出版社.

张三峰,2010.我国生产者服务业城市集聚度测算及其特征研究——基于21个城市的分析[J].产业经济研究,3:31-37.

赵璟,党兴华,2007.城市整体交易效率与中国城市间竞争分析[J].城市问题,9:69-73.

赵渺希,陈展,2011.中国城市体系中航空网络与生产性服务业网络的比较[J].城市规划学刊(2):24-32.

赵群毅,2008.北京生产者服务业空间变动的特征与模式[J].城市发展研究,14(4):70-77.

赵群毅,周一星,2007.北京都市区生产者服务业的空间结构——兼与西方主流观点的比较[J].城市规划,233(5):24-31.

Allen P M,1997. Cities and Regions as Self-Organizing systems:

Models of Complexity [M]. Amsterdam：Gordon and Breach Science Publishers.

Allen P M，Sanglier M，1979. A dynamic model of growth in a central place system[J]. Geographical Analysis，11(3)：256-272.

Andersson M，2006. Co-location of manufacturing and producer services：A simultaneous equations approach[J]. 94-124.

Anselin L，1995. Local indicators of spatial association[J]. Geographical Analysis，5(27)：93-115.

Audretsch D B，Feldman M P，1986. R&D spillovers and the geography of innovation and production[J]. American Economic Review，86(3)：630.

Barro R J，1991. Economic Growth in a Cross Section of Countries [J]. Quarterly Journal of Economics，106(2)：407-444.

Coffey W J，Drolet R，Polese M，1996. The Intrametropolitan location of high order services：Patterns，factors，and mobility in Montreal[J]. Papers in Regional Sciences，75(3)：293-323.

Desmet K，Fachamps M，2005. Changes in the spatial concentration of employment across US counties：A sectoral analysis 1972－2000[J]. Journal of Economic Geography，5(3)：261-284.

Ellision G，Glaeser E L，1997. Geographic concentration in U. S. Manufacturing industries：a dartboard approach [J]. Journal of Urban Economics，105(5)：889.

Fujii T，Hartshorn R P，1995. The changing metropolitan structure of Atlanta，GA：Locations of functions and regional structure in a multinucleated urban area[J]. Urban Geography，16(1)：680.

Helbing D，Johansson A，Lämmer S，2008. Self-Organization and Optimization of Pedestrian and Vehicle Traffic in Urban Environments [M]. Berlin：Springer.

Hessels M，1989. Locational Dynamics Of Business Serices：An Intrame Tropolitan Study On Randstad Holland[M]. Utrecht：[s. n.].

Hutton T，Ley D，1987. Location，linkages，and labor：The downtown complex of corporate activities in a medium size city, Vancouver, British Columbia[J]. Economic Geography,63(2):126.

Karlsson C,Johansson B,Stough R R,2006. Entrepreneurship and Dynamics in the Knowledge Economy[M]. London:Routledge.

Keeble D,Nacham L,2002. Why do business service firms cluster? Small consultancies, clustering and decentralization in London and southern England[J]. Transactions of the Institute of British Geographers,27(1):67.

Kolko J, 2007. Agglomeration and co-agglomeration of services industries [EB/OL]. [2017-05-09]. http://xueshu. baidu. com/s? wd= paperuri%3A%281a6829f89599ad756509f582bd4136fa%29&filter=sc_ long_ sign&tn = SE_ xueshusource_ 2kduw22v&sc_ vurl = http%3A% 2F%2Fpapers. ssrn. com%2Fsol3%2Fpapers. cfm%3Fabstract_ id% 3D985711&ie=utf−8&sc_us=12659337440288169239.

Kubo Y,1995. Scale Economies,regional externalities,and the possibility of uneven development[J]. Journal of Regional Science,35(1):29.

Markusen J,1989. Trade in producer services and in other specialized intermediate inputs[J]. American Economic Review,79(1):85.

Nelson K,1986. Labor Demand,Labor Supply and The Suburbanization of Low-Wage Office Work[M]. London:Allen & Unwin.

Pandit N R,Cook G A S,Swann G M P,2001. the dynamics of industrial clustering in British Financial services[J]. Service Industries Journal,21(4):33.

Romer P M, 1986. Increasing returns and long-run growth[J]. Journal of Political Economy,94(5):1002.

Shearmur R,Doloreux, 2008. Urban hierarchy or local buzz? High-order producer service and (or) knowledge-intensive business service location in Canada,1991—2001[J]. Professional Geographer,60(3):333-355.

Wall R S, van der Knaap G, 2011. Sectoral differentiation and network structure within contemporary worldwide corporate networks[J]. Economic Geography,87(3):267-308.

第七章 城市群空间组织与产业空间分异相互作用调控模式

本章根据前述城市群空间组织与产业空间分异相互作用的阶段性特征和机制的分析,进一步论证两者相互作用过程的调控模式。调控模式主要分为三种:联动模式、协同模式和节点网络型模式。从现阶段长三角城市群空间组织与产业空间分异的特征和相互作用机制来看,调控的重点应该是产业空间与城市群空间组织的联动、产业与城市的联动。所以,本书把研究的重点主要放在联动模式方面。协同模式是联动调控达到较高的程度才开始应用的一种模式。而节点网络型模式是最后的调控模式,是对未来时期的一种预期调控模式。

第一节 联动模式

随着经济全球化和区域经济一体化的发展,国家间综合竞争的地理层级发生变化,开始由城市层级向城市群层级过渡(赫胜彬,2015)。本书前述"引力作用机制"相关章节论证了在城市群中,城市与城市之间、城市与产业之间存在引力作用机制,具有共生的前提和基础。从生态学角度看,城市群和种群的发展规律存在一定的相似性(方威,2012),如表7-1所示,因此,可以借鉴生态学中生物种群增长规律的 Logistic 方程构建城市群内各成员间的关系。本节在简略考察城市群内部存在的城市与城市之间的共生与协调关系的基础上,进一步以城市群空间结构和制造业空间分异为分析主线,论证城市群空间组织演变与产业空间分异的调控模式,构建长三角城市群空间组织与产业空间分异的联动调控模式,并提出适用于不同空间类型和发展阶段的四种模式。

表 7-1　生态种群系统和城市群的相似性分析

相似性		生物群落	城市群
组成要素		以生物为主体,生物具有多样性	以城市为主体,城市具有多层级性
结构相似性	要素之间的关系	有两个以上要素; 各成分与环境紧密结合; 各成分之间相互作用	有一个以上特大城市,三个以上大城市; 各城市与生态环境、社会经济环境紧密结合; 各城市之间存在空间相互作用
	整体性	各个组成部分相互影响,构成一个整体	空间组织紧凑、经济联系紧密,并最终实现高度同城化和高度一体化
	反馈特性	有正反馈与负反馈	有极化效应与涓滴效应
	营养结构/价值结构	食物链	价值链、产业链
功能		物种流动、能量流动、物质循环、信息传递、价值流通、生物生产、资源分解	生产要素流动、信息传播、区域经济增长极
复杂有序的层级系统		生态系统、群落、种群、个体	城市群、特大城市、次级城市、一般城市、小城镇
生存发展规律		自然选择、适者生存、优胜劣汰	适应经济发展规律的城市崛起或保持原有地位;反之,衰落或发展滞后
自适性		一定的自适应能力	较强的自适应能力
动态特征		诞生、成长、协作、系统化	诞生、发展、集聚、一体化
竞争性		同物种间竞争,不同物种间竞争	同一层级城市间竞争,不同层级城市间竞争与合作

续表

相似性	生物群落	城市群
可管理性	人类的主观能动性	政府在产业政策、区域规划和管理机制上的重要影响

一、共生关系

国内针对 Logistic 模型的研究可以分为宏观和微观两个层面。宏观层面，主要集中在产业集群的相关研究上。但由于模型形式受限，对于产业集群的生态学研究往往集中在两个产业之间的关系上。在城市研究方面，主要通过 Logistic 模型进行建模和定性分析。微观层面，主要研究企业集群机制。目前来看，在城市群领域应用 Logistic 模型的研究较少，且缺乏实证检验分析。我们试图运用生态学中的 Logistic 模型，构建共生协调作用下的拓展模式，以长三角城市群为例，实证检验上海和杭州两个城市之间的共生协调作用。试图说明，城市群空间组织在其演变过程中，在自然地理要素、空间范围、资源、环境等约束条件下，存在一定的城市发展承载量。同时，城市群内部的各城市之间也存在一种共生和互利的关系，需要在考察城市群空间组织与产业空间分异相互作用机制的基础上，进一步论证两者之间的调控模式。

（一）模型的构建与分析

自然界中普遍存在处于同一环境下的两个种群相互依存而共生的现象。两个种群由于地理临近、生存方式相似、存在共同利益，会产生相互合作和依赖，以期达到彼此既定的目的，从而达到利益最大化。例如，蜜蜂与植物两者可以独立生存，当两者在一起时，便可以促进相互增长。与此类似，城市群内部各城市本身也是独立存在的个体。由于人口、资本和信息等要素的流通，以及城市群空间组织与产业空间分异存在相互作用的机制，城市不能相对独立存在，城市和城市之间通过这些经济要素互相促进，协同生长，从而达到城市群内各成员利益及城市群总体利益提高的目的。同时，由于环境资源的限制，城市的发展不可能无限，存在最大承载量。因此,可以借鉴生态学中生物种群增长规律的 Logistic 方程,构建城市群各成员间的协同关系。

1. 经典的 Logistic 模型

为了分析的方便,先假设城市之间没有相互竞争,并假定在地理位置上相对集中的城市之间相互独立。同时,将处于动态演化过程中的城市所经历的内生和外生的变化(如资源、技术、信息、制度安排、地域等变化)忽略,只单纯地认为城市的发展即是城市经济的增长。那么,单个城市的发展规律符合 Logistic 方程:

$$\frac{\mathrm{d}x_t}{\mathrm{d}t} = r x_t \left(1 - \frac{x_t}{N}\right) \tag{7-1}$$

式中,x_t 表示 t 时刻该城市的经济效益;N 是在某一特定的时间内,环境资源容许的条件下(包括人类生活及生产过程中所需的基础设施、原材料、技术、劳动力、资本等),该城市经济效益的最大值;r 是城市发展的固有增长率。x_t/N 表示 t 时刻城市的经济效益占经济效益最大值的比例,称为自然增长饱和。$1 - \frac{x_t}{N}$ 即为由有限资源的消耗而产生的对其本身经济规模增长的阻滞作用。

从图 7-1 可以看出,城市发展的阶段主要有萌芽期、成长期、成熟期和一体化期四个阶段,且当 $x_t = N$ 时,$\frac{\mathrm{d}x_t}{\mathrm{d}t} = 0$,模型达到稳定状态,达到最大经济效益 N。

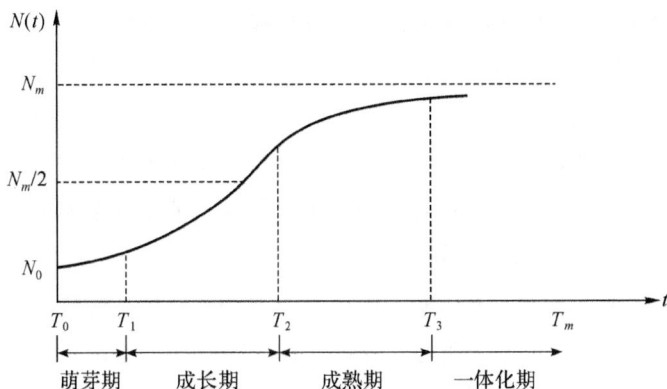

图 7-1　城市发展阶段特征

2. 扩展的 Logistic 模型

考虑到城市单独发展的假设过于严苛，现进一步分析在相互作用下两个城市 A、B 的 Logistic 模型。当城市 A、B 同时在某城市群生存时，两个城市必然具有要素和产业等方面的联系。因此，可以加一项 $\left(1-\dfrac{x_1}{N_1}\right)$ 表示 B 城市对 A 城市的促进作用。其中，σ_1 表示城市 B 单位经济促进 A 的经济增长率是 A 城市自身经济增长率的 σ_1 倍，则城市 A 的演化规律方程为：

$$\frac{\mathrm{d}x_1}{\mathrm{d}t}=r_1 x_1\left(1-\frac{x_1}{N_1}+\sigma_1\,\frac{x_2}{N_2}\right) \tag{7-2}$$

同理，可以得到城市 B 的演化规律方程，并联立方程组，得出城市 A 与城市 B 的共生发展模型。

$$\begin{cases} \dfrac{\mathrm{d}x_1}{\mathrm{d}t}=r_1 x_1\left(1-\dfrac{x_1}{N_1}+\sigma_1\,\dfrac{x_2}{N_2}\right) \\[2mm] \dfrac{\mathrm{d}x_2}{\mathrm{d}t}=r_2 x_2\left(1-\dfrac{x_2}{N_2}+\sigma_2\,\dfrac{x_1}{N_1}\right) \end{cases} \tag{7-3}$$

通过方程组求解，求得平衡点为 $P_1(N_1,0)$、$P_2(0,N_2)$、$P_3\left(\dfrac{(1+\sigma_1)}{1-\sigma_1\sigma_2}N_1,\dfrac{(1+\sigma_2)}{1-\sigma_1\sigma_2}N_2\right)$、$P_4(0,0)$，其中 $\sigma_1\sigma_2<1$。通过数学方法检验可得，P_1、P_2、P_4 三点为非稳定平衡点。在平衡点状态下，城市 A 与城市 B 的最大经济效益分别为 $\dfrac{1+\sigma_1}{1-\sigma_1\sigma_2}N_1>N_1$，$\dfrac{1+\sigma_2}{1-\sigma_1\sigma_2}N_2>N_2$。可见，共生关系下，城市 A 与城市 B 的最大经济效益都比独立发展大。

根据模型的平衡点以及各参数的内涵，可以得出以下三种城市群空间组织调控模式：

(1) 当 $\sigma_1=0$，$\sigma_2=0$ 时，$x_1^*=N_1$，$x_2^*=N_2$，即城市 A 和城市 B 的经济不相关，是独立的单个个体，符合城市群空间组织演化的初始阶段。

(2) 当 $\sigma_1>1$，$\sigma_2<1$，且 $\sigma_1\sigma_2<1$ 时，$x_1^*>N_1$，$x_2^*>N_2$，说明城市 A 和城市 B 开始相互促进发展，并且有 $x_1^*-N_1>x_2^*-N_2$，说明城市 A 的经济增长高于城市 B 的经济增长。那么，在城市群中，城市 A 就容易成为中心城市，因为随着经济的增长、效率的提高，城市 A 的规模和功能都会在城市群中遥遥领先于其他城市,符合城市群空间组织演化过程中的极核模式、点轴模式和圈层模式。

(3)当 $\sigma_1 < 1$,$\sigma_2 < 1$,且 $\sigma_1\sigma_2 < 1$ 时,若 $x_1^* - N_1 \approx x_2^* - N_2$,两个城市的经济发展状况相当,当城市个数上升为 n 时,城市群内就有 n 个经济实力相当的主要城市,伴随着联系城市的网络的发展,表现为网络化的城市群空间组织模式。同时,起决定性作用的指标 σ_1,指城市 B 单位经济促进 A 的经济增长量是 A 自身经济增长率的 σ_1 倍,这正是产业集聚于城市 A 所带来的结果。当产业向 A 城市集聚时,σ_1 就会变大,大到某一程度时,城市 A 的经济迅速发展,并保持主导地位,成为城市群的中心城市,城市群表现为极核式;当产业从 A 城市向 B 城市扩散时,σ_1 就会变小,σ_2 就会变大,B 城市也会发展起来,首先会因交通因素而表现为点轴式,随着交通可达性的提升,表现为圈层式。最后,随着 $\sigma_1 \approx \sigma_2 \approx \cdots \approx \sigma_n$,城市空间组织和产业空间分异都会表现为网络化。

(二)模型检验与凝练

在资源和环境等因素的约束条件下,一个城市的生产总值不能无限增大。而人均 GDP 基本体现了城市种群密度约束的特征,与生产总值相比更能反映真实经济发展水平,可以作为城市种群密度的一个测度指标。根据前文所提的经典和扩展的 Logistic 模型,以杭州和上海为例,选取 1979—2014 年上海和杭州 GDP 的时间序列数据。对经典的 Logistic 模型采用陈彦光(2009)的估计方式,首先估计出原始参数 r_i 和承载量 K。由式(7-1)估计的参数作为初始值,对扩展的 Logistic 模型采用非线性最小二乘法中的 Gauss-Newton 方法进行迭代,得出模型的具体参数 σ_1,从而识别杭州和上海两个城市的空间自组织模式。

1. 经典的 Logistic 模型

假定两个城市独立发展,互不影响($\sigma_1 = 0$,$\sigma_2 = 0$),验证两个城市各自的经济发展是否符合 Logistic 模型。利用 Eviews 软件,根据式(7-1)进行参数估计,测算出杭州的增长率 r_1 为 0.2075,承载量 $K_1 = 15057$;上海的增长率 r_2 为 0.1892,承载量 $K_2 = 35286$。然后,利用 SPSS 19.0 拟合 Logistic 曲线,结果如图 7-2 所示。

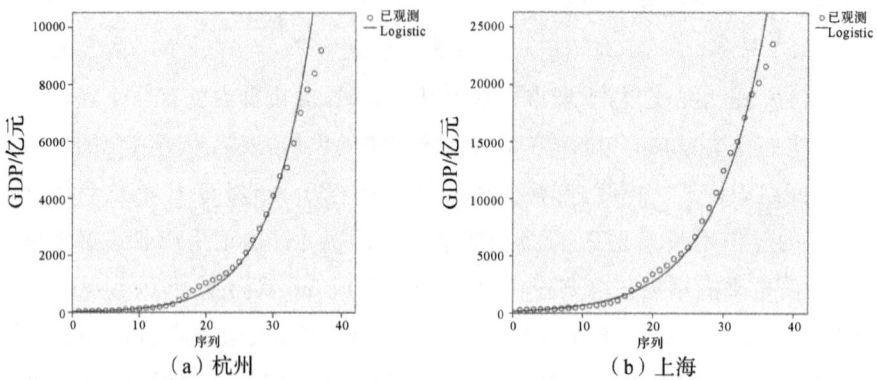

图 7-2　杭州与上海 GDP 的 Logistic 曲线拟合

从拟合图来看,杭州和上海的曲线拟合程度较好,可见 GDP 的增长符合 Logistic 模型,即增长经过初始期、发展期和成熟期三个阶段。此外,杭州和上海的增长速度趋缓,说明两者的经济发展已经开始慢慢步入成熟期。如果不在技术、资源、环境容量和组织模式等方面进行改进,两市将达到最大规模,发展将会停滞。

2. 扩展 Logistic 模型

当城市 A、B 同时在某城市群生存时,两城市存在多种联系和交流,可以运用 Logistic 模型分析两个城市 A、B 的相互作用模式。以上海和杭州两市为例,对扩展的 Logistic 模型采用非线性最小二乘法中的 Gauss-Newton 方法进行迭代,得出模型的具体参数 σ_1 和 σ_2(见表 7-2 和表 7-3)。

表 7-2　上海对杭州的共生作用系数 σ_1

Variable	Coefficient	Std. Error	t-Statistic	Prob.
x	0.316794	0.166829	1.898917	0.0994

表 7-3 杭州对上海的共生作用系数 σ_2

Variable	Coefficient	Std. Error	t-Statistic	Prob.
y	0.221885	0.080050	2.771851	0.0276

从表 7-2、表 7-3 可以看出，$\sigma_1 = 0.316794$，在 90% 的置信水平下显著不等于 0，说明上海对杭州的 GDP 增长产生了正向影响；$\sigma_2 = 0.221885$，在 95% 的置信水平下显著不等于 0，说明杭州对上海的经济发展也同样存在正相关影响。同时，$\sigma_1 > \sigma_2$，说明上海对杭州的影响大于杭州对上海的影响。上海作为长江三角洲城市群最大的城市，是整个城市群发展的引擎。上海与杭州这一层级的城市联系密切，存在着明显的经济溢出效应。而杭州也对上海产生一定影响，但很明显，这种影响相对于上海对杭州的影响较小。根据模型设定，虽然实证结果满足 $\sigma_1 < 1$，$\sigma_2 < 1$，且 $\sigma_1\sigma_2 < 1$，但 $x_1^* - N_1$ 和 $x_2^* - N_2$ 还存在较大差距。因此，两者还不能构成双核模型，杭州目前起到承担长三角城市群次级中心城市的作用。

从图 7-3 来看，加入共生影响因子后，模拟的 Logistic 模型与观测值存在一定的偏离。杭州在 1993 年左右实际 GDP 开始正向偏离模拟值，到 2001 年开始负向偏离模拟值。上海正向偏离的时间略早于杭州，大概在 1989 年，同样在 2001 年之后负向偏离模拟值。从拟合的曲线来看，也反映出长三角城市群空间组织演变的阶段性特征。20 世纪 90 年代之前，基础设施建设落后，城市相对独立发展且发展程度薄弱，经济增长乏力。随着改革开放的进一步推进，城市经济发展迅速，但经济发展主要通过粗放型的发展方式，以牺牲环境、破坏生态为代价，不断索取资源，透支了经济发展潜力，偏离了城市群发展过程的一般规律。进入 21 世纪，交通、信息等基础建设的大量投入，加快了长三角城市群要素的流通和城市化进程，城市经济保持较快增长。但近几年在外需缩小、产业结构转型和宏观调控的背景下，依靠外向型的经济发展方式已经使得增长有所放缓。

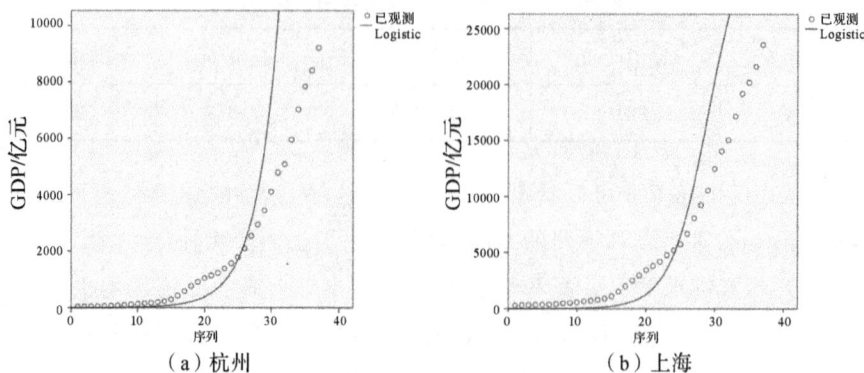

（a）杭州　　　　　　　　　　（b）上海

图 7-3　加入共生系数后杭州和上海 GDP 的 Logistic 曲线拟合

二、联动模式构建

制造业的区位变迁与影响因素、空间集聚与扩散是推动城市群空间结构演变并呈现多中心地域系统的主要驱动力，也是我们认识城市群空间发展模式的微观基础。因此，我们从城市群空间组织的结构与制造业空间分异相互作用的角度，构建长三角城市群空间组织与制造业空间分异的联动模式及其应用的时空范围。

（一）研究方法

1. 社会网络分析方法

社会网络分析（social network analysis，SNA）方法以网络为视角分析事物的社会结构、行为结构、空间结构、经济结构等，其特点是可以对基于位置关系所形成的网络结构进行量化分析。常规的统计学要求数据满足变量的独立性假设，而关系数据并不满足这一点，所以通常的多元统计方法无法对社会关系数据进行分析。而社会网络分析恰恰是研究关系数据的一种方法，已形成其独特的研究范式。SNA 方法将定量分析与定性分析、图表与数据联系起来，可以全面研究城市群的结构特征。同时，社会网络分析方法对网络关系的研究，并没有局限于个体间的微观网络,而是将其与社会系统的宏观网络结合起来进行研究。正是因为社会网络分析方法的这些优点,近年来越来越多的学者将其应用到产业网络、城市网络的分析中。SNA 分析方法通过对核心-边缘位置设定明确的可操作化标准来判断模型中对象的位置,并提供了多种核心-边缘模型。根据本书城市间经济联系数据的属性与类型,我们选择连续核心-边缘结构模型进行分析。连续的核心-边缘模型假设代表关联强度的网络数据是连续的,先将网络成员的核心度(coreness)与理想模型进行拟合检验,再根据核心度指标分析网络的核心-边缘结构。我们首先利用引力模型的计算结果生成带有空间因素的城市间经济联系矩阵,将关系矩阵导入 UCINET 软件,再运用社会网络分析中的连续型核心-边缘模型分析模块,通过对关系数据的定量分析得出城市群整体的核心-边缘结构。

2. Moran 指数分析

常用的全局空间自相关分析指数是 Moran 指数 I,可以用其来检验整个研究区中邻近地区间是相似(空间自相关)的、相异(空间负相关)的,还是相互独立的。其计算公式为:

$$
\begin{aligned}
I &= \frac{n \sum\limits_{i=1}^{n} \sum\limits_{j=1}^{n} w_{ij}(x_i - \overline{x})(x_j - \overline{x})}{\sum\limits_{i=1}^{n} \sum\limits_{j=1}^{n} w_{ij} \sum\limits_{i=1}^{n} (x_i - \overline{x})^2} \\
&= \frac{\sum\limits_{i=1}^{n} \sum\limits_{j=1}^{n} w_{ij}(x_i - \overline{x})(x_j - \overline{x})}{S^2 \sum\limits_{i=1}^{n} \sum\limits_{j=1}^{n} w_{ij}}
\end{aligned} \tag{7-4}
$$

式中,n 为研究区内地区总数,w_{ij} 为空间权重,x_i 和 x_j 分别为区域 i 和区域 j 的属性值,$\overline{x}$ 为属性值的平均值,S^2 为属性值的方差。其中,空间权重矩阵可以有不同的定义方法。本书研究对象长三角城市群的空间权重矩阵采用综合法进行设定,其依据是综合法兼顾了反距离法和二值法两者的特点。综合法空间权重矩阵的设定方法是:两点间的距离如果在一定阈值内,则取 1;超出阈值,则随距离增加,设定的值递减。我们取属性值为制造业的单位从业人员数,其数据均来源于 2006 年至 2014 年《中国城市统计年鉴》。Moran 指数 I 的取值在 -1 到 1 之间。如果大于 0，表示正相关，越接近于 1 说明越具有相似属性而集聚在一起（高值与高值相邻或低值与低值相邻）；小于 0 表示负相关，接近 -1 时表明具有相异属性而集聚在一起（高值与低值相邻或低值与高值相邻）；如果 Moran 指数 I 接近于 0，则表示属性值在区域内随机分布，不存在空间相关性。

3. 长三角城市群空间组织与制造业空间集聚及扩散的联动模式判断

长三角城市群空间组织与制造业空间集聚与扩散的协同模式可以通过某一城市与周边城市相互作用模式进行判断，而这一模式又可以通过局部空间自相关分析指数构建一个判断模型进行确定。局部空间自相关分析指数包括 LISA 指数和 G 统计量两种。其中 LISA 指数用来检验局部地区是否存在相似或相异的观察值而聚集在一起，LISA 指数的正值表示高值或低值聚集在一起（但无法判断是哪一种），负值表示高值被低值包围或低值被高值包围。LISA 指数定义为：

$$I_i = \frac{(x_i - \bar{x})}{S^2} \sum_{j \neq i} w_{ij}(x_j - \bar{x}) \tag{7-5}$$

LISA 指数虽能判断是否有空间集聚现象，但无法具体说明是高值集聚还是低值集聚，进一步判断需要结合 G 统计量进行分析，G 统计量用来检验局部地区是否有高值或低值在空间上趋于集聚。G 统计量高说明是高值样本集聚，G 统计量低说明是低值样本集聚。可以看出 G 统计量的局部空间相关性分析是对 LISA 指数的补充，可进行综合分析。G 统计量的公式为：

$$G_i = \sum_{j \neq i} w_{ij}x_j / \sum_{j \neq i} x_j \tag{7-6}$$

根据局部相关分析指数的特征，以及所反映出的空间集聚特点，本节构建基于局部自相关分析指数的长三角城市群空间组织与制造业空间集聚及扩散的协同模式判断模型。具体判断标准如下：

(1)若 $I_i > 0$ 且 G 统计量 Z 值为正，则空间作用模式表现为高高正相关，长三角城市群空间组织与制造业空间集聚及扩散的联动模式为耦合态。

（2）若 $I_i>0$ 但 G 统计量 Z 值为负，则空间作用模式表现为低低正相关，联动模式为离散态。

（3）若 $I_i<0$ 且 G 统计量 Z 值为正，则空间作用模式表现为高值被低值包围，高值集聚区域会吸收邻近区域资源，联动模式为集聚态。

（4）若 $I_i<0$ 但 G 统计量 Z 值为负，则空间作用模式表现为低值被高值包围，低值区域资源被周围高值区域吸收，联动模式为扩散态。

（5）若 $I_i≈0$ 或统计量不显著，则联动模式属于离散态。

（二）联动模式的结构形成

联动模式的结构是构建和应用联动模式的基础及依据，主要分为两个方面。

1. 长三角城市群空间组织与全局制造业空间的相关性

运用 ArCGIS 软件可以根据长三角城市群制造业从业人口指标的高低制作长三角城市群制造业从业人口的百分位图。2008 年、2011 年和 2014 年三个年份中长三角城市群的制造业均存在明显的空间集聚现象。其中，高值区主要集中于长三角城市群的中东部区域，低值区主要集中于江苏的北部区域和浙江的南部区域。同时，2005 年制造业在长三角城市群并没有形成明显的空间集聚现象，制造业的分布较为分散。从 2005 年到 2014 年，长三角制造业空间集聚高值区有着越来越明显的集中趋势，说明长三角城市群制造业空间集聚现象越来越突出。通过长三角城市群制造业空间分布百分位图可以初步估计长三角城市群的制造业分布在空间上存在正相关性。

2. 联动模式的结构

联动模式的基础是具有科学合理和符合城市群发展阶段一般规律，以及城市群空间组织与产业空间分异相互作用机制的结构。根据前文研究的引力作用和熵机制等，我们认为在联动模式的框架下，长三角城市群空间组织模式与产业空间分异相互作用的联动模式的基本结构是核心-边缘结构。由于相邻年份间城市群空间组织的变化并不明显，我们选择从 2005 年到 2014 年间长三角城市群四个间隔年份 2005 年、2008 年、

2011年、2014年的数据，运用SNA分析方法测算长三角城市群空间组织的拟合程度。拟合程度越高说明联动模式的空间结构表现出越明显的核心区域和边缘区域结构，在此基础上运用连续型核心-边缘模型测算出联动模式的空间结构表现。运用UCINET软件测算的空间结构与理想的核心-边缘模型在2005年、2008年、2011年、2014年四年的拟合度指数分别为0.811、0.809、0.842和0.851，可以看出四个年份的拟合度都达到了80%以上，与理想的连续型核心-边缘模型具有高拟合度，说明可以运用SNA方法分析连续型核心-边缘模型，并构建联动模式的核心-边缘结构。

通过拟合度检验后，将长三角城市群经济联系矩阵导入UCINET软件，通过连续型核心-边缘模式分析模块得到核心-边缘空间结构的结果块状图。为直观显示四个年份空间结构的变化，对最后结果进行整理，得出四个年份的核心-边缘结构（见表7-4），即2005年到2014年四个间隔年份中核心-边缘结构的变化及各个区域所包含的城市。

表7-4 四个年份的核心-边缘结构

年份	区域	城市
2005	核心区域	上海　苏州　无锡
	半核心区域	南京　徐州　常州　扬州　镇江　杭州
	半边缘区域	南通　连云港　淮安　盐城　泰州　宿迁　宁波　温州　嘉兴　湖州　绍兴
	边缘区域	金华　衢州　舟山　台州　丽水　合肥　芜湖　马鞍山　滁州　淮南
2008	核心区域	上海　苏州　无锡　嘉兴
	半核心区域	南京　徐州　常州　扬州　镇江　杭州
	半边缘区域	南通　连云港　淮安　盐城　泰州　宿迁　宁波　温州　湖州　绍兴
	边缘区域	金华　舟山　台州　丽水　合肥　芜湖　淮南　马鞍山　滁州　衢州

续表

年份	区域	城市
2011	核心区域	上海　苏州　杭州　无锡　嘉兴　常州　南通
	半核心区域	南京　泰州　徐州　扬州　镇江　湖州
	半边缘区域	连云港　淮安　盐城　宿迁　宁波　温州　绍兴
	边缘区域	金华　衢州　舟山　台州　合肥　芜湖　淮南　马鞍山　滁州　丽水
2014	核心区域	上海　苏州　杭州　无锡　嘉兴　常州　南通
	半核心区域	湖州　南京　泰州　宁波　扬州　镇江　徐州
	半边缘区域	连云港　淮安　盐城　宿迁　温州　绍兴
	边缘区域	金华　衢州　舟山　台州　丽水　合肥　芜湖　马鞍山　滁州　淮南

从 2014 年的结果可以看出,上海、苏州、杭州、无锡、嘉兴、常州、南通等城市处于核心区域,说明城市群发展进入相对成熟阶段,对整个城市群发挥带动作用的城市数量越多,整个城市群发展潜力越强。核心、半核心、半边缘区域的城市数量基本相同,数量分布均匀,说明空间结构稳定,且整体发展较为平稳。处于边缘区域的城市为金华、衢州、舟山、台州、丽水、合肥、芜湖、马鞍山、滁州和淮南 10 个城市,均处于安徽、浙江和江苏的边缘区域,离城市群结构核心较远,与城市群其他城市联系较为松散。

从四个间隔年份核心-边缘结构的变化趋势角度分析,由于 2005 年和 2008 年的核心区域城市差距较小,仅相差嘉兴一个核心区域城市。而 2008 年、2011 年和 2014 年的核心区域城市差距较大,从 4 个城市发展到 7 个城市,2005 年与 2008 年的核心-边缘空间结构相似。鉴于此,我们依托所测算出的 2005 年和 2014 年的联动模式结构进行分析。2005 年,长三角城市群 30 个城市中核心区域城市仅有 3 个,半核心区域 6 个,半边缘区域和边缘区域分别为 11 个和 10 个。2011 年,核心区域城市从 2005 年的 3 个增长到 7 个,并且在 2011 年和 2014 年稳定为 7 个核心城市,说明从 2005 年到 2011 年间杭州、嘉兴、常州、南通 4 个城市发展比较迅速,已经逐步成为区域的核心城市。从空间结构的稳定程度分析,各区域城市数量比例从 2005 年较少的核心城市带动较多的其他区域城市,发展到 2011 年核心区域、半核心区域城市数量增多,边缘区域城市数量减少,较多的核心城市带动数量合理的边缘城市,这变化说明基于联动模式的结构已经形成。

(三)长三角城市群空间组织结构与制造业空间的联动模式

运用 ArcGIS 软件的空间统计分析模块进行全局自相关分析,计算 Moran 指数 I,以及相应的显著性指标数值和推测的分布类型(见表 7-5)。

表 7-5　长三角城市群制造业全局空间自相关分析结果

年份	Moran 指数 I	P 值	分布
2014	0.0946611	0.033450	聚类
2011	0.162668	0.070400	聚类
2008	0.212454	0.046840	聚类
2005	0.196803	0.11880	随机

数据显示,2008 年、2011 年和 2014 年 Moran 指数 I 的显著度均高于 90%,说明这三个年份长三角城市群的制造业表现出明显的空间相关性,即空间集聚现象。表现为制造业发展水平较高的城市在空间上邻近,或制造业发展水平较低的城市在空间上邻近。全局自相关分析得出长三角城市群的制造业在 2008 年、2011 年和 2014 年存在空间依赖性,可以运用这三年的数据进一步分析每一个城市的制造业的局部相关性,以判断联动模式的表现和特征。

1. 制造业产业属性的导入

将产业属性值导入 ArcGIS 软件并设定空间权重矩阵,对 LISA 指数和 G 统计量进行计算。根据前文所述长三角城市群空间组织的结构与制造业空间联动模式的判断标准,结合 SNA 分析方法得出的长三角城市群核心-边缘结构的结论,可以得出长三角城市群空间组织结构与制造业空间的联动模式判断结果(见表 7-6、表 7-7、表 7-8)。由于 2005 年长三角城市群制造业全局自相关的结果显示不存在空间依赖性,因此不对 2005 年数据进行局部空间自相关分析。同时,计算结果显示 2008 年与 2011 年城市群空间核心-边缘结构变化不大,对其联动模式的判断结果并没有显著的可比性。所以,仅对 2008 年、2011 年、2014 年的结果进行分析。

表 7-6 显示,2014 年长三角城市群核心区域的 7 个城市总体呈现出核心耦合状态。其中,有 6 个城市呈现出制造业耦合状态,仅有常州一个城市呈现出核心集聚状态。常州虽然在核心边缘结构测算中属于核心区域,但其制造业发展落后于上海、杭州等核心城市,没有表现出明显的核心特征。但常州受无锡、苏州辐射较大,经济和社会发展基础及趋势较好,表现出核心集聚状态。湖州、泰州、镇江、徐州、扬州等城市表现出半核心集聚状态;南京和宁波均属于长三角的副核心城市,其辐射作用比较强,已经表现出半核心扩散状态。半边缘的 6 个城市中有 5 个表现出了半边缘离散状态,仅有一个城市表现出半边缘耦合状态。边缘区域大部分城市均处于边缘离散状态,仅有一个城市表现出边缘耦合状态。总体来说,2014 年长三角城市群已经具有圈层结构的雏形,呈现出核心城市耦合、半核心城市集聚、半边缘城市和边缘城市离散等几种状态。

表 7-6 2014 年长三角城市群空间组织结构与制造业空间的联动模式判断结果

核心边缘结构	城市	LISA 指数	G 统计量	空间联动状态
核心区域	上海	2.7226	2.1669	核心耦合
	苏州	2.8098	1.9735	核心耦合
	杭州	1.3952	−0.1869	核心耦合
	无锡	1.1129	1.1483	核心耦合
	嘉兴	0.8071	3.2000	核心耦合
	常州	−0.0336	0.7984	核心集聚
	南通	0.0493	1.9381	核心耦合

续表

核心边缘结构	城市	LISA 指数	G 统计量	空间联动状态
半核心区域	湖州	−0.9904	1.8634	半核心集聚
	南京	−0.3890	−1.0048	半核心扩散
	宁波	−0.4383	−0.0518	半核心扩散
	泰州	−0.1938	0.3131	半核心集聚
	镇江	−0.1270	0.6128	半核心集聚
	扬州	−0.2894	0.6128	半核心集聚
	徐州	−0.2372	0.6109	半核心集聚
半边缘区域	连云港	0.3828	−0.7959	半边缘离散
	淮安	0.4883	−1.0568	半边缘离散
	盐城	0.25168	−0.6654	半边缘离散
	宿迁	0.5019	−0.9840	半边缘离散
	温州	0.1524	−0.5890	半边缘离散
	绍兴	0.0630	0.4379	半边缘耦合
边缘区域	金华	0.1328	−0.3632	边缘离散
	衢州	0.6429	−1.0525	边缘离散
	舟山	0.6246	−0.0306	边缘离散
	台州	0.0762	0.0068	边缘耦合
	丽水	0.7204	−1.1070	边缘离散
	合肥	0.2850	−1.3225	边缘离散
	芜湖	0.3201	−0.4953	边缘离散
	马鞍山	0.4857	−0.9299	边缘离散
	滁州	0.4060	−0.7508	边缘离散
	淮南	0.1516	−0.6273	边缘离散

　　表 7-7 显示，2011 年长三角核心区域的 7 个城市总体呈现出核心耦合状态。其中，有 6 个城市呈现出制造业耦合状态，仅有常州一个城市呈现出核心离散状态。常州没有表现出明显的核心状态，其集聚要

素的能力相对较弱。半核心区域中的南京、泰州、徐州、扬州、镇江等城市表现出半核心集聚状态,仅有湖州一个城市表现出半核心离散状态,其制造业发展相对落后,受核心城市的辐射作用较小。半边缘的 7 个城市总体表现出了半边缘离散状态,仅有宁波表现出集聚状态,绍兴表现出耦合状态。边缘区域大部分城市均属于边缘离散状态,仅有金华、台州市不符合边缘离散状态。金华的义乌等市小商品制造业发展迅速,专业化程度较高,故金华表现出集聚状态。总体来说,2011 年长三角城市群联动模式呈现出核心城市耦合、半核心城市集聚、半边缘城市和边缘城市离散等状态。

表 7-7　2011 年长三角城市群空间结构与制造业空间的联动模式判断结果

核心边缘结构	城市	LISA 指数	G 统计量	空间协同模式
核心区域	上海	7.0421	3.7018	核心耦合
	苏州	3.7306	2.4910	核心耦合
	无锡	0.2829	0.3767	核心耦合
	嘉兴	1.8833	2.8398	核心耦合
	常州	0.0537	−0.0415	核心离散
	南通	0.0504	0.7847	核心耦合
	杭州	0.5746	0.2900	核心耦合
半核心区域	南京	−0.7402	1.0768	半核心集聚
	泰州	0.3984	−0.6760	半核心集聚
	徐州	0.4532	−0.8643	半核心集聚
	扬州	0.4609	−0.7949	半核心集聚
	镇江	0.2118	−0.5357	半核心集聚
	湖州	−0.5988	1.3468	半核心离散

续表

核心边缘结构	城市	LISA 指数	G 统计量	空间协同模式
半边缘区域	连云港	0.5379	−0.9407	半边缘离散
	淮安	0.7143	−1.3447	半边缘离散
	盐城	0.4590	−0.9366	半边缘离散
	宿迁	0.7793	−1.2096	半边缘离散
	宁波	−0.6278	0.3750	半边缘集聚
	温州	−0.2147	−0.2407	半边缘扩散
	绍兴	0.2787	1.2488	半边缘耦合
边缘区域	金华	−0.1024	0.0728	边缘集聚
	衢州	0.6578	−1.0482	边缘离散
	舟山	1.1733	−0.4377	边缘离散
	台州	0.0663	0.6809	边缘耦合
	合肥	0.3849	−1.4135	边缘离散
	芜湖	0.3090	−0.4360	边缘离散
	淮南	0.2053	−0.6832	边缘离散
	马鞍山	0.4756	−0.9626	边缘离散
	滁州	0.3913	−0.7371	边缘离散
	丽水	0.4047	−0.7999	边缘离散

表 7-8 显示，2008 年长三角城市群核心区域的 4 个城市均呈现出核心耦合状态。半核心区域的 6 个城市中仅有一个城市表现出半核心集聚状态。半边缘区域中的大多数城市表现出了半边缘离散状态。边缘区域大部分城市属于边缘离散状态，仅有金华、舟山、台州不符合边缘离散状态。总体来说，2008 年长三角城市群空间组织呈现出核心城市耦合、半边缘城市和边缘城市离散等状态。

表 7-8　2008 年长三角城市群空间组织结构与制造业的联动模式判断结果

核心边缘结构	城市	LISA 指数	G 统计量	联动模式状态
核心区域	上海	8.2626	3.9214	核心耦合
	苏州	4.4670	2.6908	核心耦合
	无锡	0.3528	0.6785	核心耦合
	嘉兴	2.8229	3.1057	核心耦合
半核心区域	南京	−0.4489	−1.1548	半核心扩散
	徐州	0.4661	−0.9076	半核心离散
	常州	0.0422	0.0272	半核心耦合
	扬州	0.4533	−0.8282	半核心离散
	镇江	0.2412	−0.6367	半核心离散
	杭州	−0.4510	0.5421	半核心集聚
半边缘区域	南通	0.2133	1.0048	半边缘耦合
	连云港	0.5694	−0.9959	半边缘离散
	淮安	0.6353	−1.3358	半边缘离散
	盐城	0.4005	−0.8923	半边缘离散
	泰州	0.3623	−0.6277	半边缘离散
	宿迁	0.7827	−1.216	半边缘离散
	宁波	−0.3318	0.0623	半边缘集聚
	温州	−0.7249	−0.1675	半边缘扩散
	湖州	−0.6140	1.7060	半边缘集聚
	绍兴	0.5236	1.1748	半边缘耦合

续表

核心边缘结构	城市	LISA 指数	G 统计量	联动模式状态
边缘区域	金华	−0.1894	0.1148	边缘集聚
	舟山	−0.6821	0.0522	边缘集聚
	台州	−0.2213	0.5900	边缘集聚
	丽水	0.1762	−0.6159	边缘离散
	合肥	0.7900	−1.5697	边缘离散
	芜湖	0.4305	−0.6816	边缘离散
	淮南	0.4366	−0.8987	边缘离散
	马鞍山	0.6153	−1.1509	边缘离散
	滁州	0.5539	−0.9187	边缘离散
	衢州	0.6692	−1.0825	边缘离散

杭州、常州由 2008 年半核心区域升至 2011 年核心区域。常州的制造业在 2011 年和 2014 年并没有与整个城市群的产业链相耦合。对比 2008 年与 2011 年半核心区域城市的制造业空间联动状态可以发现，两个年份之间半核心区域城市变动幅度不大，但其制造业空间联动状态在 2008 年表现出较多的离散状态，直到 2011 年才呈现出了半核心集聚状态。与此同时，2014 年南京与宁波两个城市表现出半核心扩散状态，说明这两个城市对周边城市的辐射扩散作用超过了集聚作用。2008 年宁波处于半边缘区域，到 2014 年变动为半核心区域，集聚作用增强。

长三角城市群 2008 年、2011 年与 2014 年半边缘区域制造业联动状态与分析结果出现了较大的偏差，没有表现出明显的半边缘扩散状态，反而表现出半边缘离散状态。这一实证分析结果恰恰说明长三角城市群制造业空间分异存在着两极分化现象，广大的边缘腹地城市并未承接从中心城市转移出去的产业。虽然中心城市间产业耦合良好，但腹地城市从这种集聚效应中获益较少。随着长三角城市群制造业空间分异趋向网络化，对腹地城市承接产业的能力要求将会提高，而长三角城市群目前的这一缺陷将影响其未来制造业空间分异与城市群空间组织的联动。因此，长三角城市群半边缘区域、边缘区域的城市应积极发掘或构建自身与长三角城市群整体制造业在产业链的融合点,加快与城市群空间组织的联动发展。

2.联动模式的四种表现及特征

虽然城市在地理空间中的位置无法改变,但是产业通过在区域城市之间进行区位选择可以影响城市经济活动和城市群空间组织的演变(李勇,2010)。城市产业进行空间区位选择时并不是随意的,而是根据产业间的分工协作表现出要素之间的联系和互补来选择的(乔彬 等,2006)。建立在产业专业化分工基础上,城市群空间组织中所形成的产业链提高了资源利用效率,并且与城市群空间组织有着一定的内在联系。这种内在联系表现为城市群产业空间分异联动模式的四种状态(见图7-4),即核心耦合、半核心集聚、半边缘扩散和边缘离散状态。每一个状态涉及城市群中的城市分布层级,并与产业空间分异类型具有一定的对应关系。城市群空间组织运行效率的提升,其核心是在空间结构、功能或规模方面与产业空间分异形成联动,推动城市群的区域一体化进程。尤其是城市群空间组织结构的演化与产业空间分异过程具有耦合性和联动性,其涉及城市群区域的产业转型及高级化、产业组织优化与空间布局,城市群空间结构演变及优化、城市群功能增强等多方面的内容。

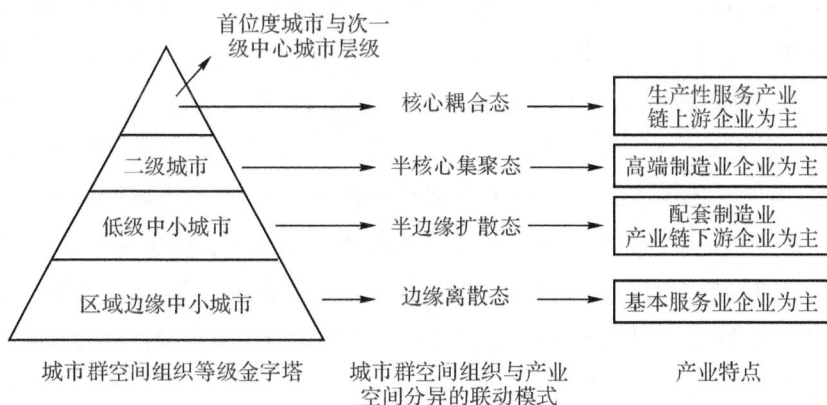

图7-4　城市群空间组织与产业空间分异联动模式

三、联动模式的应用

根据前文所述,城市群空间组织与产业空间分异相互作用的调控模式具有一定的复杂性和综合性。但优化城市群空间组织,提高运行效率,是目前我国城市群的主要任务。因此,联动调控模式的构建既要适用于城市群内部具有差异的不同区域,也要能够具有一定针对性地适用于所处的发展阶段。所以,本部分主要从空间和发展阶段两个层面提出联动模式的应用范围和途径。了解城市群空间组织结构与制造业空间分异联动模式的应用,有助于根据城市群发展阶段和产业发展现状,选择更为科学和合理的城市群运行效率提升途径,以及城市群整体的城市化水平提升路径。

(一)空间层面的应用

城市群空间组织结构与制造业空间分异相互作用的联动调控模式并不是一成不变的,而是由最初的离散状态逐步与核心区域形成集聚与扩散关系,过渡到耦合平衡阶段,遵循着边缘离散—半边缘扩散-核心集聚—核心耦合的由低级向高级演进的演变规律。这一演进过程也不一定全部前进,在每一个模式内部也包含着不同的阶段,每一种模式都是一种平衡。随着城市的发展,其与周边城市之间的平衡关系被打破,这时就存在两种可能。如果新的平衡关系得以建立,它就会向着更高级的平衡发展;若不平衡继续发展,就会发生暂时的倒退。同时,一个城市群未来的演进方向与其核心城市有着密切的关系,核心区域的空间辐射受地理、文化等因素的影响,总是朝向距离近、文化趋同的地区。并且,核心城市辐射能力的强弱与其主导产业的先进性相关。本节主要根据前述论证的相关结论,将联动模式凝练为四种状态。

1.城市群核心区域的联动模式——核心耦合态

城市群核心区域由城市群首位城市及城市群中规模等级仅次于首位城市之后,与首位城市联系紧密的次一级中心城市组成。以城市群中心城市为主的核心区域是城市群体系中具有先发优势的区域,在城市群演变过程中通过产业集聚与扩散,形成多条产业链,在核心区域不同规模、等级、专业化分工城市之间衔接与融合。区域内部形成了完整的城市体系,产业之间分工协作合理有序,要素的集聚与扩散机制不断完善,城市群核心区域城市与产业之间的耦合程度高。这种耦合不同于产业的简单相加和形式上的产业集中,而是在专业化分工基础上城市链与产业链的有机联系,其整体功能得到有效发挥,规模经济和范围经济效应最大。本书把这种城市群核心区域城市之间产业空间相耦合的状态凝练为城市群空间组织与产业空间分异联动模式的核心耦合态。长三角城市群目前已经形成了以上海为中心,南京和杭州为副中心的核心区域。应在这一区域的基础上,联动苏州、宁波和无锡,构建以高新技术产业、新产业和先进制造业为主的产业体系,强化苏州、宁波和无锡的中心功能及制造业集聚作用。

2.城市群半核心区域的联动模式——半核心集聚态

城市群半核心区域是城市群空间结构发展到圈层模式,城市规模等级结构层级较多时,为进一步细分城市群空间结构而划分的区域。属于这一区域的城市在次一级中心城市辐射区域内起着重要作用,与区域中心城市也存在直接的经济联系。半核心区域多为城市群重要交通沿线或节点城市,受核心城市和副中心城市的集聚与扩散力的交叉影响。在城市群空间结构演化初期,要素在核心区域集聚力量影响下向中心城市流动,半核心区域是要素流动的重要节点。随着城市群空间结构的演化,中心城市制造业进行区位重新选择,有一部分制造业沿交通干线选择半核心区域进行重新布局,与上下游企业不断进行要素交流,并且保持与中心城市服务业的紧密联系。因此,半核心区域的产业在集聚力和分散力共同作用下表现为半核心集聚态。产业在城市群重要交通线路形成工业产业链和组团式的工业产业带,依靠其集聚效应吸引核心区域搬迁项目在该产业带集聚。扩散效应表现为两个方面:核心区域以产品输出、技术转让、产业转移等形式向半核心区域的扩散,以及半核心区域向辐射地区的扩散。经济发展水平低、产业基础薄弱的城市无法与中心城市的产业相匹配，难以有效吸收中心城市的辐射，对中心城市吸引力的抵御能力不强，这样的城市集聚效应大而扩散效应小。经济发展水平较高，产业与中心城市相匹配，可以有效吸收中心城市辐射的资源，并且能在一定程度上抵抗中心城市对本区域内部资源的吸引的城市受中心城市集聚效应影响小，对本区域集聚效应影响大，并且扩散效应影响也大。处于半核心集聚状态的城市与中心城市之间较容易形成差异化的产业分工，但半核心区域内部城市彼此之间由于受到来自相同中心城市的辐射影响，容易造成产业结构相近似。所以，半核心集聚态中的城市不仅与中心城市竞争有限的要素资源，彼此之间在要素、产业和市场等方面既互相联系，又存在着竞争关系。半核心区域城市之间应注重形成差异化的特色产业集群，有效承接中心城市的扩散产业。长三角半核心区域可以包括沿长江岸线和环杭州湾岸线的城市区域，主要在产业集群方面形成差异化的联动发展态势，同时提升这两个区域沿线城市的中心性和扩大城市规模。

3.城市群半边缘区域的联动模式——半边缘扩散态

城市群半边缘区域是指城市群区域内部经济发展水平较低，没有形成特色产业群，受上一级中心城市影响较大，资源要素流向核心区域的地区。在核心区域、半核心区域的双重吸引力下，半边缘区域的产业结构会向产业链末端附加值较低的制造业转化。这些城市一般会有产业园区或者开发区，成为大公司的制造业基地，依托这些企业的发展而发展，但企业间相互联系较少。半边缘区域产业对核心、半核心区域产业体系依赖性较大，一般会是其产业体系的配套产业，受上一层级中心城市的产业扩散效应影响较大。大多数情况下，半边缘区域的制造业是中心城市大企业功能分工的结果，这些企业将总部经济或附加值高的产业链部分布局在中心城市，附加值低、需要大片土地的制造业部分向边缘区域扩散，从而分布在半边缘区域产业园区。半边缘扩散态的扩散效应与半核心集聚态的扩散效应有所不同，半边缘扩散态的扩散效应更为被动。半边缘区域的要素受核心区域吸引，向核心区域流动，而本地企业是中心城市扩散效应辐射下产生的配套产业。长三角城市群处于半边缘扩散态的城市主要应致力于与核心区域城市在产业链及产业体系等方面的衔接，使制造业与城市的联动不仅仅停留在要素流动和扩散层面。

4.城市群边缘区域的联动模式——边缘离散态

并不是所有处于城市群区域的城市之间都存在紧密的联系,整个城市群内部产业链完整、上下游企业联系紧密、在城市群空间紧凑分布是城市群空间演变到网络化阶段才可能出现的空间利用效率最高、经济效益最大的状态。在城市群演变的很长阶段,中心城市辐射范围有限,处于城市群空间区域边缘的一些小城市与中心城市联系较为松散,只有零星的要素交流。这部分城市的产业多为本地市场提供基本服务的基础教育、医疗、通信等行业。少数拥有独特资源的城市也有可能发展旅游产业。可以说,边缘区域产业相对于区域主导产业处于离散状态,即边缘离散态。城市群演变的后期阶段也有可能出现边缘离散态,这种情况可能是由于城市经济活动空间影响力的距离衰减效应,或由于山脉、河流等地理环境的阻隔。而行政区划方面的隶属关系又使得这部分城市在产业政策导向上与城市群其他部分有所联系。还有一种可能是受上一层级中心城市辐射影响产生的中小城市,虽然产业链与其他城市相融合,但还属于发展初期,联系并不紧密。处于长三角城市群边缘离散态的城市区域,主要应提高自身制造业的发展水平,与城市化联动发展,增强制造业的集聚能力。

(二)不同发展阶段的应用

城市群区域内空间结构与产业空间的协同互动过程表现为产业群与城市群的分工、布局在时间和空间上的高度协调一致(刘锋,2009)。在产业群与城市群协同发展的不同时期,其联动模式也表现出阶段性特征。从发展阶段来看,2005 年到 2014 年长三角城市群的人口规模和经济规模不断扩大,2005 年长三角城市群属于点轴式空间结构;2008 年开始,长三角城市群部分区域处于点轴阶段,部分区域由点轴结构向圈层结构阶段过渡;2014 年长三角城市群大部分区域过渡为圈层结构。联动调控模式并不是孤立、静止的,而是随着城市群空间结构动态演进而不断改进的。因此,需要相应的制度干预促进城市群空间组织与产业空间的联系与融合,处于城市群空间组织演变的不同阶段应有不同的选择。本节从阶段性考察城市群空间组织结构与制造业空间分异相互作用的调控模式,以根据城市群发展的阶段性特征,重点应用某种模式。

1. 城市群极化阶段的联动模式

城市群极化发展阶段是城市群发展的初级阶段,其特点为:核心城市要素和产业的集聚能力强,但范围有限,其余分散城市的规模等级差别较小,城市多沿交通干线分布,产业沿交通轴线向外扩张。由于交通运输的通达性弱,中心城市与远离交通干线的城市联系较弱。城市群由一个发挥中心集聚作用的大城市、若干中小城市组成,表现出明显的核心-边缘结构。城市群极化阶段的核心-边缘结构、经济发展水平及产业发展状况决定了这一阶段城市群空间结构与产业空间联动模式主要是核心集聚态和边缘离散态。由于核心区主导产业的辐射能力有限,与周边城市之间还没有形成相配套的产业体系,所以核心区并没有表现出核心耦合态的特征,而仅停留在集聚阶段。核心区域依托良好的区位条件、资源条件、产业基础等加速发展制造业,这一时期中心城市制造业的发展使得该城市成为区域乃至国家的制造业中心,对整个区域的资源有着强大的吸引力。核心区域有限的吸引力使得边缘区域并没有得到很快的发展,而核心区域的辐射范围难以波及边缘地区,使边缘区域产业发展处于边缘离散态。长三角城市群目前只有安徽、江苏、浙江的部分城市区域处在极化阶段,其联动的重点除了自身需要提升产业发展水平以外,还需要与城市群中其他不同层级的城市加强联系。

2. 城市群点轴发展阶段的联动模式

在城市群点轴发展阶段,交通运输的通达性进一步提升,分布在交通线路周围中心城市的集聚与扩散能力增强,促进城市群空间结构发生转变,并使交通干线中心城市与周边城市之间的联系越来越广泛,表现出核心-半边缘-边缘结构。城市群空间轴线结构与产业空间联动模式为核心耦合、半边缘扩散以及边缘离散态。在这一阶段,中心城市的重型制造业比重下降,而符合大都市功能的都市型加工业向中心城市集聚。退出中心城市的重型制造业沿交通干线在中心城市周围布局,与中心城市联系紧密,形成互补的产业结构。这样,以中心城市为核心的城市群核心区域产业之间相互配套,前后关联产业的发展带动这一区域内若干城市发展,并通过其交通网络形成一定地域范围内的耦合区域。但在中心城市辐射范围纵向深入过程中,轴线之间的横向联系较为松散。规模等级在干线城市之下的中小城市主要以半边缘扩散模式为主,资源受核心区城市集聚效应的吸引,向核心区域流动。而离中心城市更远的区域以及轴线城市辐射范围中间交接的地区受城市群主导经济影响较小,以边缘离散模式为主。长三角城市群的外围区域还处在这一阶段,提升交通运输设施的建设水平和承接中心城市的产业链延伸,是这一阶段联动模式的重点。

3. 城市群圈层阶段的联动模式

城市群圈层阶段的首位城市综合实力较强,是区域中心,其集聚力量与扩散力量向各个方向延伸,并呈圈层式扩张。这一阶段的形成得益于点轴之间支线网络的发展。位于点轴连线上的中心城市受上一级中心城市的辐射作用,自身又对次一级中心城市扩散部分功能。以首位城市为核心,包围核心城市的各圈层内产业结构、城市规模等级依次降低,城市群空间组织呈现核心-半核心-边缘结构。这一阶段城市群空间结构与制造业空间联动模式主要表现为核心耦合模式、半核心集聚模式和边缘扩散模式。由于区域内部的资源竞争,为了降低生产成本,大量的相关企业基于主导产业链在特定地理范围内形成了产业集群,相邻城市之间通过主轴线的联系也形成一些小的城市群落。这些城市群落通过空间相互作用而逐渐形成有效的交通网络。不同规模等级城市通过发达的交通网络扩大辐射范围,借助这一网络进行产业布局与分工合作,形成比较完善的城镇体系结构。在轴线结构的基础上,各城市根据不同类型产业对运输费用的敏感度,以中心城市为圆心形成城市群的空间圈层结构。核心区域内部产业链日趋完整,相互之间分工协作更加高效,表现出核心耦合的发展模式。一些产业离开核心区域向外转移,在特定地域形成新的产业集群,这些区域表现出半核心集聚模式。而城市群最外围区域受核心区域影响较小,可能是由于地理因素,也可能是由于该区域受城市群周边城市辐射作用更强,与整个城市群产业相离散,表现出边缘离散模式。长三角城市群空间组织目前处于点轴和圈层的过渡阶段,其联动模式主要运用半核心集聚和半边缘扩散态,以五大都市圈的联动带动处于边缘离散态的城市群区域。

4.城市群网络发展阶段的联动模式

城市群网络发展阶段的重要特征是城市群综合交通走廊的构建及城市等级系统的完善。城市群内部各城市间相互依赖加强,产业分工日益明确,产业结构的相互影响加强,同一等级城市间横向联系密切,城市群整体地域结构开始形成。这一阶段城市间交互式的人流、物流、资金流、信息流、技术流通过城市群综合交通走廊进入城市群网络体系,促使城市群空间模式向多中心网络化发展,城市群空间结构的层级体系更为明显,表现出核心-半核心-半边缘-边缘结构。城市群的网络发展阶段形成了核心城市、次级中心城市与多数中小城市,以及市镇相互串联而成的城市群体。城市群网络发展阶段的联动模式表现为核心耦合、半核心集聚和半边缘扩散态,同时最边缘区域也有可能出现边缘离散模式。核心耦合模式与之前的有所不同,这时的核心城市在制造业外迁之后进行了职能调整,生产性服务业成为主导产业并在核心区域集聚,核心耦合态表现为产业链上下游之间耦合。而制造业向半核心区域集聚,这些地区大多处于交通节点上,能有效吸引周边区域要素向半核心区域集聚。城市群外围区域也参与到城市群整体分工中,表现出半边缘扩散模式。城市群最外围区域也有可能出现行政上隶属于城市群区域,但经济联系与非城市群区域更为紧密、与城市群整体产业体系离散的边缘离散模式。前述研究证明,长三角城市群目前还没有发展到这一阶段,但已表现出初步的网络化趋势。

综上所述,我们认为以下几个方面的政策导向有利于长三角城市群空间组织结构与制造业空间分异联动调控模式的实施。第一,完善各类城市功能定位,错位发展区域性中心城市,增强区域重要城市实力和综合承载能力。例如,提升南京的先进制造业和苏州的高技术产业发展水平。第二,政府适当进行政策引导,使核心区域主导产业更能代表未来创新发展方向,始终保持产业龙头作用,带动整个区域发展。对于半核心区域来说,政府要主动承接核心区域退出的优势产业,同时将低端产业主动向半边缘区域扩散。半边缘区域要结合自身资源禀赋状况,根据周边区域产业发展状况,选择契合整个城市群产业链发展的主导产业进行重点发展,积极承接核心、半核心区域产业转移。对于边缘区域来说,政府要立足整个城市群产业发展现状,发现有集群趋势的萌芽产业,进行政策倾斜,主动与区域产业链融合。第三,构建行业间区域经济协调机制,负责区域经济合作的统筹、沟通,协调资源配置,实现优势互补,同时避免区域内恶性竞争,规范经营行为,实现市场环境的公平有序。

第二节　协同模式

城市群协同发展是构建各组成部分和行为主体有序分工,提升区域竞争力的共生发展模式。城市间的协同发展是指区域内的两个及以上的城市之间突破行政区划的制约,能够使各种资源要素在彼此之间自由流动和优化配置,促进经济社会更紧密融合,形成优势互补、共同繁荣的整体效应,提高整体竞争力。协同论主要研究远离平衡态的开放系统在与外界有物质或能量交换的情况下,如何通过自己内部系统作用,产生时间、空间和功能上的有序结构。城市群的空间属性包括城市群整体和个体城市的空间组织两种地域系统,城市群空间组织是在特定的社会、经济、政治和技术背景下对城市群空间进行优化配置的过程,其本质是通过合理分散发展达到群体空间的优化。城市群空间的协同模式既包括城市群内各城市之间的协同发展,又包括城市内经济、环境、社会等方面的协同发展,还包括城市群内部各组成部分的协同。前述城市与城市之间的共生发展模式已经论证了城市之间的协同。本节协同模式构建与应用重点是长三角城市群内部五大都市圈及其经济、环境和社会等方面的协同。通过对长三角城市群五大都市圈中的杭州、南京、宁波、苏州、合肥等代表城市运用协同发展模型,计算出各城市的经济系统有序度、环境系统有序度和社会系统有序度,最后计算出系统协同度。以此为基础,构建长三角城市群空间组织的协同模式。

一、研究方法与评价指标体系构建

协同是指系统内部各子系统间为实现系统总目标,在外界输入物质、能量、信息的作用下彼此间相互合作、共同努力而形成一种宏观的集体效应。协同学主要研究系统如何由于子系统间的协同作用而产生序参量,序参量之间的协同与合作又如何形成自组织结构。

(一)研究方法

城市群系统是一个复杂的大系统,由许多子系统构成。因此,首先建立子系统有序度模型,进而建立城市群系统协同度模型(王新华 等,2007),以评价各城市协同发展水平。

1. 子系统有序度模型

长三角城市群包括南京都市圈、杭州都市圈、合肥都市圈、宁波都市圈、苏锡常都市圈五个都市圈。因此,应分别建立五个子系统的有序度模型。设经济系统发展过程中的序参量为 $e_1 = (e_{11}, e_{12}, \cdots, e_{1n})$,其中 $n \geqslant 2$,$\beta_{1i} \leqslant e_{1i} \leqslant \alpha_{1i}$,$i \in [1, n]$。以南京都市圈为例(其余四个都市圈的模型相同),刻画运行机制与运行状况的若干经济指标。为不失一般性,将序参量 e_1 分为两类,一类假定 $e_{11}, e_{12}, \cdots, e_{1k_1}$ 的取值越大,经济系统的有序程度越高;其取值越小,经济系统的有序程度越低。另一类假定 $e_{1k_1+1}, \cdots,$ e_{1n} 的取值越大,经济系统的有序程度越低;其取值越小,经济系统的有序程度越高。因此,定义序参量分量 e_{1i} 的有序度为:

$$u_1(e_{1i}) = \begin{cases} \dfrac{e_{1i} - \beta_{1i}}{\alpha_{1i} - \beta_{1i}}, i \in [1, k_1] \\[2mm] \dfrac{\alpha_{1i} - e_{1i}}{\alpha_{1i} - \beta_{1i}}, i \in [k_1 + 1, n] \end{cases} \tag{7-7}$$

由上式可知:$u_1(e_{1i}) \in [0, 1]$,$u_1(e_{1i})$ 越大,e_{1i} 对经济系统有序的贡献越大。α_{1i}、β_{1i} 为系统临界点的上、下限值,为了避免 0 和 1 的出现,一般将序参量的极值放大、缩小 1% 作为临界点的上、下限。

从总体上看,序参量变量对经济系统有序程度的总贡献可通过

$u_1(e_{1j})$的集成来实现,在实际应用中常用几何平均法或线性加权求和法,求得的总贡献称为序参量 e_1 的系统有序度,即

$$u_1(e_1) = \sqrt[n]{\prod_{j=1}^{n} u_1(e_{1j})}$$

$$或\ u_1(e_1) = \sum_{j=1}^{n} \omega_j u_1(e_{1j}), \omega_j \geqslant 0, \sum_{j=1}^{n} \omega_j = 1 \qquad (7\text{-}8)$$

可知, $u_1(e_1) \in [0,1]$, $u_1(e_1)$ 越大, e_1 对经济系统有序的贡献越大,经济系统有序的程度就越高,反之就越低。设描述环境系统发展质量的序参量变量为 $e_2 = (e_{21}, e_{22}, \cdots, e_{2n})$,描述社会系统发展质量的序参量变量为 $e_3 = (e_{31}, e_{32}, \cdots, e_{3n})$,其中 $n \geqslant 2$, $\beta_{ij} \leqslant e_{ij} \leqslant \alpha_{ij}$, $j \in [1,n]$。仿照上面的讨论,同样可得 $u_2(e_2) \in [0,1]$, $u_3(e_3) \in [0,1]$。

2. 系统协同度模型

设对于给定的初始时刻(或某个特定的时间段) t_0 而言,经济系统序参量的系统有序度为 $u_1^0(e_1)$,环境系统序参量的系统有序度为 $u_2^0(e_2)$,社会系统序参量的系统有序度为 $u_3^0(e_3)$。则对于系统在发展演变过程中的时刻(或时间段) t_1 而言,如果此时经济系统序参量的系统有序度为 $u_1^1(e_1)$,环境序参量的系统有序度为 $u_2^1(e_2)$,社会序参量的系统有序度为 $u_3^1(e_3)$,其中 $u_1^1(e_1) \geqslant u_1^0(e_1)$, $u_2^1(e_2) \geqslant u_2^0(e_2)$, $u_3^1(e_3) \geqslant u_3^0(e_3)$ 同时成立,则称经济系统-环境系统-社会系统从 t_0 到 t_1 时段是协同发展的,则系统协同度模型为:

$$e = P \sqrt{|u_1^1(e_1) - u_1^0(e_1)| \, |u_2^1(e_2) - u_2^0(e_2)| \, |u_3^1(e_3) - u_3^0(e_3)|}$$

$$(7\text{-}9)$$

式中,若 $u_1^1(e_1) \geqslant u_1^0(e_1)$, $u_2^1(e_2) \geqslant u_2^0(e_2)$, $u_3^1(e_3) \geqslant u_3^0(e_3)$ 同时成立,则 $P=1$,否则, $P=-1$。

由式(7-9)知, $e \in [-1,1]$,其值越大,系统协同发展的程度越高,反之越低。在式(7-9)中,综合考虑了经济、社会、环境三个子系统的情况,如果其中一个子系统的有序程度提高幅度较大,而另两个子系统的有序程度提高幅度较小或下降,则整个系统不能处于较好的协调状态或根本不协调。同时式(7-9)是从子系统的序参量系统有序度的变化中把握整

体系统的协调状况的,因而对整体系统是一种动态把握与分析。

(二)评价指标体系的确定

城市群空间组织与产业空间分异的协同调控模式,涉及城市群的产业发展、社会进步、生态环境等方面。因此,我们从经济、社会与环境三个方面提出了城市群协同发展水平的评价指标体系。城市群的经济协同是指在其他条件允许的情况下,城区经济要力求自身发展,只有如此才能有条件改善社会与环境。因此,我们选择的指标为 GDP 增长率、人均固定资产投资额、第三产业比重。城市群社会进步水平指标主要衡量城市经济与社会进步相互影响、密切关联的关系,我们选取人均 GDP、人均可支配收入、失业率等指标。城市群环境指标是考察城市群经济与环境协同发展的指标,主要针对空气的净化、绿色产品的产量而设置,通过测算该类指标可以有效监控城市经济与环境是否协调,主要指标选取人均绿地面积、城区绿化率、人均水资源量。本书选取长三角城市群五大都市圈中的南京、杭州、合肥、宁波、苏州五个城市进行协同发展的实证分析,通过对这五个代表城市的分析,对长三角城市群各城市协同发展状态形成大致的认识。根据协同发展模型及指标评价体系,查询 2012 年至 2015 年的《杭州市统计年鉴》《合肥统计年鉴》《南京统计年鉴》《宁波统计年鉴》《苏州统计年鉴》《中国城市统计年鉴》,得出经济、社会、环境三个方面的指标数据,整理后得表 7-9。

表 7-9　2011—2014 年五个城市产业发展各项目指标

城市	年份	经济协调水平			社会协调水平			环境协调水平		
		GDP增长率/%	人均固定资产投资额/元	第三产业比重/%	失业率/%	人均GDP/元	人均可支配收入/元	城区绿化率/%	人均绿地面积/米²	人均水资源量/吨
杭州	2011	10.1	5723	49.30	1.86	80478	34065	40.00	12.01	119.59
	2012	9.0	6771	50.20	1.63	88962	37511	40.07	12.65	130.62
	2013	8.0	7548	52.90	1.85	94566	39310	40.23	12.91	134.75
	2014	8.2	81074	55.10	1.84	112322	44632	40.47	12.01	126.02

城市	年份	经济协调水平			社会协调水平			环境协调水平		
		GDP增长率/%	人均固定资产投资额/元	第三产业比重/%	失业率/%	人均GDP/元	人均可支配收入/元	城区绿化率/%	人均绿地面积/米²	人均水资源量/吨
合肥	2011	15.4	48096	30.18	3.93	51652	22459	43.41	15.74	147.51
	2012	13.6	56487	35.36	3.65	58791	25434	45.2	15.90	155.62
	2013	11.5	66170	35.74	3.25	65722	28083	45.3	17.70	156.14
	2014	10.0	83718	39.88	2.96	82956	29348	44.16	18.90	164.79
南京	2011	12.0	63211	52.40	2.65	96872	32200	44.42	13.61	186.77
	2012	11.7	73475	53.40	2.69	112980	36322	44.02	14.29	190.13
	2013	11.0	64415	54.73	2.67	125030	39881	44.06	13.57	196.95
	2014	10.1	66570	56.49	2.50	107545	42568	44.14	14.05	188.69
宁波	2011	10.0	4382	40.30	3.44	77983	34058	37.82	8.01	240.31
	2012	7.8	7462	42.00	2.55	85475	37902	38.21	8.20	239.49
	2013	8.1	8489	43.60	2.16	93176	41729	38.23	8.47	229.91
	2014	7.6	97789	44.60	1.95	98972	44155	38.22	8.64	218.25
苏州	2011	12.0	42903	42.75	2.72	102129	17226	42.25	14.93	226.58
	2012	10.1	49996	44.24	2.70	114029	19396	41.84	12.98	241.87
	2013	9.6	56816	46.41	2.12	123209	21578	42.06	13.04	211.68
	2014	8.3	58828	48.43	1.92	129925	23560	42.21	13.22	215.40

二、协同度的测算与判断

　　长三角城市群包含众多城市,而每一个城市都包含社会、经济、环境等众多子系统,在外界参量(如资源、技术进步等要素)参与下,各子系统通过非线性作用机制达到相互协同。并通过产业集聚与扩散,劳动力等生产要素的自由流动、相互协作、相互干涉,使城市群系统结构产生质变行为,从而在宏观尺度上从混沌转变为空间、时间和功能上的有序,最终实现城市群整体协同发展。综上所述，我们以长三角五大都市圈及内部各城市之间的经济、环境和社会指标为依据，对长三角城市群的协同度进行测算与判断。

（一）指标数据的预处理

由于各指标的观测单位不同，可能会导致各指标的测量值有差距，因此需要对原始数据进行标准化处理，使不同单位、不同数据的指标无量纲化。

设 s_{ij} 为第 i 年第 j 项价值或实物量指标的数据（$i=1,2,\cdots,n;j=1,2,\cdots,p$），求出样本均值，即

$$\overline{s_j} = \frac{1}{n} \sum_{i=1}^{n} s_{ij} \tag{7-10}$$

令 R_j 为第 j 项指标的样本标准差，即

$$R_j = \sqrt{\frac{1}{n-1} \sum_{i=1}^{n} (s_{ij} - \overline{s_j})^2} \tag{7-11}$$

则标准化后的公式为：

$$s'_{ij} = \frac{s_{ij} - \overline{s_j}}{R_j} \tag{7-12}$$

（二）指标权重值的确定

矩阵赋权法的基本思想是：指标间的相关系数反映指标间相互影响的程度，相关系数的绝对值越大，说明指标间相互影响的程度越高；反之，指标间相互影响的程度越低。如果某个指标在指标体系中起重要作用，对其他指标有较大的影响，那么该指标就应该被赋予较大的权重；如果某个指标在指标体系中所起的作用较弱，对其他指标的影响较小，那么该指标就应该被赋予较小的权重。

设指标体系中含 n 个指标，它们的相关矩阵为 $\boldsymbol{R}$，则

$$\boldsymbol{R} = \begin{bmatrix} r_{11} & r_{12} & \cdots & r_{1n} \\ r_{21} & r_{22} & \cdots & r_{2n} \\ \vdots & \vdots & & \vdots \\ r_{n1} & r_{n2} & \cdots & r_{nn} \end{bmatrix} \tag{7-13}$$

式中，$r_{ij} = 1, i = 1, 2, \cdots, n$。

令 $R_i = \sum_{j=1}^{n} |r_i| - 1, i = 1, 2, \cdots, n$，则 R_i 表示第 i 个指标对其他 $n-1$ 个指标的总影响。R_i 越大，说明第 i 个指标在指标体系中的影响越大，即其作用越大，故其权数也应较大。因此，将 R_i 归一化即可得相应各指标的权数：

$$w_i = \frac{R_i}{\sum_{i=1}^{n} R_i} \quad (i = 1, 2, \cdots, n) \tag{7-14}$$

(三)产业系统协同度分析

通过上述公式的计算，得出南京、杭州、合肥、宁波、苏州各城市产业系统有序度和系统协同度，如表 7-10 至表 7-14 所示。

表 7-10 显示，南京的经济系统有序度基本处于逐年上升的状态。从 2011 年至 2014 年，南京的 GDP 增长率逐年下降，这与我国的经济大背景有关，是受国际金融危机外部冲击和总需求下降的影响，也是内部经济结构变化所致。而第三产业比重从 2011 年的 52.40% 增加到 2014 年的 56.49%，呈现逐年增加的趋势，这说明南京产业结构调整的步伐正在加大，第三产业具有吸收大量劳动力的能力，能够吸引农村剩余劳动力转移，加快城市化步伐。对产业与环境协调系统有序度的计算结果表明，从 2011 年到 2013 年南京的环境系统有序度一直呈现上升趋势，2014 年人均水资源量的下降导致系统有序度出现下降，但是城区绿化率从 2012 年的 44.02% 提高到 2014 年的 44.14%，表明在城区绿化率指标方面的表现还是处于较好状态。2014 年南京市政府印发《南京市生态红线区域保护规划》，要求合理划定生态红线区域，优化与构建国土生态安全体系，在经济发展的同时注重生态环境的保护。对于产业与社会协调系统有序度的计算表明，南京的社会协调有序度处于稳定上升的发展状态，失业率从 2011 年的 2.65% 下降到 2014 年的 2.50%，人均 GDP 从 2011 年的 96872 元上升到 2013 年的 125030 元，2014 年又下降为 107545 元；人均可支配收入从 2011 年的 32200 增加到 2014 年的 42568 元，人们的生

活水平正在提升。从南京的系统协同度来看，经济、社会、环境在各自发展的同时，协同发展的状态有待提升。

表 7-10 2011—2014 年南京市产业系统有序度和系统协同度

年份	系统有序度			系统协同度
	经济	环境	社会	
2011	0.378548	0.337466	0.007949	
2012	0.499521	0.445856	0.157450	0.044275
2013	0.470111	0.52308	0.633653	−0.032887
2014	0.486977	0.444776	0.833226	−0.016235

表 7-11 显示，杭州市的经济系统有序度基本处于稳定上升的趋势。从 2011 年至 2013 年杭州的 GDP 增长率逐年下降，2014 年 GDP 增长率又出现小幅增长，这与以互联网为核心的新产业、新技术、新业态、新模式、新产品的不断涌现分不开，信息经济 GDP 占比达到了 18% 左右，信息经济正成为杭州推动经济升级的有力支点。而第三产业比重从 2011 年的 49.30% 增加到 2014 年的 55.10%，也呈现逐年增加的趋势，这说明杭州产业结构升级有明显的效果，第三产业特别是服务业为杭州 GDP 的增长做出了巨大贡献。产业与环境协调系统有序度计算结果表明，从 2012 年到 2014 年的环境系统有序度呈现下降趋势，因此需要重视环境系统各指标之间的协调关系。2014 年的人均水资源量出现了明显的下降，但是在城区绿化率与人均绿地面积指标方面处于较好状态，城区绿化率从 2011 年的 40.00% 提高到 2014 年的 40.47%。杭州是国内第一批建立和实施生态补偿机制的城市之一，2014 年杭州将淳安列为"美丽杭州"实验区，取消对 GDP 等经济指标的考核，加强了对水质、空间质量等生态指标的考核。杭州的社会协调有序度 2013 年较低，失业率从 2012 年的 1.63% 上升到 2013 年的 1.85%，人均 GDP 从 2011 年的 80478 元上升到 2014 年的 112322 元；人均可支配收入从 2011 年的 34065 元增加到 2014 年的 44632 元，人们的生活水平正在提升。从杭州的系统协同度来看，经济、社会、环境还未处于较好的协同发展状态，在发展过程中经

济、环境、社会没有同步提升，这说明杭州在协调经济、环境、社会发展过程中还有待改善。

表 7-11　2011—2014 年杭州市产业系统有序度和系统协同度

年份	系统有序度			系统协同度
	经济	环境	社会	
2011	0.383324	0.074717	0.012652	
2012	0.373871	0.616364	0.987203	−0.070637
2013	0.448508	0.545508	0.046948	−0.070516
2014	0.622853	0.480795	0.972789	−0.102204

　　表 7-12 显示，合肥的经济系统有序度处于稳定上升趋势。2011—2014 年合肥的 GDP 增长率逐年下降，而第三产业比重从 2011 年的 30.18％增加到 2014 年的 39.88％，也呈现逐年增加的趋势。说明合肥产业结构升级有明显的效果，而第三产业比重仍未超过第二产业，说明合肥仍旧是第二产业作为产业发展的主要动力。合肥的人均固定资产投资额一直处于上升趋势。对产业与环境协调系统有序度的计算结果表明，从 2011 年到 2013 年的环境系统有序度呈现上升趋势，2014 年出现微弱下降，说明城区绿化率、人均绿地面积、人均水资源量的协同程度弱化，需要重视环境系统各指标之间的协调关系。而 2014 年城区绿化率出现了明显的下降，但人均水资源量与人均绿地面积等指标处于持续上升状态。城区绿化率从 2011 年的 43.41％提高到 2013 年的 45.3％，人均绿地面积从 2011 年的 15.74 米² 增加到 2014 年的 18.90 米²。2014 年，合肥获得"国家森林城市"称号，并入选"全国生态文明先行示范区"。合肥的社会协调有序度从 2011 年到 2014 年呈现上升趋势，其中失业率从 2011 年的 3.93％下降到 2014 年的 2.96％；人均 GDP 从 2011 年的 51652 元上升到 2014 年的 82956 元；人均可支配收入从 2011 年的 22459 元增加到 2014 年的 29348 元，人们的生活水平正在逐渐提升。从合肥的系统协同度来看，经济、社会、环境之间的协同程度在 2014 年出现下降，对于经济、环境、社会三者的系统协同度，环境处于相对较弱的地步。而且，2014 年

环境系统有序度较之前出现下降，因此在今后的发展过程中，要重视环境系统的协同发展。

表 7-12　2011—2014 年合肥市产业系统有序度和系统协同度

年份	系统有序度			系统协同度
	经济	环境	社会	
2011	0.413305	−0.006764	0.034493	
2012	0.527249	0.401691	0.055884	0.031553
2013	0.592051	0.566019	0.852251	0.092089
2014	0.596463	0.368240	0.947492	−0.009117

表 7-13 显示，宁波的经济系统有序度处于逐年上升的态势。2013 年宁波的 GDP 增长率达到 8.1%，出现上升趋势。而第三产业比重从 2011 年的 40.30% 增加到 2014 年的 44.60%，呈现逐年增加的趋势，说明宁波产业结构调整的步伐正在加大。产业与环境协调系统有序度的计算结果表明，2013 年环境系统有序度出现下降，城区绿化率、人均绿地面积、人均水资源量指标之间协调发展程度出现不平衡状态。其中人均水资源量从 2011 年开始呈现下降趋势，而人均绿地面积呈现上升趋势，城区绿化率基本处于稳定状态。产业与社会协调系统有序度的计算表明，宁波社会协调有序度处于持续上升状态，失业率从 2011 年的 3.44% 下降到 2014 年的 1.95%；人均 GDP 从 2011 年的 77983 元上升到 2014 年的 98972 元；人均可支配收入从 2011 年的 34058 元增加到 2014 年的 44155 元，人们的生活水平逐渐提升。从宁波的系统协同度来看，经济、社会、环境的协同发展程度还比较低，需要重视各个方面的协同发展。

表 7-13　2011—2014 年宁波市产业系统有序度和系统协同度

年份	系统有序度			系统协同度
	经济	环境	社会	
2011	0.398337	0.345232	0.001796	
2012	0.405409	0.601176	0.013257	0.004554

年份	系统有序度			系统协同度
	经济	环境	社会	
2013	0.415406	0.446693	0.983621	−0.038711
2014	0.758611	0.537367	0.990109	0.014210

表 7-14 显示,苏州的经济系统有序度处于上升趋势。2011—2014 年苏州的 GDP 增长率逐年下降,而第三产业比重从 2011 年的 42.75% 增加到 2014 年的 48.43%,苏州经济正处于转型升级阶段,不断向发展先进制造业、高技术产业和服务业推进,经济结构逐步优化。其中,人均固定资产投资额从 2011 年的 42903 元上升到 2014 年的 58828 元。产业与环境协调系统有序度的计算结果表明,从 2011 年到 2013 年,环境系统有序度呈现下降趋势,2014 年开始上升,说明城区绿化率、人均绿地面积、人均水资源量的协同程度强化。其中,城区绿化率和人均绿地面积基本处于稳定状态,但是人均水资源量出现了大幅下降又缓慢提升的情况。产业与社会协调系统有序度计算结果表明,社会协调有序度从 2011 年到 2014 年呈现上升趋势,其中失业率从 2011 年的 2.72% 下降到 2014 年的 1.92%;人均 GDP 从 2011 年的 102129 元上升到 2014 年的 129925 元;人均可支配收入从 2011 年的 17226 元增加到 2014 年的 23560 元,人们的生活水平正在逐渐提升。从苏州的系统协同度来看,经济、社会、环境之间的协同程度在 2014 年出现改善,经济、环境、社会三者的系统协同度在环境方面相对较弱。

表 7-14　2011—2014 年苏州市产业系统有序度和系统协同度

年份	系统有序度			系统协同度
	经济	环境	社会	
2011	0.308748	0.571503	0.010793	
2012	0.405333	0.545959	0.028614	−0.006631
2013	0.602647	0.488398	0.977725	−0.103825
2014	0.665808	0.624458	0.985266	0.008050

(四)协同度判断

通过对长三角城市群五个都市圈的五个代表城市进行系统协同度的分析表明,城市群空间组织协同模式的构建基础是城市群中各城市内部组成部分的协同。通过协同度测算结果可以判断,每个城市的社会系统有序度比较高,而经济和环境系统有序度仍有提升空间;系统协同度处于较低水平,经济、环境、社会之间的协同发展水平较低。从长三角五大都市圈中五个代表城市从 2011 年到 2014 年的系统协同度(见图 7-5)可以看出,各城市之间的系统协同度有较大的区别,每个城市的系统协同度在不同年份上下浮动。浮动大小有差异,说明对于单个城市而言,其内部的协同也不稳定。

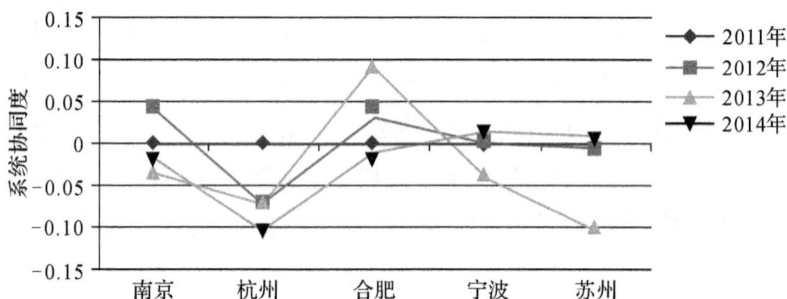

图 7-5　2011—2014 年五个城市的系统协同度

三、协同模式的构建

从计算结果可以看出,杭州、苏州、宁波的经济系统有序度增长较快,2014 年处于较高水平,说明在经济发展过程中,杭州、苏州、宁波在经济系统方面协同程度较高。而合肥与南京的经济系统有序度处于稳定状态,没有较大的波动,合肥与南京在经济系统方面协同发展水平比较稳定。总体来说,杭州、合肥、南京、宁波、苏州的经济系统有序度水平还不够高,应在要素流动、产业体系的优化和政策等方面促进协同发展。对于环境系统有序度来说,杭州、合肥、南京、宁波、苏州等城市的系统有序度都比较低。今后需要在城市功能分工、空间开发限制和生态环境保护等方面协同,构建统一的协同机制。社会系统有序度的测算结果显示,合肥、宁波、苏州、南京等城市的社会系统有序度从 2011 年到 2014 年间有较大的提高,而杭州的社会系统有序度有较大的波动。社会系统有序度的提高,能够使社会更加和谐稳定,消除社会不稳定因素,营造一个和谐的社会环境。同时,杭州、合肥、宁波、南京、苏州等城市的系统协同度都比较低,说明这些城市协同发展水平仍处于较低的水平,城市与城市之间、都市圈与都市圈之间的协同模式还未形成。协同模式的构建,应能够使城市间的协同需求突破行政区划的限制,使发展要素能够在城市间自由流动,通过优势互补和资源整合提高城市群整体的协同发展水平。

以上分析表明,长三角城市群五大都市圈协同调控模式的重点是尽量避免五大都市圈之间、都市圈内部各城市之间的空间构造落差过大。例如,杭州都市圈、南京都市圈的中心城市及卫星城镇,都要比宁波和合肥都市圈规模大。落差过大的都市圈会出现协同过程中各种行为主体难以衔接的状况。同时,还会造成产业结构的差异扩大,导致中小城市承接大城市及特大城市产业转移的能力减弱,使产业扩散出现障碍,各级各类中心城市之间的产业链及产业体系无法拓展和完善。长三角城市群空间组织协同调控模式的主体是产业体系的优化和完善,中心城市功能的协调与分工,城市群空间结构与层级结构的共生与合理嵌套,生态与社会系统的修复、治理与共建,以及制度安排的适时和适度。

长江三角洲城市群空间协同模式的构建,目前主要从以下几个方面开展和实施。第一,五大都市圈应依托各自的优势产业,不断发展全产业链,向设计研发、物流配送等上下游产业链延伸,形成集聚和扩散效应。在此基础上调整供给结构,优化产业结构。第二,尽可能减少城市的生态需求,对城市群空间按照功能分类划分,生态系统脆弱的区域限制开发,对生态环境要求较高的部分区域控制开发。第三,从城市职能分工来看,长三角城市群主要城市产业发展均呈现大而全的综合性特征。在沿江、沿海等地理区位和发展条件相近的地区,同类性质产业园区密集布局,造成无序竞争和重复建设。应重视长三角城市功能协同发展和构建合理城市职能分工体系的协同模式。第四，促进长三角城市群从单中心向多中心转变，培育若干个具有较强国际竞争力的二级核心城市，与上海分工协作，形成复杂网络化结构。第五，在国家实施"一带一路"和长江经济带发展战略等新形势下，长三角城市群的地位更加突出。因此，构建协同创新机制是协同模式构建与应用的核心。主要包括建设以上海为中心，宁波、杭州合为支点，其他城市为节点的网络化创新体系；加强区域创新资源整合，集合优质资源与优势平台，加快形成科教资源共建共享的机制，推进人才联合培养和科技协同攻关；优化区域创新组织方式，设立长三角城市群协同创新中心，深化区域创新研发、集成应用、成果转化协作。

第三节　节点网络型模式

城市群网络化正成为城市群空间发展的新战略（李国平 等，2009），城市群多中心发展模式将取代传统的单中心发展模式，因为同等条件下的多中心网络型城市群比单中心城市群更具有区域自由度和创造性（Batten，1993；Fishman，1990）。网络化是中心城市与腹地区域之间多种要素流的最高表现形式，也是城市群发展过程中最理想的城市化模式，是城市间联系交互增强和城市体系向成熟演进的必然结果（姚士谋，2002），更有利于区域间人流、物流、资金流及信息流的高效流动，使城市群空间组织更加具有空间结构的稳定性、规模的合理性、功能及相互合作治理的可持续性。前已述及长三角城市群空间组织模式正在从点轴式向圈层式过渡。随着交通运输和信息网络的发展，要素流通方式更加多元化，未来逐渐转向网络型。节点网络型模式是长三角城市群从圈层式向网络式过渡阶段的模式，目前已初步形成以上海为中心，南京、杭州、苏州、无锡和宁波等特大城市为副中心的多中心支撑的网络化布局。很多文献把一定区域范围中，不同等级的中心城市称为"节点"。本书理解的"节点"是，在一定的城市区域，连接中心城市和副中心城市及其腹地区域，并构成城市群网络体系的节点。节点是构成网络的基本结构，也是节点网络型模式的基础和必要条件。

一、节点城市的功能

节点网络型调控模式的重要一环是具备能够产生较强功能的节点城市。从空间组织模式的功能看,中心城市对次一级城市的空间溢出作用明显,这使区域内城际城市功能差距缩小。节点城市的辐射效应主要通过各级中心城市功能产生。所以,本书运用纳尔逊统计分析法测度城市主导功能,以判断和认识节点城市的功能分类及其所发挥的作用。

(一)纳尔逊城市功能专门化测度

纳尔逊运用统计分析方法,对美国城市功能进行了分类与专门化程度测算,以确定城市的主导功能,该统计分析法应用广泛。该统计分析法研究特点为:将美国国情普查中 24 个行业归并成 9 种经济活动部门,将其作为划分城市功能类别的基础。计算所有城镇每种活动的职工百分比,并求出其算术平均值(M_j)和标准差(δ_j)。以平均值加一个标准差作为主导职能标准,以高于平均值以上几个标准差来表示该功能的强度。

设共有 n 个城市,i 城市 j 部门的就业比重为 X_{ij},j 部门 i 个城市的平均值为 M_j,则表达式为:

$$M_j = \frac{1}{n} \sum_{i=1}^{n} X_{ij} \qquad (7\text{-}15)$$

由式(7-15)得:

$$\delta_j = \sqrt{\frac{\sum_{i=1}^{n}(X_{ij} - M_j)^2}{n}} \qquad (7\text{-}16)$$

式中,X_{ij} 表示 i 城市 j 部门就业人口占该城市总就业人口的百分比;M_j 为各城市 j 部门就业人口百分比的平均值;δ_j 为各城市 j 部门就业人口百分比的标准差。再运用纳尔逊统计分析法,进行城市职能专门化程度测算,其表达式为:

$$S_j = \frac{X_{ij} - M_j}{\delta_j} \qquad (7\text{-}17)$$

式中，S_j 表示城镇职能部门的专门化系数，即 X_{ij} 超过平均值 M_j 后与标准差 δ_j 的倍数，表示该城市这一职能部门专门化系数超过整个区域平均水平的程度。S_j 值越大，表示功能专门化程度越高。

后来，经过众多学者的不断研究和大量实践证明，纳尔逊统计分析法以设置平均值加 0.5 个标准差作为城市主导功能标准，且应用较为广泛。若 $0.5 < S_j < 1.0$，则为一般功能；$1.0 < S_j < 2.0$，为突出功能；$S_j > 2.0$，为强势功能，没有任何一个部门的 X_{ij} 达到 $M_j + 0.5\delta_j$ 的城市，将其归入综合性城市类。本书以我国统计年鉴的行业分类为标准，计算出各城市分行业就业人口构成比、平均值和标准差，并运用纳尔逊统计分析方法，对长三角城市群各城市功能进行专门化程度测算。

(二)节点城市的功能分类

节点城市的功能分类是形成城市群各级中心城市差异化发展、功能互补，以及合理分工和构建网络化组织模式的基础。根据 2011 年发布的国民经济行业分类标准将行业分为 19 个类别，分别为：①农、林、牧、渔业；②采矿业；③制造业；④电力、燃气及水的生产和供应业；⑤建筑业；⑥交通运输、仓储及邮政业；⑦信息传输、计算机服务和软件业；⑧批发和零售业；⑨住宿、餐饮业；⑩金融业；⑪房地产业；⑫租赁和商业服务业；⑬科学研究、技术服务和地质勘查业；⑭水利、环境和公共设施管理业；⑮居民服务和其他服务业；⑯教育；⑰卫生、社会保障和社会福利业；⑱文化、体育和娱乐业；⑲公共管理和社会组织。采用纳尔逊统计分析法度量和分析城市承担的主要功能，并计算其功能专门化系数，测算各城市功能专门化程度。依据 19 个门类的专门化值，进一步确定城市的功能，大体划分为三大类，其中第 12 项以前的门类体现城市经济功能，第 13、16、17、18 项体现城市文化功能，第 14、15、19 项体现城市政治功能，如表 7-15 所示。考虑部分城市发挥节点作用相对较弱，我们选择 26 个功能相对较强，能够承担节点作用的城市进行相关测算。

对比两个年份的城市功能发现，城市间经济功能、文化功能和政治功能强度差异 2015 年没有 2009 年明显，城市间差异化程度缩小的原因是对功能强度的衡量以城市平均值为基准。随着中心城市扩散效应加强，中小城市承接转移产业,带动中小城市发展,城市间差距缩小,各个城市功能能级差异较过去不再那么明显。强弱指标是较平均水平而言的偏离度,是相对概念,并不能说明城市某功能的绝对强弱变化。就上海而言,经济功能由极强到强的变化,只是表示 2015 年经济功能距城市群功能的平均水平差异相较 2009 年缩小,但从 2015 年经济功能排序看,上海依旧是经济功能最强的经济中心。因此,从城市专门化功能指标角度分析可以看出,长三角城市群自 2009 年以来城市功能结构优化是一种帕累托改进,中心、次中心城市功能增强的同时,区域内城际差距缩小。意味着节点城市发挥的作用具有一定差异,形成一定程度的功能互补。

2009 年大多数城市以经济功能为主导,同时经济功能较强的城市,其文化和政治功能也较强。如上海三项功能涉及的 18 个门类中,经济功能包含的农、林、牧、渔业,制造业,电力、燃气及水的生产和供应业,建筑业,交通运输、仓储及邮政业,信息传输、计算机服务和软件业,批发和零售业,住宿、餐饮业,金融业,房地产业,租赁和商业服务业专门化指数均在 5.0 以上,在这些产业中上海的主导性遥遥领先。文化功能涵盖了科学研究、技术服务和地质勘查业,教育,文化、体育和娱乐业三个子类,其专门化值相对平均水平偏差达 10 以上,显示了上海的文化功能非常突出。

政治功能包括水利、环境和公共设施管理业,居民服务和其他服务业,卫生、社会保障和社会福利业,公共管理和社会组织四个方面,其中居民服务和其他服务业的优势尤其显著,是标准偏差的 368 倍,说明上海的家庭服务、维修、清洁服务业趋于完善且规模较大。总体而言,上海的经济、文化、政治功能在长三角城市群内主导作用明显。此外,南京、杭州、宁波、合肥、苏州在 19 个门类中,有半数以上产业具有优势。从经济功能、政治功能、文化功能的测度值来看,杭州分别是 35.10、13.47、10.50,高于南京的 15.62、8.93、4.68。而南京的功能强度高于宁波、苏州和合肥。

表 7-15 2009 年与 2015 年长三角城市群城市功能强度

城市	2009 年			2015 年		
	经济功能	文化功能	政治功能	经济功能	文化功能	政治功能
上海	极强	强	极强	强	强	强
南京	强	较强	一般	一般	一般	
无锡	一般	一般				
常州						
苏州	较强	一般	一般	一般		
南通	一般	一般		一般		
盐城	较强	一般				
扬州	一般			一般		
镇江						
泰州						
杭州	强	强	强	一般	一般	一般
宁波	强	一般	一般			
嘉兴	一般					
湖州						
绍兴	一般			一般		
金华	一般					
舟山						
台州	一般					
合肥	一般	一般	一般	一般		
芜湖						
马鞍山	一般			一般		
铜陵						
安庆	一般					
滁州						
池州						
宣城						

2015 年城市之间的功能差异缩小,具有经济功能优势的城市较 2009 年有一定变化,综合功能最强的依旧是中心城市上海,次中心城市杭州、南京、合肥、苏州、宁波保持随后位次,而南通、扬州、绍兴、马鞍山四市缩小了与次级中心的差距,经济功能比较优势显现。文化功能、政治功能相对变化较小,功能较强的依旧是上海、南京、杭州,其他城市的功能测算值不高于平均水平的 0.5 个标准差,因此这两项功能的差异不明显。从两个年度的长三角城市群功能强度分析,上海的综合功能最强,是长三角城市群的经济、文化和政治中心,杭州的综合功能次之,南京、宁波、苏州、合肥为第三层次。

二、节点网络型模式的构建

长三角城市群形成多中心的网络化布局,呈现多中心、网络化的布局趋势。随着江苏沿江战略、江苏沿海战略、浙江沿湾发展战略的实施,以及苏通大桥、杭州湾大桥的建成,长三角城市群由沿路的 Z 字形发展转向沿海、沿江、沿湾的反 K 字形发展。同时,宁杭生态产业轴、泰锡湖产业轴不断拓展,长三角城市群空间结构处于网络化阶段。此阶段经济和社会发展特征表现为沿合—宁—沪—杭—甬线城市影响区连成整体形成内核区,其经济发展水平较高,现代化的交通和通信网络形成,地区间联系紧密,区域空间结构发展处于相对均衡状态,呈现多中心、均衡化、网络化。与内核区相邻的区域是皖中、苏中以及浙南,这些地区在交通网络发展和区域相互作用程度上都比不上内核区,但呈向网络化阶段过渡的特征。

(一)节点网络型模式的判断方法

2000 年以来,长三角城市群空间结构逐步优化,为形成节点网络型模式奠定基础。高速公路及快速轨道交通建设成效明显,城市之间的联系更加方便快捷,沿合—宁—沪—杭—甬线城市体系分工更加合理,交通网络渐趋完善,次一级交通发展轴功能得到加强,沿线城市与周围区域资金流、人流、商品流、信息流等的强度越来越明显,已初步具备构建节点网络型模式的基本条件。为进一步判断长三角城市群节点网络型模式的合理性和应用方向，我们构建了城市群网络化模型，主要通过城市-区域碎化程度测度法、均匀度测度法、外向功能量测度法等综合分析长三角城市群的空间分布特征及趋势，揭示长三角城市群整体和局部的空间集聚与分散状态。

1. 城市-区域碎化程度测度法

选取各城市市区的碎化指数测度城市群城市-区域空间范围内城市的集聚与分散状态。碎化指数是指不同行政单元某一项或多项指标在区域总量中所占份额的平方根的和。假设区域中 i 单元的第 j 项指标为：

$$y_i = \frac{x_i}{\sum\limits_{j=1}^{m} x_{ij}} \quad (i = 1, 2, \cdots, 7; j = 1, 2, \cdots, 26) \tag{7-18}$$

整理(7-18)得：

$$I = \sum_{i=1}^{n} \sqrt{y_i} \tag{7-19}$$

式中，I 代表碎化指数。I 的范围为 $0\sim1$，当 y_i 都相等时，I 值最大，区域绝对均匀；当 $y_i=1$ 时，I 值最小，区域高度集中。该方法用来测度长三角城市群空间发展在其成长过程中的集聚状态，可反映出空间发展态势和趋向。

2. 城市-区域均匀度测度法

均匀度测度方法是将空间面积的不均衡程度引入城市群均匀度指数模型中(赵建新，1998)，是对碎化指数不足的补充。该方法是指某一指标百分比与空间面积占总面积百分比乘积的平方根加和。假设区域中 i 单元的第 j 指标为 x_{ij}，设行政辖区的面积为 s_j：

$$y_i = (x_i / \sum_{j=1}^{m} x_{ij})(s_j / \sum_{j=1}^{n} s_j) \quad (i = 1, 2, \cdots, 7; j = 1, 2, \cdots, 26)$$

$$\tag{7-20}$$

整理后得：

$$NI = \sum_{i=1}^{n} \sqrt{y_i} \qquad (7\text{-}21)$$

式中,NI 代表均匀度指数,是每个行政区域单元某一指标占区域总指标的比重与每个单元辖区面积占总面积比重的乘积。NI 的范围为 0~1,当 NI 越接近于 0 时,城市-区域空间越集聚;当 NI 越接近于 1 时,城市-区域空间越均匀。

3.城市-区域外向功能量测度法

该方法可以测度城市与城市之间的网络联系程度,用指数 E 表示。一个城市是否具有外向功能量,取决于某部门从业人员区位商 LQ_{ij},i 城市 j 部门的外向功能量可表示为 E_{ij},则:

$$LQ_{ij} = \frac{G_{ij}/G_i}{G_j/G} \qquad (7\text{-}22)$$

$$E_{ij} = G_{ij} - G_i(G_j/G) \qquad (7\text{-}23)$$

式中,G_{ij} 为 i 城市 j 部门从业人员数;G_i 为 i 城市从业人员数;G_j 为全国 j 部门从业人员数;G 为全国从业人员数。如果 $LQ_{ij} < 1$,则 $E_{ij} = 0$,不存在对外服务功能;如果 $LQ_{ij} > 1$,则表明该城市能够为其他城市提供服务。

4.城市经济结节性指数熵值法

采用熵值法进行城市经济结节性指标体系构建,计算步骤为:

(1)构建原始数据矩阵:m 个城市,n 项指标,形成 $X_{m \times n}$ 矩阵,对数据标准化处理:

$$X'_{ij} = \frac{X_{ij} - \min\{X_j\}}{\max\{X_j\} - \min\{X_j\}} \qquad (7\text{-}24)$$

(2)计算第 i 年第 j 项指标值的比重和指标信息熵:

$$e_j = -\frac{1}{\ln m} \sum_{i=1}^{m} \left(\frac{X'_{ij}}{\sum\limits_{i=1}^{m} X'_{ij}} \cdot \ln \frac{X'_{ij}}{\sum\limits_{i=1}^{m} X'_{ij}} \right) \qquad (7\text{-}25)$$

(3)计算信息熵冗余度:

$$d_j = 1 - e_j \qquad (7\text{-}26)$$

（4）计算指标权重：

$$W_i = d_j / \sum_{j=1}^{n} d_j \tag{7-27}$$

（5）计算单指标评价得分：

$$S_i = \sum_{j=1}^{n} (W_j X'_{ij}) \tag{7-28}$$

式中，X_{ij} 表示第 i 年第 j 项评价指标的数值，$\min\{X_j\}$ 和 $\max\{X_j\}$ 分别为所有城市中第 j 项评价指标的最小值和最大值。根据熵值法，对 2004 年、2009 年及 2014 年长三角城市群区域内 26 个城市的 7 项指标的原始数据进行处理，得出各指标的信息熵和权重，并计算城市结节性指数。

5.空间自相关分析

关于空间自相关分析方法，前文已进行相关测算，本处不再赘述。这里着重强调采用 LISA 指数的两个目的，即识别局部的空间集聚和局部的非平稳性。若某个位置上的 LISA 指数非常显著，则可将该位置看作热点；若某个位置上的 LISA 指数与均值之间的差距非常大，即该位置对全局统计量的贡献超过了它的预期份额，则可将该位置看作异常点或强影响点。

（二）节点网络型模式的构建

根据上述方法测算，长三角城市群碎化指数 I 的范围为 4.30～4.99。表 7-16 中的数据显示，长三角城市群在 2004 年、2009 年、2014 年 3 个时间断面上的碎化指数总体呈现逐渐缓慢上升的趋势，波动幅度较小，各年份城市群碎化指数的极差均低于 0.7。表明长三角城市群内部一直处于相对均质发展状态，且均值程度不断提高，城市群区域内城市间差距缩小，说明以扩散效应为主。2014 年核心城市外向功能量高且相对均衡（见表 7-17），为核心城市辐射邻近区域形成均衡的网络化空间格局提供了依据，且这种均值化趋势将会延续。这一分析结果说明，长江三角洲城市群构建节点网络型模式的基础已经具备。

表 7-16 2004 年、2009 年、2014 年长三角城市群碎化指数

年份	GDP /亿元	人均 GDP/元	第二产业增加值 /亿元	第三产业加值 /亿元	固定资产投资额 /万元	总人口数/万人	社会消费品零售总额/万元
2004	4.5181	4.8972	4.4993	4.3848	4.5441	4.8413	4.4945
2009	4.5476	4.9715	4.6057	4.3701	4.7810	4.8113	4.5298
2014	4.6230	4.9979	4.7141	4.4456	4.8659	4.8170	4.5941

表 7-17 2014 年长三角核心城市外向功能量

城市	交通运输、仓储及邮政业	信息传输、计算机服务和软件业	批发和零售业	金融业	科学研究、技术服务和地质勘查业	教育	文化、体育和娱乐	外向功能量
上海	1.52	1.52	2.12	0.97	1.60	0.52	1.24	9.49
南京	1.50	2.93	0.99	0.74	1.56	1.24	1.62	10.58
无锡	0.65	0.91	0.56	0.96	0.62	1.06	1.01	5.77
苏州	0.52	0.64	0.47	0.87	0.37	0.59	0.50	3.96
杭州	0.94	1.66	0.77	1.26	1.45	1.15	1.23	8.46
宁波	0.86	0.36	0.53	1.60	0.58	1.01	0.87	5.81
合肥	1.06	0.90	0.71	0.86	1.29	1.38	1.21	7.41

如表 7-18 所示,长三角城市群在 3 个时间断面上的均匀度指数均在 0.9 以上,均匀度较高,说明长三角城市群内已出现均值化。均匀度指数进一步验证了碎化指数的可靠性,2014 年指标中有 6 个均匀度指数达 0.95 以上,说明长三角城市群的整体空间格局处于均质发展态势。

表7-18 2004年、2009年、2014年长三角城市群均匀度指数

年份	GDP/亿元	人均GDP/元	第二产业增加值/亿元	第三产业增加值/亿元	固定资产投资额/万元	总人口数/万人	社会消费品零售总额/万元
2004	0.9243	0.9294	0.9122	0.9222	0.9284	0.9363	0.9287
2009	0.9299	0.9331	0.9242	0.9188	0.9501	0.9572	0.9402
2014	0.9558	0.9536	0.9578	0.9413	0.9663	0.9582	0.9589

1. 形成三个层级的节点城市

2004年长三角城市群中心城市的结节性指数差异较大，最大和最小结节性指数相差达12.44倍。而随着时间的推移差异逐渐缩小，2014年结节性高值为低值的7.03倍。依据自然断裂分类法将2004年、2009年、2014年三个时间截面的城市结节性指数划分为三级。采用Natural Breaks分类法将其划分为三大层次，上海、苏州、杭州、无锡、宁波、绍兴属于第一层次，它们的经济结节性指数高，处于长三角城市群的主导地位。2014年与2004年和2009年比较，南京、嘉兴、舟山、常州进入第一层次。10年间，杭州、苏州、南京、宁波、常州结节性指数增长快，首位度提升明显。处于第二层次的主要有金华、湖州、镇江、台州、南通、扬州、马鞍山等城市，这些城市比第一层次城市结节性指数增速更高，与第一层次的相对差距逐渐缩小。至2014年，泰州的结节性指数上升到第二层级。芜湖、合肥、滁州、宣城、池州等城市仍然为长三角结节性低值区域，但结节性指数增长率达30%以上，其中宣城、滁州与池州增长率最高，分别达110%、82.7%、71.7%，综合实力显著提高。

2. 构建"一核五圈四带"的网络化基本结构

目前，以上海为中心的沿海发展带向南北方向延伸，并向西形成沿江发展带。同时，长江三角洲城市群已经形成Z形核心发展带，即沪—宁—合—杭—甬发展带，成为长三角城市群空间结构的主轴，连接苏锡常都市圈、南京都市圈、合肥都市圈、杭州都市圈、宁波都市圈，使一、二级节点形成整体。随着沪—宁—合—杭—甬发展带辐射作用的进一步增强，轴线

将向北延伸、向西辐射,第二层次节点城市增加,结节性增速领先于长三角城市群的平均增速。从 LISA 图来看,在 2004 年、2009 年、2014 年三个截面上高集聚区与高集聚区聚集,且变化较小,主要集中在沪—宁—合—杭—甬发展带上,其中沿江发展带有上海与苏锡常都市圈,沪—杭—金发展带有杭州都市圈、宁波都市圈,并均呈扇状结构。所以,长三角城市群节点网络型模式的基本结构就是节点城市与"一核五圈四带"构成的空间分布体系。

3.增强节点城市功能,推进网络化进程

根据节点城市各部门的外向功能量和城市总的外向功能量,进一步增强低层级节点城市功能,推进长三角城市群空间结构的网络化进程,为构建节点网络型模式奠定基础。在前文分析节点城市三个层级的基础上,分析长三角城市群中心上海及五个都市圈的中心城市南京、无锡、苏州、杭州、宁波、合肥的情况,形成长三角城市群全域外向功能总量层级图。可以看出,除宁波都市圈外向功能中心城市层级低于都市圈内的舟山外,其余都市圈均为中心城市的外向功能度高于周围城市。说明南京、无锡、苏州、杭州、宁波、合肥次级中心在更小规模的城市圈内,能够发挥辐射和带动作用。就城市部门外向功能量而言,无锡、苏州、宁波的交通功能偏低,不利于发挥次级中心城市的辐射效应作用(见表7-17)。南京都市圈将南京定位于区域性创新创业高地和金融商务服务集聚区,但其金融业外向度在次级中心城市中较弱,需要加快金融业发展。杭州都市圈将杭州定位于国家自主创新示范区和跨境电子商务综合试验区,其信息传输、计算机服务和软件业以及科学研究、技术服务和地质勘查业的区位熵分别为1.66 和 1.45,对都市圈内的信息经济产业发展具有带动作用。

三、节点网络型模式的应用

以上分析表明,2004—2014 年长三角城市群处于相对均质发展阶段,且碎化程度不断提高,城市群区域内城市间差距缩小,说明现阶段扩散效应已经开始发挥作用。这就需要节点城市进一步增强实力,尤其是中小节点城市应该加快现代交通运输体系的构建,以与高级别节点城市的交通体系形成对接,逐渐构成网络化格局。长三角城市群中心城市的外向功能量高且相对均衡,这种均值化趋势将会进一步延续,为高级别节点城市辐射邻近区域形成均衡的空间格局提供依据,同时能够促进网络化的演变。反映城市综合实力与影响力水平的结节性指数呈快速增长的态势,说明中心城市之间的相对差距逐步缩小。总体趋势是结节性指数低的区域增速更高,可以预测在西北部高增速东部低增速的情况下,长三角东部与西北部发展将更趋于均值化。因此,目前加快长三角城市群节点网络型模式的主要途径是加快现代交通运输体系的构建,积极推进各类不同级别节点城市在交通体系方面的对接。

"一核五圈四带"的空间分布格局是构建节点网络型模式的基础结构,但仅依靠这一结构难以形成网络型模式。从 2004 年、2009 年、2014 年三个截面时间点的空间层级图来看,"一核"上海市目前是长三角城市群空间结构的主要支撑,但仅有一核,难以形成完整的网络型模式。因此,应进一步增强"五圈"的中心城市功能和整体实力,力争在一定时期内形成"五核",与上海市一起搭建起长三角城市群空间结构的"六核"。除上海市以外的"五核",外向功能度较高,基本均高于五个都市圈内相邻城市,具备带动更低一级城市发展的条件。因此,应依托长三角城市群目前的"一核五圈四带"结构,逐渐由单核 Z 形向多极网络型转换,与 Z 形核心发展带、沿江发展带和沪杭金发展带共同构成长三角城市群网络型模式的雏形。同时,进一步提升长三角城市群中低层级节点城市的城市化速度和城乡一体化进程,使节点网络化能够更快地在长三角城市群西南部推进。

案例分析(4):城市群空间组织转换及其治理模式

一、案例背景

城市群空间治理是社会治理精细化的重要内容之一,而空间组织是空间治理的基础。我们运用复杂网络理论及点辐射分析方法,论证了城市群空间组织转换为具有复杂网络化特征的社会空间系统,与空间治理有着内在契合性:复杂网络的系统性决定了空间治理的整体性,城市群复杂网络节点中心性体现空间治理的主体内容,其"簇群结构"构成空间治理的基本单元。据此,形成三种空间治理模式,即应根据城市群空间组织在不同发展阶段的系统性和协调性,采取相应的多层级互动、多核心协调或簇群式治理等空间治理模式。随着网络化的提升,簇群式治理模式将成为城市群空间治理的主导。

党的十八届五中全会提出:"加强和创新社会治理,推进社会治理精细化,构建全民共建共享的社会治理格局。"随着"互联网+"、大数据、云计算时代的到来,社会的复杂性、系统性和多样性更趋明显,我国的社会治理环境发生了很大变化,社会结构分化和利益需求多样化也给城市区域的现代化治理带来巨大挑战。同时,"十三五"规划纲要提出我国要建设若干世界级城市群。城市群作为经济社会发展过程中一种特殊的空间单元,其空间组织在这种新的变化过程中也必然会有所反映。这种反映的表现方式和特征,迫使我们重新认识城市群的空间组织,创新城市群的空间治理模式。在互联网技术高速发展的今天,信息化大大缩短了城市间的实际联系距离,使城市群的空间组织发生了巨大变化,突破了以往的二维空间模式——点轴和圈层模式,呈现出复杂网络化的发展态势,从而也改变着城市群的空间发展方式。因此,如何更新发展理念,科学认知和把握城市群的空间组织转换,为城市群的空间治理凝练出科学、合理、可行的发展模式,以促进城市群的可持续发展,扩大城市群对更大空间范围的带动和辐射作用成为亟待有所突破的问题。所以,本案例以信息化为切入点,以长三角城市群这一中观地域为研究对象,试图将复杂网络理论和社会治理理论纳入一个统一的分析框架,尝试把空间信息辐射研究方法引入分析社会问题,以提出关于城市群空间组织转换的新认识。并在此基础上揭示城市群作为一个社会空间单元的复杂系统结构特性,以期能对城市群空间治理模式的选择进行讨论和分析,为城市群的规划、建设和管理提供一定的理论参考。

关于空间治理,多数文献认为也即区域治理,空间是治理的范围、媒介和对象。对于空间治理的研究，目前多集中在空间治理的概念、举措和结构等方面。马海龙（2007）认为，区域治理不仅是一整套规则、一种活动，更是一个持续互动的过程；区域治理过程的基础不仅有控制，更重要的是协调；区域治理的主体既涉及政府（公共部门），也包括非政府组织（私人部门）和社会公众；区域治理不是自上而下的管理方式，而是上下互动、权利双向运行的自治过程。社会治理具有概括性、全面性，包含对经济、社会、环境、文化等各方面矛盾的协调，空间治理本质上是社会治理的具体内容之一。罗海平（2013）认为，区域治理是指在基于一定的经济、政治、社会、文化和自然等因素而紧密联系在一起的地理空间内，依托政府、非政府以及社会公众等组织化的网络体系，对区域公共事务进行协调和自主治理的过程。单勇（2014）则以犯罪聚集分布为依托，分析了空间治理在地点转向、实用导向、社区参与创新等层面的补充和修正。刘卫东（2014）将经济地理学和空间治理理念结合起来，探讨了中国空间治理的政治文化基础和主要手段。王德起等（2015）则认为，应进行空间治理的顶层设计，构建具有激励约束机制的空间治理结构，这是降低空间治理交易成本和提高空间治理绩效的重要保障。从网络的角度分析空间治理模式，Provan（2008）提出了三种网络治理模式，即共享型治理（shared governance）、网络领导型组织（network lead organization）和网络行政组织模式（network administration organization）。对于城市群空间治理的研究，一般为定性分析，很少涉及实证研究与验证。汪阳红（2009）提出了城市群治理的概念，从多层级、多层次、多主体及多模式等方面探讨了城市群治理模式的选择思路。王磊等（2013）基于全球化视域研究了中国城市群的动力机制和治理过程中面临的挑战。金太军等（2014）从博弈论的视角研究了中国城市群治理过程中的区域合作问题。上述研究成果分析了城市群空间治理的必要性和必然性，为研究城市群空间治理奠定了理论基础。但因为缺乏实证分析，降低了研究成果的科学性。同时，上述研究也是建立在对城市群空间组织传统认知的基础上的，对城市群空间组织的转换缺乏研究，也就无法针对在互联网、大数据和云计算背景下的城市群空间治理进行研究。

关于城市群空间治理的含义，目前在学术界仍未形成比较一致的定义,但普遍强调对特定区域内部矛盾的协调。为方便研究,我们初步明确城市群空间治理的内涵主要包括两个方面。一是城市群空间治理主要基于各种资源的优化配置,包括资本、土地、劳动力、技术、信息、知识等生产要素的空间联系,城市群空间治理更强调系统性。二是城市群空间治理是多种行为者之间不断互动的过程,诸如政府组织、非政府职能组织,以及社会公众对城市群经济、社会、环境、文化、科技等各方面公共事务进行的规划协调和自主治理的过程。但相对于社会治理,城市群空间治理更突出空间性,强调城市群空间组织的优化与治理。

二、城市群空间组织的转换:复杂性网络化空间

网络是自然界和社会中普遍存在的客观现象,一切系统的基础结构都是网络。复杂网络理论被认为是 21 世纪最重要的理论之一。目前,复杂网络理论的应用越来越广泛,已有学者把复杂网络科学引入社会治理分析框架中,为社会治理提供了一种新的研究范式(范如国,2014)。在"互联网＋"时代,随着科学技术的不断发展,城市之间的联系不断加强。我们运用复杂网络理论中的点辐射模型进行研究,初步认为长三角城市群空间组织已转换为具有复杂网络化特征的社会空间系统。

(一)节点选择与关系的确定

节点以及节点之间的关系是构成网络的基本要素,信息传递是城市群空间组织得以运行的基础,也是社会治理的重要依托。选取长三角城市群 30 个城市为城市节点,运用信息辐射模型建立城市与城市之间的信息联系,采用社会网络分析软件 UCINET 模拟城市群的空间网络结构。

$$T_{ij} = T_i \frac{\sum_{k=1}^{K} m_{ik}m_{jk}}{\sum_{k=1}^{K} m_{ik}\left(\sum_{k=1}^{K} m_{ik} + \sum_{k=1}^{K} m_{jk}\right)}, T_i = \sum_{j \neq i}^{n} t_{ij} \qquad (1)$$

式中,T_{ij} 为 i、j 两地之间预期的信息流动强度;m_{ik}、m_{jk} 分别为城市 i、城

市 j 的信息化指标 k 的标准值；K 为城市信息化指标的数量；T_i 为基于百度指数①的其他城市对城市 i 的信息关注度；t_{ij} 为基于百度指数的城市 i 对 j 的关注度；n 为城市或者地区的统计数量。依据公式（1），计算出城市群各城市之间的预期信息流强度矩阵，由于各城市信息化发展水平不同，信息流动强度矩阵是非对称性矩阵，所构建的复杂网络模型具有矢量性。为使网络更合理且稀疏化，在处理数据时，对矩阵各行取平均值作为临界值，信息流动强度高于该临界值的记为1，表示该行城市对该列城市存在预期信息辐射关系；反之记为0，表示该行城市对该列城市不存在预期信息辐射关系。以此为基础，构建城市群信息辐射关系复杂网络。

（二）指标体系的建立

根据信息辐射模型，需构建城市信息化发展水平评价体系。信息化发展水平包括基础设施、产业技术、应用消费、知识支撑和发展效果等方面。依据现有研究成果以及信息辐射模型特点，构建如表1所示的城市信息化发展水平评价体系。

表1 城市信息化发展水平评价体系

一级指标	二级指标
信息化产业	信息业务总量占 GDP 的比重
	高技术产业占 GDP 的比重
信息化建设	广播综合人口覆盖率
	电视综合人口覆盖率
信息化应用	电话普及率
	互联网普及率
	有线电视入户率

---

① 以某一城市为关键切入点，以另一城市为地域搜索关键词，得到整体搜索指数，以此作为对城市间关注度的考量。

续表

一级指标	二级指标
信息化知识与人力	科技人员占总人口的比重
	万人专利授权数
	在校大学生占总人口的比重

注:信息业务总量＝通信业务总量＋电信业务总量＋邮政业务总量;总人口为城市常住人口。

（三）长三角城市群空间组织已转换为具有复杂网络化特征的社会空间系统

通过信息辐射模型,确定长三角城市群各城市之间信息空间辐射关系的有向矩阵,依托 UCINET 可视化工具 Netdraw 绘制 2014 年的复杂网络图(见图 1)。

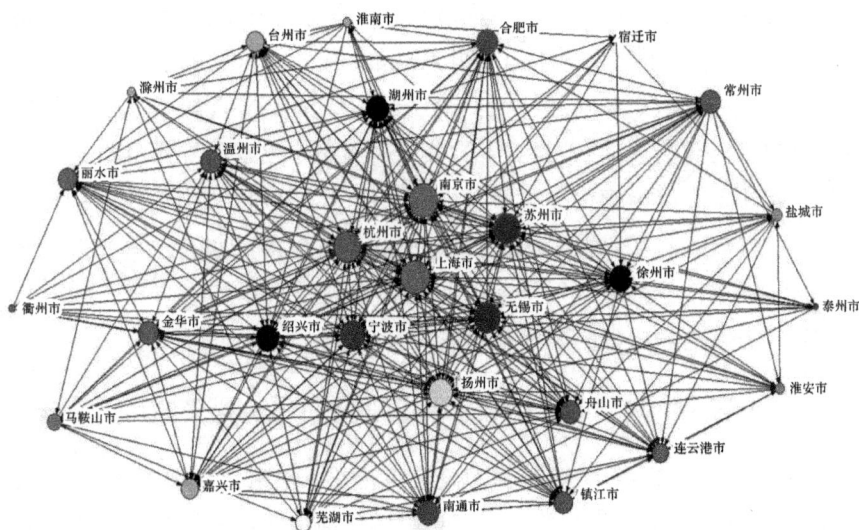

图 1　长三角城市群复杂社会网络结构系统

图 1 显示,长三角城市群的信息空间已呈现出典型的复杂网络结构特征,其空间组织已由工业化初期的点轴模式、工业化中期的圈层模式,

转换为信息化时期的复杂网络模式。图中的关系均为有向关系，构成了一个有向网络，也证明了城市群社会空间成为一个开放的复杂网络系统。在这一系统中，存在着不断适应社会环境的行为过程和功能机制，如学习、辐射和溢出效应，协同机制等。随着时空的变化，社会系统的结构、要素及要素之间的关系都会发生适应性改变，社会系统内部呈现出复杂的非线性演化和转换，转换就意味着系统要素的重组和系统稳定性的重建。城市群空间治理需要建构在转换后的城市群空间组织基础之上，根据系统演化特性选择合理的空间治理模式。

三、城市群空间转换与空间治理的契合性

复杂网络空间系统既是城市群空间治理的载体，又是城市群空间治理的条件和机制，已成为提升城市群空间治理能力、推进城市群空间治理体系现代化的新的空间组织模式。对长三角城市群复杂网络空间系统的模拟，能够揭示这一空间系统表现出的交叉重叠的复杂性特征。其中，整体网络特征说明了整个网络组织的系统性和稳健性，反映了空间治理的整体性和系统性；个体网络特征则说明了网络中各节点的中心性和等级性，反映了空间治理的协同性；聚类分析对网络中出现的社团群组进行了划分，反映了空间治理的社会簇群性。系统性、协同性和簇群性是社会系统的基本属性，与城市群空间治理的整体性、主体内容和基本单元形成契合关系，把城市群的复杂网络空间与空间治理结合成为一个统一的分析框架，成为讨论城市群空间治理模式的基础。

（一）复杂网络的系统性决定了空间治理的整体性

复杂网络理论中，考察整体网络组织特性一般采用网络密度、网络关联度和网络等级度等指标。有向网络的整体网络密度能够反映关联关系的紧密程度，网络密度越大，表明成员之间的联系越紧密，该网络对其中行动者的态度、行为等产生的影响就越大（刘军，2014）。关联性则反映网络自身的稳健性和脆弱性，如果网络中诸多线都与某一个城市相连，那么空间信息流动对该城市的依赖性就很高，一旦将该城市排除在外，该网络

就可能崩溃。整体网络的等级度表达的是网络中各城市之间在多大程度上能对称可达,反映了城市群信息网络中各个城市的支配地位,网络等级度越高,等级结构越森严,处于从属、被支配地位的城市越多。

长三角城市群共计 30 个城市节点,因此城市之间的最大可能关系总数应为 870(30×29)个,而样本考察期内城市之间的信息空间关联关系个数为 488 个,因此网络密度为 0.5609,处于中等水平,如表 2 所示。说明城市之间的信息联系比较紧密,网络联动效应对城市的"行动"具有较大的影响,但总体并未达到很高的水平。网络关联度为 1,说明样本网络空间中城市节点的可达性为 100%,任何两个城市节点之间均已存在信息联系。而网络等级度为 0.4137,即在这些关联中,有 41.37% 是非对称可达,58.63% 为对称可达,比例相当,说明城市群中处于支配地位的城市和处于从属地位的城市数据相当,前者略少于后者,存在等级结构特征,但程度较低。

表 2　长三角城市群信息空间辐射复杂网络的整体性

整体性指标	指标值
网络密度	0.5609
网络关联度	1
网络等级度	0.4137

对信息空间辐射网络的网络密度、关联度和等级度的分析表明,"随着距离增大影响力递减"定理的解释力在长三角城市群空间组织转换过程中已被削弱。当城市群复杂网络组织体系的网络密度越大、关联度越高时,信息传播路径越短,效率越高;网络等级度越低,网络中的互动关系越多,信息传播路径就越短,效率也就越高。城市群复杂网络组织的优良决定着空间治理的效率,但目前长三角城市群空间整体网络组织处于中等水平,应不断提升其网络密度和关联度,降低网络的等级度,为提高空间治理效率提供必要的基础环境。以上分析对于城市群的社会空间治理至少具有两个方面的含义:一是复杂网络的系统性使城市群空间的各种信息更加对称,削弱了空间距离和时滞产生的影响

力。这就要更新城市群空间治理理念，在治理行为中弱化距离和时滞的约束。二是复杂网络的系统性导致空间治理的各行为主体、事件、对象结合成为一个更加紧密的整体。某一个方面出现问题、矛盾、冲突，都会引发其他方面程度不同的反应，这就要求治理决策具有显著的综合性和整体性。

(二)城市群复杂网络节点中心性体现空间治理的主体内容

网络的个体结构特征是指各个节点的网络结构特征，在网络分析法中，一般采用点度中心度、中间中心度和接近中心度等网络中心性指标进行分析。有向网络中的点度中心度反映各节点城市在整个信息流动关联网络中所处中心位置的程度，点度中心度越高，说明该节点城市在整个信息流动关联网络中与其他城市间的联系越多，该城市越处于网络的中心地位。中间中心度反映某个节点城市在多大程度上控制其他城市之间的信息关联关系，中间中心度越高，则该城市越能控制其他城市之间信息的相互流动，该城市也就越处于整个网络的中心地位。节点城市的接近中心度是一种针对不受其他城市控制的测度，刻画了某个城市在空间信息流动过程中不受其他城市控制的程度。某个城市的接近中心度越高，该城市与其他城市之间就存在越多的直接信息关联，该城市在整个网络中就越是中心行动者。

根据对点度中心度、中间中心度和接近中心度的测度结果(见表3)，长三角城市群30个城市的点度中心度均值为70.575，高于这一均值的城市有18个，其中上海和南京的点度中心度高达100，杭州、苏州和无锡的点度中心度也都高于93。说明这些城市处于整个城市群网络的中心地位，拥有很强的空间影响能力，在空间治理中起着重要的指挥作用。中间中心度的均值为1.051，高于这一均值的城市有11个，其中上海和南京两个城市的中间中心度达到3.381，较大程度地高于其他城市，说明这两个城市作为长三角城市群的核心城市，在城市群的空间治理中起着重要的中介和桥梁作用。接近中心度的均值为79.027，高于这一均值的城市有16个，排在前5位的城市从高到低依次是上海、南京、杭州、苏州和无锡，这些城市在城市群网络体系中扮演着空间治理核心行动者的角色，在城市群空间治理结构中占据主导地位。

表 3 长三角城市群信息空间辐射复杂网络的中心性

城市	点度中心度				中间中心度		接近中心度	
	点出度	点入度	中心度	排序	中心度	排序	中心度	排序
上海	29.000	28.000	100.000	1	3.381	1	100.000	1
南京	27.000	29.000	100.000	2	3.381	2	100.000	2
无锡	21.000	24.000	93.103	4	2.204	5	93.548	5
徐州	17.000	14.000	82.759	8	1.790	7	85.294	10
常州	20.000	11.000	75.862	13	1.121	11	80.556	13
苏州	25.000	25.000	93.103	5	2.303	4	93.548	4
南通	15.000	18.000	79.310	11	0.919	14	82.857	12
连云港	11.000	15.000	65.517	21	0.373	20	74.359	21
淮安	10.000	9.000	44.828	25	0.071	28	64.444	25
盐城	11.000	8.000	48.276	24	0.324	23	65.909	24
扬州	20.000	20.000	86.207	7	1.236	9	87.879	7
镇江	17.000	18.000	72.414	17	0.592	17	78.378	18
泰州	9.000	7.000	34.483	29	0.000	29	60.417	29
宿迁	7.000	5.000	31.034	30	0.143	27	59.184	30
杭州	27.000	27.000	96.552	3	2.848	3	96.667	3
宁波	23.000	24.000	89.655	6	1.997	6	90.625	6
温州	16.000	21.000	75.862	14	0.819	16	80.556	15
嘉兴	15.000	18.000	68.966	19	0.365	21	76.316	19
湖州	12.000	23.000	82.759	9	1.501	8	85.294	8
绍兴	15.000	23.000	82.759	10	1.006	12	85.294	9
金华	17.000	20.000	75.862	15	0.567	18	80.556	14
衢州	10.000	4.000	37.931	28	0.000	30	61.702	28
舟山	15.000	21.000	75.862	16	0.975	13	80.556	16
台州	15.000	17.000	68.966	20	0.558	19	76.316	20
丽水	9.000	19.000	72.414	18	0.833	15	78.378	17

续表

城市	点度中心度				中间中心度		接近中心度	
	点出度	点入度	中心度	排序	中心度	排序	中心度	排序
合肥	9.000	5.000	79.310	12	1.158	10	82.857	11
芜湖	18.000	9.000	62.069	22	0.350	22	72.500	22
淮南	9.000	5.000	41.379	26	0.184	26	63.043	27
马鞍山	16.000	7.000	58.621	23	0.257	25	70.732	23
滁州	11.000	8.000	41.379	27	0.273	24	63.043	26
均值	16.267	16.267	70.575		1.051		79.027	

在城市群复杂网络中，参与城市群空间治理的主体根据自身条件和需求，自发地与邻域中的其他主体进行联系，同时也会被其他主体连接，形成自己的个体网络结构和中心性影响力，进而产生与其网络位置相对应的社会影响，获得自己的利益优势或空间治理的主动权。一些具有较强集聚能力的主体，往往成为其他主体连接的对象，同时也对其他主体具有更强的辐射连接能力，最终处于整个城市群社会网络的中心位置，拥有较强的空间影响能力，控制空间治理的内容、方向和结果。每个主体在发展过程中根据自身需求，择优与其他主体建立联系，形成协同发展态势。我们可以充分利用这一特征来加强和创新城市群空间治理。

（三）城市群复杂网络的簇群结构构成空间治理的基本单元

凝聚性是把握复杂网络结构的重要指标之一。我们使用 UCINET 软件的 CONCOR 方法对长三角城市群进行凝聚子群分析，揭示各个城市在信息关联网络的空间聚类特征，如图 2 所示。凝聚子群分析得出的城市小团体并不表示城市间存在真正意义上的联盟，仅表示子群内的城市间存在相对较强，更为直接、密切的联系。

由表 4 凝聚子群的分析结果看出，根据地理位置及信息空间辐射的特征，长三角城市群的信息关联空间可以划分为 8 个子群：上海—杭州核心区、苏东南发达区、浙北—浙西南欠发达区、宁波—衢州跳跃带动区、南京—连云港跳跃带动区、安徽欠发达区、苏中较发达区和苏北落后区。其中子群1和2具有连接长三角城市群东西南北各地的中枢作用,形成一个稳定的中部发达结构,在促进城市群信息网络化发展及信息辐射扩散的过程中具有典型的桥梁、引导和示范作用。子群的分布虽仍与地域有着密不可分的关系,但已开始突破地域的限制,出现跳跃性带动群体,每个子群内部都具有其信息传递和联系的特征,构成长三角城市群空间治理的组织架构。

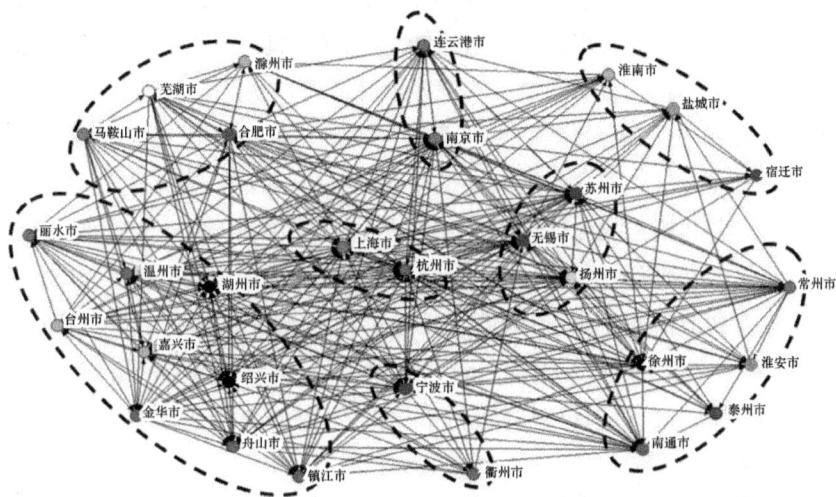

图2　长三角城市群复杂社会网络凝聚子群

表4　长三角城市群复杂社会网络凝聚子群

子群	成员(个数)
子群1	上海、杭州(2)
子群2	无锡、扬州、苏州(3)
子群3	温州、金华、绍兴、台州、丽水、湖州、镇江、舟山、嘉兴(9)
子群4	宁波、衢州(2)
子群5	南京、连云港(2)
子群6	芜湖、合肥、马鞍山、滁州(4)
子群7	南通、泰州、徐州、淮安、常州(5)
子群8	盐城、淮南、宿迁(3)

一般而言，在社会复杂网络系统中，社会主体往往具有多样化的需求，他们很少以个体形式表达自己的诉求，更多的是以网络中特有的社团结构形式出现。这是由于相对于复杂的社会整体行为而言，个体的行为只是一个弱小、单一的行为。若不同个体之间存在着供求关系和近邻效应，他们就会基于某种原则以团体的方式寻求共同发展。另外，在每个团体中，都会存在一个处于核心支配地位的个体，其行为影响或决定着整个团体的行为选择模式。这种个体与整体的关系，同样也适用于各团体之间。由于单个团体的资源条件有限，促使不同团体之间也存在着相互作用，形成簇群结构，影响着城市群空间治理政策的实施。城市群的社会复杂网络表明，一方面，城市群空间治理需要逐步向以社团组织为主体，社会自主管理为核心的自组织治理、协同治理模式转型。在这一过程中，社区、城市、公共机构成为网络结构中的基本群体单元，也是城市群空间治理的载体，在治理体制和机制上通过采取"以块为主、簇群治理"原则，充分发挥社会团体的作用，把政府管理社会的大量权利和资源集中在这一层面，实现社团内部协调发展。另一方面，要实现城市群空间治理的整体目标，应重视各个社团组织之间的协调治理，避免利益极端化，实现均衡发展。基于此，在城市群空间治理中，复杂社会网络中的社团结构是了解整个城市群网络的结构与功能、分析城市群网络整体与局部关系及特征、优化城市群空间治理的基本单元。

四、城市群复杂网络空间治理的模式选择

根据城市群空间转换与空间治理的契合性及实证分析结果，本案例凝练出适用于我国不同层次、类型和阶段的城市群空间治理模式，作为具有一定针对性的选择，以提高我国城市群的运行效率，充分发挥城市群的各种作用。

（一）城市群空间治理的层次、类型和阶段性特征

《国家新型城镇化规划（2014—2020年）》明确提出："统筹制定实施城市群规划……中央政府负责跨省级行政区的城市群规划编制和组织实

施,省级政府负责本行政区内的城市群规划编制和组织实施。"但是,信息、科技的发展以及社会中各种正式或非正式力量的成长,使得实现城市群规划发展的有效管理模式往往并不集中,而是呈现出多元、分散、多样性及网络化的特点。城市群规划作为对未来时空范围内经济、社会、资源、人口、环境、科技等各方面协调发展的总体战略和宏观调控手段,其过去强指令色彩和单一纵向模式已经越来越不适应新时代的要求,且实施难度日益增大。因此,在城市群规划的编制和实施过程中运用治理理念,构建一个公平、公开且具有竞争力的城市群治理系统就成为保障区域规划顺利实施的内在需求。从现实角度看,受城镇化进程整体水平和历史条件局限,我国城市群仍停留在粗放式发展阶段,应重视城市群顶层设计规划及治理优化。城市群空间治理的必要性在于国家层面的宏观规划、地方层次的治理手段与个体之间协调的统一,而不仅仅限于国家区域规划文本的制定,其系统性和协调性成为治理的关键。

　　城市群在不同发展阶段具有不同的发展水平和层次特征,表现出不同等级的系统性和协调性,致使城市群空间治理在不同阶段需选择适应其阶段性发展特征的治理模式。长三角城市群网络化水平较高,社团性等社会属性开始显现,在选择治理模式时应充分考虑这一特性。一般而言,城市群空间转换初期,其整体和个体网络性都处于较低水平,城市等级性高,核心城市的中心性极为突出。此时各城市之间联系较少,难以形成高效互动。因此,应加强政府的科学规划,为城市互动提供必要的条件,如基础设施建设、财政资金支持等,以弱化治理行为中距离和时滞的约束。随着基础设施等条件的优化,城市群网络化水平进一步提升,进入城市群空间转换中期。政府角色逐渐弱化,市场的作用愈加显现,城市群的网络等级性降低,逐渐形成多个核心城市。这一阶段应充分发挥市场对资源配置的决定性作用,促进核心之间的协作与互动,极大地发挥其辐射和带动作用。当城市群空间转换基本完成,进入复杂网络化发展阶段,市场仍是经济社会发展的主导力量,但城市群网络空间的社会属性开始凸显。尤其是社团性发展特性,使城市与城市之间、城市与社团之间,以及社团与社团之间的联系趋于复杂化。如何形成社团内部资源的优化配置以及社团之间的协调发展是城市群空间治理的关键。

（二）城市群空间治理的模式选择

城市群空间治理模式的选择和优化，成为城市群规划和建设的普遍诉求。在以往研究中，根据城市群治理主题是否具有行政职能或行政职能的强弱，将城市群治理模式划分为官方、半官方、松散类型。而现代社会治理理念认为，政府已不再是社会治理的唯一主体，谢岳和党东升（2015）就强调了底层群众在社会治理中的重要性，并将其模式化。在当前社会治理背景下，传统的以政府单一行动力量为主体的空间治理模式，已经逐渐向由政府、市场、社会和公民多方参与合作的多元空间主体治理模式转变。这种转变告别了过去"权威人治"的管制方式，而逐渐形成多元社会主体共同参与，并有相关制度保障，以形成科学分工、密切协同的法治化的治理方式。无论在何种模式下，都是政府、市场、社会及公民等多方主体共同参与。前述治理理论与复杂网络理论相结合的论证表明，应选择具有科学性、合理性和可操作性的城市群空间治理模式，以理顺空间中各个行为主体及行为主体之间的关系，从而形成良性循环、高效运转的城市群空间治理模式。在空间治理体系中，政府虽通过诸如规划、土地制度、户籍制度、行政管理和财税体制等手段达到了对空间治理的目的，但这个体系的基本依托是城市群的复杂网络组织。复杂网络组织所具有的整体性、个体性及簇群性特征，反映了城市群中不同城市间的互动性、协作性和社团性等的社会属性，是选择城市群空间治理模式的基础。综上所述，我们把城市群空间治理模式的选择思路、依据和内容概括为图 3（袁璐 等，2017），形成以下三种针对城市群发展不同层次、类型和阶段的治理模式。

1. 多层级互动治理模式

该模式注重城市群空间治理的互动性。由政府主导，依据城市群总体规划，制定提升城市群复杂网络密度和关联度的举措，由其他非政府主体共同参与；加强各主体之间的联系，实现不同等级主体之间的配合和互动，提升空间治理信息传递的效率。该模式适用于处于空间转换初期的

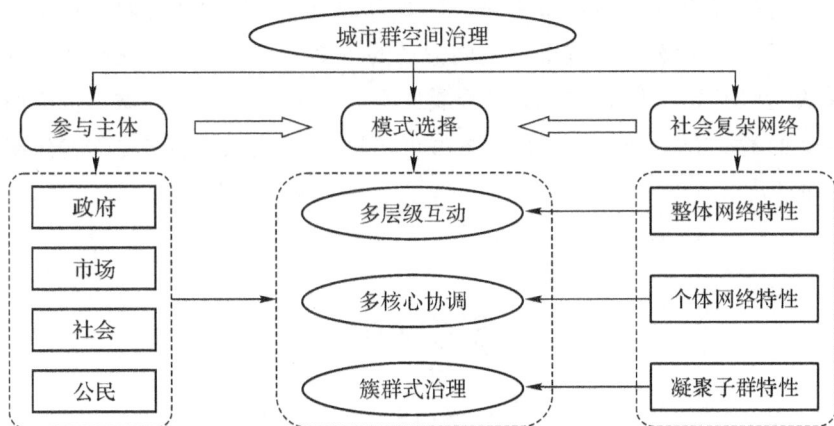

图 3 城市群空间治理模式选择

城市群,应加强政府的顶层设计,为城市群网络化发展提供必要的条件,营造良好的发展环境,促进城市群内城市之间的互动,弱化治理行为中距离和时滞的约束,降低城市群整体网络等级性。

2. 多核心协调治理模式

该模式注重城市群空间治理的协作性。随着城市群发展水平的提升,多个具有较强中心性的核心城市已形成,对城市群内其他城市的带动作用随之增强,产生了更多中心性较强的核心城市。同时,随着市场经济体制的不断完善,行业协会等非政府组织逐渐发展,在"互联网+"、大数据和云计算等科技进步的推动下,城市群网络化水平不断提升,城市中心性差距不断缩小,城市群空间治理的制度和行政区划等阻力也逐渐降低。这种治理模式适用于处于空间转换中期的城市群,应充分发挥市场对资源的配置作用,使各核心城市充分发挥对其他城市的辐射带动作用,加强城市与城市之间的协作和资源共享,缩小各个城市在中心程度上的差距,形成多方协调的发展局面。

3. 簇群式治理模式

该模式注重城市群空间治理的社团性。以城市群网络中的社团组织为主体,充分发挥城市群社会复杂网络的凝聚特性,针对不同团体制定不同的、与之相适应的治理措施,实现簇群内部的自组织治理和簇群之间的协调治理，促进形成多城市主体共同参与、相互依赖、相互协调的城市群发展模式，应成为未来城市群空间治理的主要方向和手段。簇群式治理模式适用于网络化水平较高、社会属性明显的城市群，簇群是城市群空间治理的基本单元，承担簇群内部各城市之间、簇群之间互动与协作的组织功能。

参考文献

陈彦光，2009.人口与资源预测中 Logistic 模型承载量参数的自回归估计[J].自然资源学报，24(6):1105-1112.

单勇，2014.空间治理：基于犯罪聚集分布的综合治理政策修正[J].社会科学战线(1):178-182.

范如国，2014.复杂网络结构范型下的社会治理协同创新[J].中国社会科学(4):98-120.

方威，2012.物流园区组织生态理论与实证研究[D].湖南长沙：中南大学.

赫胜彬，2015.京津冀城市群空间结构研究[J].经济问题探索(6):105-111.

金太军，汪波，2014.中国城市群治理：摆脱"囚徒困境"的双重动力[J].上海行政学院学报，15(2):12-19.

李国平，孙铁山，2009.网络化大都市：城市空间发展新战略[J].中国区域经济(1):36-43.

李勇，2010.区域产业耦合机制研究[J].商业经济(5):31-34

刘锋，刘贤腾，余腾，2009.协同区域产业发展空间布局初探——以沿淮城市群为例[J].城市规划(6):88-91.

刘军，2014.整体网络分析——UCINET 软件实用指南[M].2 版.上海：格致出版社.

刘卫东，2014.经济地理学与空间治理[J].地理学报，69(8):1109.

罗海平，2013.我国市场经济形成与演进中的特区模式研究[M].上海：上海三联书店.

马海龙,2007.区域治理：内涵及理论基础探析[J].经济论坛(19)：14-17.

乔彬,李国平,2006.城市群形成的产业机理[J].经济管理,18(22)：78-83.

汪阳红,2009.城市群治理与模式选择[J].中国城市经济(2)：50-55.

王德起,钟顺昌,2015.城镇化进程中的空间治理问题探讨[J].兰州财经大学学报,31(5)：28.

王磊,审单,庞玉萍,2013.全球化视域下的中国城市群动力机制与治理挑战[J].区域经济评论(4)：113-120.

王新华,李堂军,2007.区域产业协同发展模型与实证分析[J].中国管理科学与工程论坛.

谢岳,党东升,2015.草根动员：国家治理模式的新探索[J].社会学研究(3)：1-20.

姚士谋,2002.试论城市群区域内的网络化组织[J].地理科学,22(5)：568-573.

袁璐,崔大树,2017.复杂网络、契合性与城市群空间治理模式——以长江三角洲城市群为例[J/OL].(2017-01-10)[2017-08-11].www.paper.edu.cn/releasepaper/content/201701-10.

赵建新,1998.区域经济差距的衡量指标与测度方法[J].经济地理,18(3)：20-24.

Batten D F,1993.Network cities versus central place cities：Building a cosmo-creative constellation[J].Springer Berlin Heidelberg：137-150.

Fishman R,1990.Amerian's new city[J].Wilson Quarterly(14)：24-48.

Provan K,2008.Modes of network governance：Structure,management,and effectivenes[J].Journal Administration Research and theory,18(2)：229-252.

索　引

空间回归模型　200,201

空间治理　268，269，270，271，274,275

空间组织转换　268,269,275

L

Logistic 模型　216,218,219,220

联动模式　214，222，224，225，226,228,229,231,233,234,235

N

纳尔逊统计分析法　257,258

凝聚子群　278,279

P

偏离-份额分析法　114,118

Q

潜力模型　49

S

熵机制　166,168,173,178,179,225

社会网络分析　142，143，144，145,162,164,222,223,271

首位度　64,70,78,79,87,266

W

网格维数　84,85,89,101,102,

105,106,107,111

网络等级度　163,164,165,275

网络关联度　163,164,275

网络密度　143，144，162，163，164,274,275

X

系统协同度模型　244,245

向心性　17,88,103

协同发展模式　59

信息空间辐射　273,275,278

Y

溢出效应　82,151,179,180,181，183，187，188，189，191，200，201,204,207

引力模型　15,47,48,49,142,143，151,161,223

Z

Zipf 维数　86,87,90,91

中心城市能级指数　156,158,160

中心地理论　47,172

重力模型　151,152

子系统有序度模型　244